手把手教你买保险

刘舒楣 著

中国铁道出版社有限公司
CHINA RAILWAY PUBLISHING HOUSE CO., LTD.

图书在版编目(CIP)数据

手把手教你买保险/刘舒楣著．—北京：中国铁道出版社有限公司，2021.4

ISBN 978-7-113-27709-3

Ⅰ.①手… Ⅱ.①刘… Ⅲ.①保险-基本知识-中国 Ⅳ.①F842

中国版本图书馆 CIP 数据核字(2020)第 273220 号

书　　名：手把手教你买保险
SHOUBASHOU JIAO NI MAI BAOXIAN
作　　者：刘舒楣

责任编辑：马真真　　　　**电话：**(010) 51873345
装帧设计：刘　莎
责任校对：王　杰
责任印制：赵星辰

出版发行：中国铁道出版社有限公司（100054，北京市西城区右安门西街 8 号）
印　　刷：北京铭成印刷有限公司
版　　次：2021 年 4 月第 1 版　2021 年 4 月第 1 次印刷
开　　本：710 mm×1 000 mm 1/16　**印张：**22.25　**字数：**344 千
书　　号：ISBN 978-7-113-27709-3
定　　价：69.00 元

序　言

人类利用金融工具的历史跟人类一样古老，然而直到近代，我们才慢慢触及金融的本质，意识到金融就是对风险的定价和交易，实现风险的转移和在人类社会群体里分担，金融这样的本质特点在保险中体现得最为充分。

趋利避害，人之常情，对未知风险心存敬畏，对自然规律要尊重接受。人生之事不如意十之八九，世事无常原是常态，生老病死无计可消除。有史以来，人类就在探索如何规避风险。个人和家庭都无比渺小，通过保险这样的工具实现风险在群体中分担，才是风险管理的唯一途径。

求得一生平安固然可喜，在意外发生时生活不为之影响则需要未雨绸缪。在保险市场中，产品种类繁多，从业人员素质参差不齐，保险条款又深奥难懂，要买到合适的保险确实不是易事。挚友舒楣力作《手把手教你买保险》将为你揭开购买保险的神秘面纱。

这本书内容丰富，市面上正缺少这样的一本书，能够把保险的商业逻辑、监管思路、买保险操作细节等集中在一起讲解。书中对保险的讲解简单透彻，用语轻松活泼，能让人在轻松愉快的阅读中，迅速理解投保应该具有的思维方式，树立“保险不骗人，但我们不要被人骗”的买保险的正确观念。写作时，舒楣无比用心，书中有各种有用的小知识，让我这个大学教授都无比头大的保险条款在她的梳理之下，变得相当清晰明了。

总之，这本书非常值得一读。

吴　良

四川大学经济学院教授、博士生导师

目　录

第一章

明镜观心：我们为什么要买保险

在每个人的生活中，我们都有一些美好的目标想去实现，比如拥有一份热爱的事业，实现自己心中的梦想和人生的价值；花足够的时间陪伴孩子，与他们一起共同成长；与爱人一起同舟共济，给老人长辈最大的关照等。

可是，疾病和意外这两位"不速之客"却随时可能将这一切美好按下休止符。

我们为什么要买保险？原因是我们需要保险。

保险最大的意义，不是为了改变我们的生活，而是让我们的生活不被风险改变。

本章将用最真实的人生故事，为大家阐释保险的意义。

保险，想说爱你不容易

我们不宜锚定在先入为主的成见和别人的眼光上去评价保险，我们对保险的认知也会因为自身的经历、时光的雕琢而天翻地覆。

2007年，我从西南财大毕业，心里怀着对未来的期待与憧憬，一路过关斩将，进入梦寐以求的深圳建设银行工作。在那个时候，除了少数同学会选择四大会计师事务所、非金融国企或成为公务员之外，进入银行工作基本上就是财大毕业生的“标配”，是一个不需要思考的选项。

进入建行之后，我的第一个岗位是柜台。因为曾经的监管对银保合作方式没有限制，于是，前后有多家保险公司人员在我行驻点，一边销售，一边协助大堂经理维护秩序和提供客户服务。因为与保险公司人员的频繁接触和深入了解，我对保险人及保险这个行业生出几分好感。

可是，后来我才慢慢发现，像我这样对保险行业有着先入为主的好印象的人，其实只是少数。许多人对这个行业的印象偏向于负面，比如觉得业务员不专业，存在销售误导和过度推销的现象，亲情“绑架”也是常态；或者一些人曾经基于各种原因理赔被拒，认为保险公司就是“这也不赔，那也不赔”，买保险就是“坑”，从此讳谈保险这件事情。

也就是说，因为他们过往的经历，导致他们对保险行业产生了先入为主的坏印象。但是，这就意味着他们不需要保险吗？

当然不是。他们中的每一个人其实都需要保险，他们只是因为不了解或曾经遇到不靠谱的保险人，误以为自己不需要保险。

除了上述原因之外，保险自身的特殊性，也让它相较于其他普通商品而言显得与众不同，容易成为争议的焦点。具体而言，保险有三大特点。

一、天然的产品“缺陷”——没有体验感

我们来思考一个问题：“为什么许多原本普通甚至滞销的商品，一旦被拍成

视频或者搬上直播，一下就变得炙手可热了？”这不是因为商品变了，而是体现商品价值的方式变了。

相较于冰冷的文案和静止的图片，商品在镜头面前“眼见为实”的生动展示和主播恰到好处的表情语言，极大地增强了消费者的体验感和信任度，再加上卖场氛围和价格策略的推波助澜，很容易激发出消费者“自己说服自己”的购买冲动，效果远远优于传统消费模式下业务员“掏心掏肺”的千言万语。

这个逻辑，我们通过“口红一哥”李佳琦在“双 11”当天，仅靠直播涂口红就能创造单人销售额超 10 亿元的奇迹得到印证。

但是，这样的奇迹永远不可能在保险界发生，哪怕让李佳琦来卖保险也不例外。因为，保险本身是一种没有体验感的商品，它既不像口红可以涂在嘴上，也不像衣服可以穿在身上，更不像房子可以住在里面。

保险的载体是一份保险合同，内容是关于老、病、死、残的赔付要求和标准，这其中的任何一项，不仅无法通过演示让人产生购买冲动，而且即使买回去了，也常常有人因为读不懂条款，而产生误会甚至纠纷。

因此，“没有体验感”算是保险的天然“缺陷”，加大了它被了解和被销售的难度。

二、“反人性”的购买规则——总是卖给“不需要”的人

为什么说保险总是被卖给“不需要”的人？

我们想象一下，如果一个人已经躺在了医院病床上，面对高额的医药费和 ICU 账单，他或她（以下简称 TA）一定希望自己有足额的医疗险能够报销，对吧？不仅如此，TA 一定还希望能得到一大笔重疾赔款，让自己可以在医院内好好治病，出院后安心养病，不用为治疗费和未来生计发愁。

这时，如果我们问 TA：“你觉得自己需要保险吗？”

不用怀疑，此时 TA 一定会回答：“十分需要！”

可现实是，TA 在这个时候还能买保险吗？当然不能。并且，不仅是现在不能买保险，TA 在未来很长一段时间，甚至是终身都有可能买不了保险。

相反，如果一个人看起来非常健康，对保险也不够了解，这时如果我们问 TA 同样的问题，TA 的回答可能就十分不同，像“我考虑考虑，以后再说”“我想买，但老公/老婆不同意，所以就算了”“不需要，我有社保”“我不会生病，万一生

病了，我还有房子可以卖”“保险都是骗人的”“我已经买了很多保险（理财型）了”等，都是常见的拒绝回答。

总之，一个很有意思的现象，就是当一个人有条件购买保险时，TA往往认为这件事不重要，不急迫，甚至没必要；可当一个人意识到自己需要保险时，TA往往已经丧失了购买的资格。

保险的“反人性”就在于此，一场成功的保险销售，就是和健康的人谈疾病，和安全的人谈意外，和活着的人谈死亡。如果人们没有“在天晴时修屋顶”的观念，那自然很难接受保险，而如果长时间“无保裸奔”，就难免遇到“屋漏偏逢连夜雨”的不幸。

三、保险是买对还是买错，要理赔时才知道

假如我们买了一件衣服，质量好不好，穿上就知道了。可如果我们买的是一份保险，到底是买对还是买错，需要理赔时才知道。

这个问题其实非常重要。想象一下，假如我是一个对保险一无所知的“小白”消费者，我想要购买一份重大疾病保险，于是，我找到一位“对”的业务员，购买了一份“对”的“重大疾病保险”。若干年后，我不幸患病需要理赔，可当我向保险公司提出理赔申请时，才发现这是一份“错”的保险——曾经以为的“重大疾病保险”其实是一份终身寿险。这个时候，不管问题最终如何解决，我急需的重大疾病保险赔款一定是没有了。不仅如此，我以后想要再购买真正的重大疾病保险，也基本不可能了。

在保险业曾经粗放发展的时代，消费者对保险这个新生事物普遍缺乏了解，再加上从业者整体专业化程度不高，成交多以亲戚单和人情单为主，所以，由于买错产品或未如实健康告知而导致不能理赔的现象比较严重，这也是许多消费者对保险有成见的重要原因。“一朝被蛇咬，十年怕井绳”，曾经的一次不愉快的经历，足以让人们从心里把“保险”二字拉入黑名单。

但是，这样的成见其实与前面提到的“坏印象”一样，说到底，都是先入为主的观念惹的祸。

事实上，在很多时候，信息的传播者给接受者提供的是也仅仅是故事表象的描述，而背后隐去的细节、立场、情绪、心理才是其得出结论的诱因。正因为如此，我们才不宜锚定在先入为主的成见和别人的眼光上去评价保险。相反，不管

是对道听途说的观点还是专家“大V”之言，我们都应该有独立的洞察和判断，我们自己对保险的认知也会因为自身的经历、时光的雕琢而天翻地覆。

现在，我国的保险行业历经了从粗放普及到规范发展的“前世今生”，特别是中国银行业监督管理委员会（以下简称中国银监会）和中国保险监督管理委员会（以下简称中国保监会）于2018年3月合并为中国银行保险监督管理委员会（以下简称中国银保监会）之后，已经步入了一个全新的时代。

保险公司百家争鸣，中介、兼业渠道各显神通，还有各大保险自媒体站在消费者角度担任着“行业观察员”的角色，大家在共同的监管下各施所长，公平竞争，为消费者提供了更多样的信息渠道和产品选择。

因此，我们尽可以抛开过去对保险的种种偏见，把它仅仅当作一个解决问题的备选工具，平心静气地看看它是否有用，因为买保险本来就应该是件简单而纯粹的事儿。

疾病纪实：你在什么时候觉得人生很难

我们无法决定上天的安排，到底人生是苦多一点，还是甜多一些，但我们能做的是，不去想那些“人生不如意十之八九”，而是把握好那难得的“一二”，用敬畏和智慧，提前为自己和家人做一些安排。

在开始讲这节内容之前，我先给大家讲两个真实的故事。

故事一：肿瘤医院旁的“抗癌厨房”

江西南昌肿瘤医院旁，有一个“抗癌厨房”。厨房的起源最早要追溯到2003年，那时候，万某夫妇在附近开了一个早点摊。

一天，一对中年夫妻找到万某，询问是否可以借用他的炉子炒个菜，原因是他们十几岁的儿子患了骨癌，一条腿截肢了，还一直闹脾气，就想吃妈妈做的菜，他没有多想就同意了。

后来，这件事在病房里传开了，大家听说这边可以炒菜，便有越来越多的人来借炉子。于是，万某夫妇又自费买了十多套厨具和煤球炉，供患者家属免费使用。再后来，常做饭的家属觉得过意不去，提出要付费。夫妇俩为了让大家安心，于是仅收取维持成本的加工费。

因为到这里炒菜的，大多是从江西各地来南昌陪家属治病的，而且多是癌症，“抗癌厨房”就这么叫了起来。

那时候，万某夫妇也没有想到，这件事他们一做便是17年。

在这个厨房里，每天上演着曾经被照顾的人开始照顾他人，曾经不成熟的人慢慢成长，曾经依赖惯的人开始独立。

而对患者家属来说，来“抗癌厨房”做菜，让自己所爱的人能吃到一口熟悉的家的味道，让正承受痛苦的亲人能感受到自己的用心，也许是这件事更重要的意义。

故事二：渐冻症男孩的生命延续

我曾经的同事，一位30多岁的年轻小伙子，阳光帅气，去年被发现罹患了罕见的渐冻症，也就是和霍金一样的疾病。

对于这种疾病，在医学上没有特效疗法，患者只能靠个体差异和康复训练，尽量延缓病情的发展进程。基本上，一个人一旦被确诊为渐冻症，人生就进入了倒计时。

事情发生后，他的妻子做了一个决定：辞掉手里的工作，将全部精力用来照顾他，陪伴他度过生命最后的时光。

于是，她每天变着花样为他做好吃的菜，陪他长时间的散步，带他去没有去过的地方旅游，了却他原来工作期间一直没有机会完成的心愿。

也许，在她的心中，能让爱人在有限的生命里尽量过得好一点，也是一种慰藉。

今年，他进行了遗体器官的捐赠登记，愿意在自己身故后捐出符合标准的所有器官，他说："如果能在身故后帮助到别人，也等于是自己的生命用另一种方式得到了延续。"

一、一场重大疾病，对我们而言意味着什么

到这里，别人的故事已经讲完了。事实上，人生漫长，命运莫测，别人的故事随时都可能成为自己的故事。我们中的每一个人，都有可能成为故事中的患者、配偶、父母、子女或其他亲人。

换位思考一下，一场重大疾病，对我们而言究竟意味着什么？

有人说："意味着辛辛苦苦几十年，一病回到解放前。曾经所有的理想和抱负都成了浮云，好好活下去才是唯一重要的事。"

有人说："意味着需要承受肉体、精神、经济的三重折磨，不仅是自己，全家人也会跟着受牵连。"

有人说："意味着对夫妻关系的巨大考验，这时的枕边人，是相濡以沫、不离不弃，还是袖手旁观、冷漠疏离，都会一览无余。"

有人说："意味着不管结果好坏，从此以后都要换个活法。"

……

因为具体情况的不同，上面的回答对于每个人来讲都不太一样。

但可以确定的是，一个人一旦罹患了重大疾病，就意味着 TA 需要接受短则半年，长则 1～2 年的院内临床治疗，再加上 3～5 年甚至终身的院外康复治疗。

而这两项治疗，都是对患者家庭经济实力的严酷考验。

二、比重疾更重的，是治疗后的康复

在医学界，恶性肿瘤患者的5年生存率非常重要，可以说是评估治疗和康复效果的硬指标。一般而言，如果一个恶性肿瘤患者在5年后依然生存，我们可以认为TA在未来的生存概率与常人无异。

有资料显示，目前我国恶性肿瘤患者的5年生存率是40.5%，并不算高。这里有一个非常重要的影响因素，就是患者出院后康复调理的质量。据统计，恶性肿瘤患者在医院外的康复护理费用平均占到疾病花费总额的65%，最高可以达到80%，这意味着病人绝大部分的治疗开支都在医院外产生。用一位医生的话讲，如果做了手术不护理，就达不到手术的效果。

事实上，对于患者而言，这如此漫长的康复周期是一个煎熬而孤独的过程，非常需要物质和精神的双重支撑。但现实生活中，许多患者因为经济条件的限制，很难做到在长达5年的时间里安心养病，不少人刚出院几个月就不得不投入工作。

究其原因，一方面，是因为观念，以我国为例，在目前的医疗环境下，大多数患者对院外治疗还比较漠视，不像国外的许多患者在出院后，仍然会选择积极持续治疗，而不是被动地等到旧病复发后再去医院。另一方面，也是最主要的问题，还是受限于患者的经济条件。

简单地讲，一位有着充足健康保障的患者和一位保障不足甚至完全没有保障的患者，他们在面对治疗时的心态，选择的治疗方案，以及治疗后的康复安排都会有很大不同，而这一切都会影响治疗和康复的效果。

三、常去医院的人，往往更容易健康

像我父母这一辈，如果不是身体已经表现出比较严重的疾病症状，不治不行，都不会去医院看，一是怕麻烦，二也是怕花钱。一旦进了医院，几个检查做下来，花了钱不说，还可能什么问题都没查出来。即使查出来一些问题，只要不是太严重，大多也是简单开药了事，回去自己休息，压根就不愿意在医院多待一会。

这样勤俭节约的就医习惯，往往会导致疾病不容易在早期被发现，一旦发现就是中晚期，从而延误最佳治疗时间。

事实上，一些恶性肿瘤在早期可能是完全没有症状的，比如早期肺癌、早期宫颈癌等，这些疾病只能通过定期检查被发现。而另一些疾病，比如早期胃癌，虽说可以通过胃镜被发现，但是由于通常的体检套餐里并没有这一项检查，因此也容易被忽略。所以，如果我们不能做到每年进行一次全面的体检并且注意增加必要的体检项目，都有可能让早期疾病“蒙混过关”。

而一些有着充足医疗保障的人，比如我家一位已经寿终正寝的长辈，因为退休时福利较好，生病住院的费用可以全额报销，所以她即使到了 90 岁高龄，稍有不适就会往医院跑，甚至主动请医生为她做一些被认为已经不适合这个年纪的手术。同样的，一些朋友在购买了中高端医疗险之后，也会变得更加“喜欢”医院，经常光临医院做一些检查，想着如果查出问题也不怕，正好可以“薅”一把保险公司的“羊毛”。

而这部分人，因为常常光顾医院，对体检结果没有畏惧，因此对自己的身体情况会更加了解，也更容易及时发现早期疾病，并将其扼杀于萌芽之中。

四、谈保险，是谈“钱”还是谈“情”

现在，老一辈生病住院全额报销的福利早已不复存在，对于医保无法覆盖的缺口，我们只有通过商业健康险来解决。

而保险的意义，就在于可以让疾病这样一种“人生之难”，变得似乎不是那么难。

虽然保险并不能降低罹患疾病的概率，但一定能降低治疗疾病的压力，这样的经济支撑，既能影响患者的治疗方式，决定患者的治疗效果，也能抚慰患者的心灵，让 TA 对未来的生活依然充满信心。

因此，保险看似是在谈“钱”，其实也是在谈“情”。这个“情”不仅体现在有充足的治疗预算时家属的亲情，还有患者本人的情绪。

我们不要小看情绪对患者康复效果的影响。澳大利亚科廷大学领导的新研究显示，患有慢性疾病如糖尿病和心血管疾病的人们，对其疾病正面或负面的想法会影响他们的康复。比如，对自己的疾病感到强烈的消极情绪和认为病情十分严重的人，更有可能抑郁或焦虑，而且不太可能得到康复。同时，研究人员还发现，认为病情较轻的人对生活造成的影响较小，更有可能不那么沮丧，采取积极的应对策略，比如坚持健身和治疗等，他们有更大可能得到更好的康复结果。

因此，虽说保险并不直接弥补人们的情感损失，但在变故发生时，有充足经济支撑的患者一定会比缺乏支撑的患者更加从容和平静。充足的经济支撑也意味着更少的家庭负担和更多的选择，如果患者家人有着坚信患者能够康复的强大信念，这样的精神力量也会作用在患者身上，为其带来积极正面的影响，从而创造更大的康复可能性。

五、不是结尾的结尾：你在什么时候觉得人生很难

其实关于本节开头的故事，还有一些细节。

在万某夫妇刚开始经营“抗癌厨房”的时候，其子女并不同意他们与癌症病人过多接触。然而现在，子女的态度已慢慢转变，不仅不反对，周末还会过来打扫卫生。

虽然厨房位置占用了公共过道，容易影响邻居出行，但是17年来，邻居们不仅没有抱怨，还常常给万某夫妇送来厨房用品和各种食材，另外一些不留名的志愿者也常常过来帮忙。

在万某心中，有一个最大的遗憾，就是他的父亲在20多年前患癌去世时，他没能好好为他做一顿好饭。现在，万某的遗憾已经无法弥补，但他不想让这样的遗憾再发生在其他人身上。

我想，不管是来“抗癌厨房”做饭的病人，还是捐赠器官的渐冻症男孩，他们的人生都已经足够的难，但像万某夫妇、渐冻症男孩的太太以及其他施援者的出现，他们的温暖善举，都足以让我们相信，我们所在的是一个很好很好的人间。人生在世，我们每个人都是故事的主角，每个人也都需要尝一遍苦辣酸甜的人间百味。

归根到底，我们无法决定上天的安排，到底人生是苦多一点，还是甜多一些，但我们能做的，是不去想那些“人生不如意十之八九”，而是把握好那难得的“一二”，用敬畏和智慧，提前为自己和家人做一些安排：用保险撑伞，遮挡未知的风雨。也许这样，我们就不会像万某遗憾没有在父亲生前为他做一顿好饭那样，也遗憾自己没有在力所能及的情况下，给家人带来最好的保护。

老后破产：你的晚年谁做主

希望我们每一个人，都能够在“可以做主”的今天，为自己规划好“无法做主”的晚年。

2018年，日本NHK特别节目录制组编著了一本书叫《老后破产：名为“长寿”的噩梦》，一经出版就引发了不小的轰动。

我将书中受访老人对记者说的话，摘录部分展示如下。

“万万没料到，竟是这样的晚年！”

“靠养老金生活，一日只吃一餐，一餐费用缩减到100日元①。”

“靠每月4万日元的养老金生活不下去，就申请了生活保护，但生活中毫无乐趣可言。每天都在想，什么时候能一死了之呢？”

“每月能领到16万日元的养老金，支出却在16万日元以上。但我的生活并不奢侈，医疗、护理等也曾节省过，但就我来说，要节省就只能一死了。”

通过这些语言，我们可以看到，很多老年人都是非常悲观的。

一、世界各国的养老现状

下面，我们来看看，关于养老这个话题，世界各国都遇到了哪些问题。

1. 日本——严重老龄化与先进养老制度并行

我们都知道，日本是一个老龄化非常严重的国家，但许多人有所不知的是，日本的国家养老保险制度在世界上算是比较先进的。

据公开资料显示，日本政府在1961年就建立了基础养老金（也称国民养老金）制度，规定20周岁以上的国民都有义务加入基础养老金，做到全民皆有养老金。随着经济发展和社会变革，日本又在国民养老金的基础上设立了以企业在职人员为对象的厚生养老金和以公务员为对象的共济养老金。

---

① 2018年，100日元约等于6元人民币。

日本女性和男性退休年龄一样，目前同为60周岁。政府在支付退休养老金时考虑到了物价和工资的增长因数。除了基本部分外，养老金中还包括了随平均工资和物价上升而附加变动的部分。

就目前而言，一对老年夫妇只要他们在退休前缴足了公共养老金保险费，每月就能领到金额为23万日元的养老金，折合人民币19 000元，相当于退休前平均月收入的80%，即替代率为80%。

这里解释一下，什么是替代率。

替代率=退休时的养老金÷退休前工资收入。

简单地说，替代率就是我们退休时领的钱和我们退休前的收入相比能够覆盖多少比例，是衡量我们退休前后生活保障水平差异的重要指标。

根据国际经验，如果替代率大于70%，则可以维持退休前现有的生活水平；如果替代率为60%～70%，则可以基本维持平衡；如果替代率小于50%，生活水平就会有大幅的下降。

那么，前述的日本夫妻退休后还能拿到以前平均月薪的80%，乍一听还挺高的，可为什么如此高的替代率，依然不能让他们过上一个体面的晚年呢？

答案是，随着年龄的增长，老人的身体状态每况愈下，年轻时不曾犯的毛病都会跑出来。所以，医药费、护工费就成了一笔最大的开支。这对于独居的老人更是残酷，不仅精神上要抵御晚年的孤独，生活上的吃饭喝水生病都无人照顾，如果住进养老社区，又需要一笔不小的费用。

2. 法国——养老金改革引风波

据报道，2019年12月5日，法国爆发了自1995年以来最大规模的罢工，涉及80万人。特别的是，这次大罢工的活跃分子是公交、医院、消防、清洁等公共部门人员，连警察都走上街头加入了罢工的行列，严重影响了人们的正常生活。

据称，罢工的直接导火索是法国总统马克龙推动的养老金改革。这次改革中的一个重要目标是废除法国养老金的多轨制。改革如果真的实施，有一部分人会因此受益，比如低收入的工作者、农民，但部分享受“特殊制度”的人，比如电气、燃气、铁路公司、议员以及公务员、公立医院医务人员、巴黎歌剧院芭蕾舞演员等，则会丢掉丰厚的退休金。

3. 摆在世界各国面前的普遍难题——养老问题

其实，日本和法国遭遇的困境是目前世界上很多国家都面临的问题。人们的寿命越来越长，生育率却越来越低，而养老制度要运行下去，就只能少领养老金，多工作，这在任何一个国家都是如此，并没有别的办法。

那么，我们需要思考的是，我们的养老保障情况如何？我们有什么办法在自己将来老了能够避免遭遇诸如老后破产的困境呢？

二、我国的养老现状

说到我国的养老保障，就不能不提到它的核心组成部分——社保中的养老保险。

养老保险是国家和社会根据相关的法律和法规，为解决劳动者在达到国家规定的解除劳动义务的劳动年龄界限，或因年老丧失劳动能力退出劳动岗位后的基本生活而建立的一种社会保险制度。

对于没有配置企业年金和商业养老保险的人来讲，养老保险很可能是其未来养老的唯一收入来源。但根据我国现在的发展状况，我们的养老保险体系正面临着来自人口结构变化的巨大挑战。

具体而言，我国的人口结构具有老龄化、少子化、长寿化的特点，随着这三大特点的日益凸显，为我们的养老保险体系带来了巨大压力。

（一）老龄化

2018 年 1 月，全国老龄办发布了《关于开展人口老龄化国情教育的通知》，其中提到“人口老龄化是贯穿我国 21 世纪的基本国情，积极应对人口老龄化是国家的一项长期战略任务”。

而根据国家统计局的官方数据（见下表），2018 年，我国 65 周岁以上老人有 16 658 万人，占人口总数比例为 11.9%；而 0～14 周岁人口占比为 16.9%。

人口数据统计表

指　标	2018 年	2017 年	2016 年	2015 年	2014 年	2013 年	2012 年	2011 年
年末总人口（万人）	139 538	139 008	138 271	137 462	136 782	136 072	135 404	134 735
15～64 周岁人口（万人）	99 357	99 829	100 260	100 361	100 469	100 582	100 403	100 283
0～14 周岁人口（万人）	23 523	23 348	23 008	22 715	22 558	22 329	22 287	22 164

续上表

指　标	2018 年	2017 年	2016 年	2015 年	2014 年	2013 年	2012 年	2011 年
65 周岁及以上人口（万人）	16 658	15 831	15 003	14 386	13 755	13 161	12 714	12 288
总抚养比(%)	40.4	39.2	37.9	37.0	36.2	35.3	34.9	34.4
少儿抚养比(%)	23.7	23.4	22.9	22.6	22.5	22.2	22.2	22.1
老年抚养比(%)	16.8	15.9	15.0	14.3	13.7	13.1	12.7	12.3

数据来源：国家统计局官网。

倒回到 2001 年，我国 65 周岁及以上人口占比仅为 7.05%，0～14 周岁人口占比达 22.9%。彼时，我国才开始步入老龄化社会。

科普一下，国际上通常把 60 周岁以上的人口占总人口比例达到 10%，或 65 周岁以上人口占总人口的比重达到 7%作为进入老龄化的标准。因此，如果我们以 65 周岁及以上人口占总人口比例的数据为参考，此指标从 2001 年的 7.05%上涨至 2018 年的 11.9%，意味着我国自 2001 年起就已踏进老龄化社会的大门，并且在总人口基本未变的情况下，65 周岁以上的人口数还在以每年 800 万的速度逐年增加。

并且，根据预测数据，到 2050 年，我国老年人口数量将达到 4.87 亿的峰值，约占总人口的 33%。也就是说，20 余年后，我们在街上每看到的3 个人当中，就有 1 个人是 65 周岁以上的老人。

（二）少子化

资料显示，我国从 1971 年开始实行计划生育政策，一般情况下，要求一对夫妇最多只能生育两个孩子。“一胎化”政策从 1980 年开始推行，到 2016 年结束，现在已经“全面放开二孩”。但是，据官方数据显示，我国人口的出生率从 1980 年的 18.21%逐年降低至 2018 年的 10.94%，再扣减变化不大的死亡率，两者的差额（人口自然增长率）也从 1980 年的 11.87%一路降低至 2018 年的 3.81%。也就是说，自 2016 年放开二孩之后，出生率不仅没有反弹，反而在 2018 年还呈现了断崖式下跌，相较于 2017 年的出生率直接降低了 1.49%，甚至比一胎政策时下跌得还要快，见下表。

人口比率统计表

指　标	2018 年	2017 年	2016 年	2015 年	2014 年	2013 年	2012 年	2011 年
人口出生率(‰)	10.94	12.43	12.95	12.07	12.37	12.08	12.10	11.93
人口死亡率(‰)	7.13	7.11	7.09	7.11	7.16	7.16	7.15	7.14
人口自然增长率(‰)	3.81	5.32	5.86	4.96	5.21	4.92	4.95	4.79

数据来源：国家统计局官网。

如果我们再横向比较世界各国，就会发现一个规律：当一个国家经济发展到一定程度后，生育率必然出现下跌，而生育率一旦下跌，从此很难再度回升，这种“一跌定终身”的现象在欧洲国家已经多次得到印证。

这是为什么呢？背后有三重因素。

1. 生产力发展水平不可逆

这句话怎么理解呢？就是少生优生，幸福一生。我们往过去看远一点，当我们还处于农耕时代时，种地、养殖、采摘是主要的生存方式，那时我们的生产力是什么？是人口。因此，人们当然希望多生孩子来提高生产力。

可一旦社会生产力水平发展到一定程度，比如进步到工业时代后期，我们不再需要靠人口数量来决定生产，每个家庭也不再需要靠多生孩子来增加收入，那么作为父母就会更加关注孩子的质量而非数量，大家更愿意花钱培养孩子，而非多养活几个孩子。

2. 社会结构不可逆

随着时代的发展和思想的进步，很少有女性还愿意像古代那样，待在家里相夫教子，她们更希望与男同胞一起，获得平等的事业发展机会。因此，大量女性被解放出来投入工作中，并且不少成为能顶半边天的角色。这也导致大量女性不愿意回家生育第二个孩子。即使是生育第一个孩子，根据官方数据显示，育龄女性生育第一个孩子的年龄最高峰也自 2015 年的 20～24 周岁增加到了 25～29 周岁，也就是说女性不仅生得少了，而且还生得晚了。

3. 抚养市场不可逆

做父母的应该都有感受，现在市场上所有与孩子相关的消费项目，大到教育培训，小到婴儿用品，价格都一路水涨船高，而市场价格一旦被抬高之后，从经济学的角度，它也很难再降下来。

这就是民间戏称孩子都是“四脚吞金兽”的原因。现在大家都觉得养孩子很难，哪怕政策鼓励多生，家长也得自己解决兴趣班、补习班等具体问题，多生一个孩子变成了一件非常需要勇气的事情。

(三)长寿化

根据官方数据显示，我国人口平均预期寿命从 2000 年的 71.4 周岁逐年增加到 2019 年的 77.3 周岁。也就是说，随着医疗条件的进步和生活水平的提高，我们的预计寿命越来越长，从国际经验看也是如此。而长寿化与前述老龄化和少子化综合作用，就会导致我们的养老金出现“僧多粥少”的局面。

我们来看下面两张图。

养老金领取水管形象图 1

养老金领取水管形象图 2

注：上面的水龙头代表倒水的人，也就是正在工作和缴纳社保的年轻人，他们是社保基金水池的供给人；而下面的水龙头代表喝水的人，也就是已经退休并不再缴纳社保的老人，他们是领取养老保险的人。

显而易见，当上面的水龙头进水量大，下面的水龙头出水量小时，社保基金池子里就会有水(资金结余)可以存储下来，这时我们的养老保险就是充足的，不用担心养老金发放的问题，如养老金领取水管形象图 1 所示。

可一旦颠倒过来，当上面的水龙头进水量小，下面的水龙头出水量大时，社保基金池子的水就处于入不敷出的断供状态，这时我们的养老保险金从何而来，就成了一个严峻的话题，如养老金领取水管形象图 2 所示。

三、我国国家层面五大举措

那么，我国为了应对人口结构对养老保险的影响，做了哪些举措呢？主要有以下五个方面。

(一)中央调剂

2018 年 6 月 13 日，国务院印发了《关于建立企业职工基本养老保险基金中央调剂制度的通知》，决定建立养老保险基金中央调剂制度来均衡地区间企业职工基本养老保险基金负担。具体来说，就是各省按比例上解资金形成中央调剂基金，中央不留存基金，按离退休人数全部向各地定额拨付。

《21 世纪经济报道》曾发布了一张来源于财政部数据的图片来直观展示 2019 年中央调剂基金在各省的调剂情况，如下图所示。数据显示，2019 年中央调剂基金预算规模 4 844.6 亿元，广东、北京、浙江、江苏、上海、福建、山东7 个省市是“贡献”地区，贡献了 1 220.6 亿元；辽宁、黑龙江、四川等 22 个省市（含兵团）为“受益”地区。

2019年中央调剂基金预算情况

地区	上解	下拨	解拨差额
广东	741.6	267.6	474
北京	394	131.2	262.8
浙江	381.8	273.2	108.6
江苏	478.8	371.2	107.6
上海	330.4	228	102.4
福建	157.8	71.4	86.4
山东	338.6	259.8	78.8
云南	74.6	74.6	
贵州	72.6	72.6	
西藏	6.4	6.4	
新疆	49.2	51.8	-2.6
青海	12.2	16.8	-4.6
海南	24.4	30.2	-5.8
宁夏	19.2	26.4	-7.2
天津	84.6	96.4	-11.8
新疆生产建设兵团	18	31	-13
河南	168.4	183.4	-15
陕西	85.4	103.2	-17.8
甘肃	41.4	62	-20.6
安徽	108.8	138	-29.2
广西	73	102.2	-29.2
江西	101.2	133.4	-32.2
山西	65.4	100.6	-35.2
重庆	130.4	169.4	-39
河北	116.4	176	-59.6
内蒙古	55	116	-61
湖南	106.4	175.2	-68.8
湖北	153	245.4	-92.4
吉林	59	157.2	-98.2
四川	197.2	375	-177.8
黑龙江	68.4	252.2	-183.8
辽宁	131	346.8	-215.8
合计	4 844.6	单位：亿元	数据来源：财政部

2019 年中央调剂基金预算情况图

根据制度安排，某省份上解额=（某省份职工平均工资×90%）×某省份在职应参保人数×上解比例；某省份拨付额=核定的某省份离退休人数×全国人均拨付额。

所以，根据公式，决定一个地区是“贡献”还是“受益”的变量因素包括职工平均工资、在职应参保人数、核定离退休人数。

简单地说，就是人口流入、老龄化程度较轻的经济发达地区，因为社会职工平均工资高、缴费人数多，所以上解资金多；而人口流出、老龄化程度高的地区，因为退休人员多，所以能拿到的下拨资金多。

需要注意的是，虽然说中央为了平衡各省的养老金发放，已经从制度层面进行了安排，此举可以从一定程度上缓解低产出地区人们的养老困难，但这只能起到“人人有份，雨露均沾”的效果，并不代表我们可以高枕无忧，不用为养老做任何补充规划。

与此同时，因为每个地区的“贡献”和“受益”是不确定的，是根据每年公式因子的变化进行动态调整的，所以我们每个人是处于什么地区，是“贡献者”还是“受益者”，调剂之后能否享受一个宽裕的晚年生活，也是不确定的。

（二）社保入市

2016年3月10日，国务院正式公布《全国社会保障基金条例》（以下简称《条例》），这是我国首个关于全国社会保障基金的条例，《条例》总则第三条明确约定：“全国社会保障基金是国家社会保障储备基金，用于人口老龄化高峰时期的养老保险等社会保障支出的补充、调剂。”

这无疑是一个好消息：一是提升了立法层次，解决了之前缺乏在法律层面全面、系统的规定的难题；二是强调了风险监管，明确了钱该怎么用和怎么管。

这里需要注意的是，《条例》中约定的社会保障基金和前面的社会保险基金并不是一回事，简单地说，两者更像是娘和孩子的关系，平时没啥事的时候，大家各过各的，但是，为娘怕孩儿万一哪天吃不饱，于是定期从自己的工资（中央划拨的资金）中攒一部分钱存起来，随时准备支援出现困难的孩子。同时呢，品学兼优（资金充裕）的孩子也可能交一部分钱给娘打理（保值增值），等到孩子没钱花的时候，娘再还给TA。

因此，虽然娘和孩子母子连心，该帮的一定会帮，但毕竟也是两个主体，娘的钱来自“娘家的补贴”（中央财政预算拨款）、“家产的转化获利”（国有资本划转）、“做针线活赚的钱”（基金投资收益）和“七零八碎的私房钱”（以国务院批准的其他方式筹集的资金），所以即使娘再勤劳，手上的钱也是有限的，况且还有那么多孩子要养，各个孩子自己生活得怎么样，还是需要自己多多努力才行。

（三）放开二孩

前面的内容已经讲过了，放开二孩的确是我国调整人口结构的重要举措，但自2016年政策出台之后，我国的人口出生率未升反降，所以此举目前并未起到缓解人口老龄化的效果。

（四）延迟退休

关于延迟退休的政策风声，时不时都会吹来，释放出几个明确的信号。第一是相应推迟退休年龄是必然趋势；第二是不同行业群体有不同看法，需深入研究论证并适时提出方案建议。所以，关于延迟退休，简单八个字总结就是：势在必行，审慎推进。

1. 为什么说延迟退休势在必行

《中华人民共和国国民经济和社会发展第十四个五年规划和2035年远景目标纲要》提出，实施渐进式延迟法定退休年龄方案。

在此之前，人社部部长也表示，延迟退休政策最根本的原则，是“小步慢走，渐进到位”，为了给公众做好心理准备的时间，政策出台后至少五年，才会渐进式实施。

据统计，我国是目前世界上退休年龄最早的国家，平均退休年龄不到55周岁。目前世界上大多数国家的退休年龄，除了非洲的一些国家之外，基本都是在65周岁、67周岁。

事实上，近年来已有多国计划延迟本国劳动者的法定退休年龄。新加坡总理李显龙在2019年国庆群众大会上宣布，政府将在未来10年内，将国民退休年龄和重新雇佣年龄分别延长3年——到2030年，法定退休年龄从现在的62周岁，延长到65周岁；重新雇佣年龄从现在的67周岁，延长到70周岁。

由此看出，不管是从国际趋势还是我国国情，延迟退休都是一件板上钉钉的事情。

2. 为什么延迟退休需要审慎推进

审慎推进是因为此举一出，影响面甚广。人社部在回应网友提问时也表示，延迟退休年龄涉及群众的切身利益，是一项重大的社会政策，政府非常慎重，对延迟退休年龄，“不同行业、不同群体还存在一些不同看法”。

我们需要知道的是，在国家层面，延迟退休的确可以起到延迟支付养老金，缓解财政压力的作用，但对我们个人来讲，这意味着我们能够从国家大锅里舀饭的时间又晚了那么几年。在这延长的几年里，我们需要继续工作保证生活。根据生命有限论，这也意味着我们能拿到退休金的年限也少了那么几年。

(五)加速推进第二和第三养老支柱建设

从国际情况看，“三支柱”模式(见下表)是多层次养老保障体系的重要结构，也是应对老龄化危机、缓解政府财政压力、提高个人养老保障能力的重要举措。

“三支柱”模式国际适用性一览表

国　家	零支柱（非缴费养老金）	第一支柱（公共养老金）	第二支柱（职业养老金）	第三支柱（个人养老金）
美国	—	联邦社保基金	401(k)等计划	IRA
澳大利亚	国民年金	—	超级年金	个人退休账户计划
加拿大	老年收入保障计划	公共养老金	退休养老金	注册养老储蓄账户等
英国	—	国民养老金、国家第二养老金	职业养老金	个人养老金
智利	—	公共养老金	个人账户养老金	个人补充养老金
德国	—	法定养老保险等	企业补充养老保险、里斯特养老金等	个人自愿储蓄养老保险
荷兰	—	国民养老金	职业养老金	—
瑞士	—	联邦基本保险计划	职业养老金计划	个人养老保险计划
新加坡	—	—	中央公积金计划	—

下面，介绍一下我国养老保障体系的“三支柱”。

1. 我国养老保障体系“三支柱”的构成

具体而言，我国养老保障体系“三支柱”由以下内容构成。

第一支柱：公共养老金，指目前的基本养老保险制度，也就是我们说的社保。

第二支柱：雇主养老金，是一种补充养老保险制度，形式以企业年金为主，也就是通过开立个人年金账户的方式，由企业和职工定期按一定比例缴纳保费，作为职工退休后养老金的补充，但前提是双方自愿，企业建立了年金制度，而职工也愿意缴纳。

第三支柱：个人养老金，指自己准备的商业养老保险。

2. 我国养老保障体系“三支柱”的发展

人社部中国劳动与社会保障科学研究院院长金维刚曾表示，经过多年的建设，我国在“第一支柱”方面已取得了比较不错的成绩，但“第二支柱”“第三支柱”的发展却严重滞后。并且，他认为，以我国目前的情况来看，“第一支柱”基本走到头了，在没有实现全国统筹统支的情况下，“第二支柱”发展的时间窗口也没有到来，而“第三支柱”在发展方面没有障碍，个人养老金市场拥有很大空间。

在全世界范围内，由政府、企业、个人三方共同承担的养老体系，在我国绝大部分都是由政府在承担，并且这部分比例太高，负担太重。如果我们用一把三角凳来比喻“三支柱”，我国基本上就是一个独腿的状态，就是有一条腿特别长，另外一条腿很短，还有条腿目前来说几乎没有，那么这把凳子势必是站不稳的。

如果我们不早做打算，为自己添上这“第三条腿”，看清趋势，未雨绸缪，为自己准备充足的商业养老保险，而是寄全部希望于已经压力山大的公共养老金和少量的雇主养老金，那么我们晚年的生活质量会如何？现在很难有定论，但有前面日本和法国的例子，应该可以给我们思考和警示。

四、晚年的臆想

我们回到开篇《老后破产：名为“长寿”的噩梦》这本书，里面写道：

“这个是我画的。”田代先生说。工作的时候，只有画画可以让他歇口气。他一边说着，一边给我们看了很多画。有的是凡·高、毕加索等名家名画的临摹，有的是旅游时画的风景画、人物画等。田代先生妥善保管的画足有百张以上，用色、笔触等让我们这种外行人看了大为惊叹。没想到，田代先生竟有令人深感意外的绘画才能！很有新鲜感地惊叹着一张一张地翻看，突然，我的目光在一张上停了下来。

“这位是……”画上是一位绅士，50 岁上下，黑色西装，蓄着胡子，体格健壮，仪表堂堂。

“这个就是我啊。等年纪大了，可能就是这个样子吧，就是这样一边想着将来的自己一边画的。”这是田代先生的自画像，年富力强的时候画的想象中的“晚年自画像”。听他说，想象中的这个自己经营着一家餐饮店，已经是社长了。

“年轻的时候，谁会去想老了会是什么样子啊。每天都很忙，每天都很开心。可是，一直都在认认真真地工作，谁能想到，老了会是今天的样子啊。”

看了田代先生的故事，再联想我们自己，如果我们没有早做准备，未雨绸缪，谁又能想到，自己老了会是什么样子呢？

“盛年不重来，一日难再晨；及时当勉励，岁月不待人。”借用陶渊明的诗一首，祝愿我们每一个人，都能够在“可以做主”的今天，为自己规划好“无法做主”的晚年。

第二章

破除谜思：保险不得不说的那些事儿

关于保险，我们总是容易存在种种误会，要么夸大了保险的功能，以为保险能够“避债又避税”“欠债不还，离婚不分”；要么低估了保险的作用，认为“保险只有两不赔，这也不赔，那也不赔”。事实上，保险作为一种专业的金融工具，一直都在法律约束的范围内按照规则发挥作用，它既不神秘，也不鸡肋，还很靠谱，但它的“美”，只有真正懂得保险的人才知道。

本章将为大家破除谜思，揭开保险的神秘面纱，让大家看到它不为人知的“美”。

我有医保了，还需要商业保险吗

所谓的自费药品和自费治疗项目，并非“在吃饱饭的基础上再加个鸡腿，可有可无”。相反，在许多情况下，它都几乎是必不可少的治疗方式，或者说是对特定患者而言唯一能够承受的选项。因此，看似医保报销比例不低，但如果我们真想“薅”到医保的“羊毛”，真的是很难。

我有医保了，还需要商业保险吗？这是一个老生常谈的话题。

即使到了2021年，仍然有许多人认为有了医保就可以看病不愁，高枕无忧，而商保的存在只是“在吃饱饭的基础上再加个鸡腿，可有可无”。

但事实真的是如此吗？下面我们来具体看一下。

一、一场普通肺炎，需要花费多少钱

2020年7月的一天，我发现一二（女儿小名）有些鼻涕和咳嗽，于是带她去医院就诊。做完一系列检查之后，医生出具的诊断结果是：支气管肺炎。因为症状轻微，医生建议先吃药观察。可非常不幸，一二吃药4天后，症状还是完全没有好转。于是，我们不得不再次去医院就诊，这一次，医生直接安排了住院7天。

一二康复出院后，我整理了一下她这次生病的前后花费，具体见下表。

普通肺炎的各项费用　　单位：元

类别	明细	医院花费			社保报销		自费金额	
		单价	分类	合计	分类	合计	分类	合计
门诊费用	挂号费	22	487.36	5 206.36	0	2 138.13	487.36	3 068.23
	雾化药品及耗材	106						
	西药	187.11						
	血常规	53.25						
	胸片	119						

续上表

类　别	明　细	医院花费			社保报销		自费金额	
		单价	分类	合计	分类	合计	分类	合计
住院费用	西药费	1 228.63	4 719	5 206.36	2 138.13	2 138.13	2 580.87	3 068.23
	中成药费	19.03						
	病理检查费	280						
	床位费	227.5						
	护理费	232.8						
	化验费	844						
	检查费	220						
	空调费	28						
	其他费	24						
	输液费	136						
	医用材料	387.24						
	诊查费	105						
	治疗费	892						
	注射费	94.8						

通过上表，我们可以看到，一二这次肺炎前后合计花费 5 206.36 元，其中门诊部分花费 487.36 元，住院部分花费 4 719 元。

那么，上面这些费用中，医保能够报销多少呢?

我们可以看到，在 5 206.36 元的总花费中，可以由医保报销的部分为 2 138.13元，其中门诊部分报销额为 0，住院费用部分报销额为 2 138.13 元，整体而言，医保实际报销比例为 41.07%。

平心而论，治疗一次幼儿常见的支气管肺炎需要花费 5 000 多元，便宜吗?

我觉得真不便宜，并且，这还是在成都这样一个西部二线城市的公立三级乙等医院，按照最普通的方式进行治疗的情况下。

一二这次就诊住院的花费，就是一场常见的幼儿高发疾病的治疗花费，在药品和治疗方式的选择上，也是采用的最普通的“平价套餐”，仅仅做到了“遵医嘱”而已。即便如此，扣除医保后的自费金额也达到了 3 000 多元，要知道，2020 年成都主城区的最低工资标准才 1 780 元/月，而这一次普通肺炎，光自费部分就接近工资标准的 2 倍。

二、关于医保的那些事儿

医保的全称是社会医疗保险，是国家有关机构根据相关法律法规，向保障范围内的劳动者提供患病时的基本医疗保障而建立的一项社会保险制度。

简单地讲，如果你是一个上班族，你每个月的工资都会被“莫名其妙”地扣掉一部分，被用来支付一个叫“五险一金”的费用，这里的“五险”分别是医疗保险、养老保险、失业保险、生育保险和工伤保险，其中的医疗保险就是我们所说的医保。

在一二治疗肺炎的过程中，前后总共花费了 5 206.36 元，其中医保的报销额为 2 138.13 元，占治疗总费用的 41.07%，比例并不算高，大部分都是自费的。

这时可能有人会问：“为什么医保不能全额报销呢?”

这就要从医保的报销规则说起了。

（一）医保为什么不够用

医保作为一项可以全民“无差别参与”的普惠医疗保障制度，本身定位就是解决参保对象最基础的医疗保障问题。因此，医保最大的优点是“全民普惠”，只要是参保人员都可以享受按规定报销医疗费用的待遇。

但是，医保的缺点也非常明显，那就是“保而不包”。原因也很简单，医保本质上更像是全民“大锅饭”，看似人人有份，但因为上桌吃饭的人太多，真盛到个人碗里时，就只剩清汤寡水了，想吃饱是不可能的，能勉强充饥就已经不错了 。

具体来讲，医保报销规则主要有以下三个方面。

1. 分类报销

我们首先需要知道，在我们看病治疗的开销中，到底哪些能报，哪些不能报，是由医保报销目录决定的。也就是说，一种药品或者一种治疗项目在不在医保目录之内，或者在医保目录中的具体哪个等级，决定了它是否能报销以及按照什么比例报销。

(1)甲类药、乙类药，傻傻分不清楚

在我国 2020 年的医保目录里，将药品主要分为了甲、乙两大类，其中甲类药品基本可以 100%报销，乙类药品基本报销 80%，另有部分药品报销比例为保密。

那么，在医疗实务中，甲类、乙类分别有什么特点呢？具体如下。

甲类药：为临床必需药品，使用广泛，疗效好，在同类药品中价格较低，为甲类非处方药(红色 OTC)，需要在执业药师的指导下使用，其安全性低于乙类非处方药(绿色 OTC)，副作用也相对更高。

乙类药：是可供临床治疗选择使用的药品，疗效好，比甲类目录中的同类药品价格略高，为乙类非处方药（绿色 OTC），患者可在机场、药店等地自行购买，不需医师和药师的指导使用，相对甲类非处方药而言安全性更高，副作用更小。

看到这里，大家可能会觉得医保的报销比例也还不错。毕竟最常见的甲类药可以 100%报销，乙类药能报销 80%，也能解决大部分问题，其他药品虽然不报销，但已经有甲、乙两类药品“撑腰”，不能报销似乎也并无大碍，大不了我们不使用其他类药就好了。

但是，大家忽略了一个问题，那就是对于许多疾病来讲，其他药并不是“可选”，而是“刚需”。根据我国医疗保障局官网信息，截至 2020 年 10 月 10 日，纳入我国医保目录范围的甲类和乙类药品数量合计为 2 709 个，而根据国家药品监督管理局的公开数据，我国目前的国产药品数量为 156 390 种，进口药品数量为 7 278 种，也就是说，纳入医保范围的药品数量仅为全部药品数量的 1.66%。可想而知，在许多疾病的治疗过程中，想要达到理想的治疗效果，不可避免地需要使用医保目录之外的药。

另外，据资深人士“爆料”，即使医学上对病症有着治疗的标准流程，但实际上，各医院及医生对于具体病患的诊疗过程都有很大的“自主性”及“随意性”。即使是同样的治疗流程，在具体的治疗方式上，还有高中低的费用选择，其中的医保报销比例自然也有很大差异。比如，在上海一个乳腺癌患者的平均治疗费用中，其自负比重可能达到 90%，这样的比例在一线城市的肿瘤专科医院里非常普遍。

(2)除了自费药，还有自费项目

除了药品分类，对应不同的报销比例之外，治疗项目也同样进行了分类，对应了不同的报销政策。

以一二这次住院为例，自费药部分花费仅为 19.03 元，可以忽略不计，可排痰、微波、雾化等治疗项目则属于自费范畴，仅这几项就花费了 810.2 元。但是，对于年幼的肺炎患者而言，这些都是必不可少的治疗项目。

除此以外，常见的自费治疗项目还有哪些呢？

案例一：中药调理

前不久，我认识的两个朋友几乎在同一时间被查出肺癌晚期和早期，其中一位是大学教授，年龄 45 岁左右，平时不抽烟不喝酒，生活习惯也非常良好，实在是让人震惊。

在治疗上，他们两位除了正常手术、服药和放疗化疗之外，都进行了中药调理，并且取得了非常好的效果。

但是，中药调理的花费也是非常昂贵的。仅是中药费，他们每月就要花掉7 000至10 000元，并且调理至少是以半年为服药周期，如果需要巩固效果，则需要再加周期。这一年12万元的花费对许多家庭来讲，都是一笔高昂的开支。

遗憾的是，中药调理属于院外的补充治疗方式，并不在医保的报销范围内。因此，这笔高昂的开支需要100%由患者自己承担。

案例二：无痛手术

前段时间，我做了一个妇科常见的子宫诊刮手术，这个手术简单说，就是医生需要用手和刮片将患者子宫内多余组织（如息肉、子宫壁非正常增厚等）取出，一是可以达到止血治病的目的，二是可以用于病理检查确定是否癌变。这样的手术说大不大，门诊手术室就能完成，但也说小不小，患者一般需要全麻，术后最好卧床一周才能恢复。在手术前，医生告诉我，如果想要使用到医保报销，就不能采用无痛的方式；如果想要选择无痛诊刮，则只能100%自费。我立刻告诉她，我还是选无痛吧，我宁愿自费。试问，有几人有这样的疼痛耐受力，能够用上医保报销呢？

案例三：质子重离子治疗

众所周知，在治疗癌症方面，目前国际公认的、最先进的放疗技术是质子重离子治疗技术，它能够准确杀死肿瘤细胞，对于正常组织的副作用小，治疗过程无痛苦，能够保障治疗后正常的生活质量，同时，对于小儿和年轻人引发二次原发性癌症的可能性较低，因此被誉为癌症克星。

资料显示，经过质子重离子治疗的临床试验癌症患者的5年生存率达到97.1%，局部肿瘤控制率达到81.8%，数据真的是非常优秀。

而这个质子重离子治疗技术，却因为其高昂的费用——平均每个疗程需要花费27.8万，并且完全不在医保报销范围内，因此注定无法走进寻常人家。如果患者希望使用这样"贵族"的技术进行治疗，要么有厚实的家底支撑，要么有高额的医疗保险。

类似上面的例子还有很多，我们由此可以得到一个结论：

所谓的自费药品和自费治疗项目，并非"在吃饱饭的基础上再加个鸡腿，可有可无"，相反，在许多情况下，它都几乎是必不可少的治疗方式，或者说是对特定患者（老人、小孩、妇女、体弱者、疼痛不耐受者等）而言唯一能够承受的选项，这在治疗普通疾病时是如此，在治疗癌症等重大疾病时体现得更为充分。

因此，看似医保的报销比例不低，但如果我们真想“薅”到医保的“羊毛”，那真的是很难，再加上医院和医生对医保项目“有意无意”的限制，对急于得到救治的患者来说，除了掏钱自费之外，并没有什么选择。

2. 比例报销

医保的报销是要按比例的，也就是所说的报销标准。以成都为例，2020 年的针对职工的报销比例规定见下表。

2020 年成都职工医保报销比例

人员类别		起付线（元）	报销比例				最高限额（元）
			社区（本市）		其他定点		
			大额	补充	大额	补充	
在职		1 800	90%	无	70%	无	20 000
退休	70 周岁以下	1 300	80%	10%	70%	15%	20 000
	70 周岁以上		80%	10%	80%	10%	

数据来源：社保查询网——成都。

如果是少儿医保（互助金），则报销比例如下。

（1）住院费用

乡镇卫生院和社区卫生服务中心：报销比例为 95%，起付线标准为 100 元。

一级医院：报销比例为 85%，起付线标准为 100 元。

二级医院：报销比例为 75%，起付线标准为 200 元。

三级医院：报销比例为 60%，起付线标准为 500 元。

（2）门诊费用

普通门诊：普通门诊发生的符合报销范围，门诊医疗费用可按 60%报销，每年最高报销 200 元。

特殊门诊：特殊疾病需要在专门的特殊疾病认定医院进行认定，再去治疗名单的医院就诊。

犬伤门诊：主要是针对因被犬伤后在门诊处理伤口、注射狂犬病疫苗的费用，每人每年最高可报销 200 元。需要注意的是，犬伤门诊报销一般是在社区卫生中心和乡镇卫生院。

具体来说，如果遇到住院，医保的报销金额则按以下公式计算。

基本医疗统筹支付金额=(住院费用总额－个人自付金额)×报销比例－本年度超支付线金额。

用一二这次的住院举例，因为使用的是少儿医保(互助金)，选择的是三级医院，因此住院报销比例为60%。因此，根据公式，基本医疗统筹支付金额如下。

[住院费用总额(4 719元)－个人自付金额(2 409.42元)]×报销比例(60%)－本年度超支付线金额(0元)≈1 385.75元。

因为医保报销比例会因城市和医院等级的不同而有所区别，所以大家在计算报销金额时，应以自己所在城市的相关规定为准。

3. 起付额与封顶线

什么是医保报销的起付额与封顶线?

(1)起付额

医保报销的起付额，指参保人员每次住院，在统筹基金与参保人员共同支付医疗费用之前，个人按规定先行自付的医疗费用金额。对此，各地规定不尽相同：一般为年内第一次住院的，在三级、二级、一级医疗机构的起付额，分别为700元、600元、300元；第二次及以后在相应医疗机构住院的起付额，分别为400元、200元、100元。

以成都为例，成都市城乡居民基本医疗保险的起付标准是：乡镇卫生院100元，社区卫生服务中心和一级医院100元，二级医院200元，三级医院500元，成都医疗报销比例最高为90%。

(2)封顶线

医保报销的封顶线，就是统筹基金年度支付的最高限额。新医改方案规定，统筹基金最高支付限额标准按上年度当地职工年平均工资的6倍左右确定。

通常来说，在北京、上海等一线城市，封顶线标准大约是30万元左右，如果是二三线城市，则会低许多。另外，这30万元只是在医保定点医院花费的目录内药品和治疗方式的费用，并不包括自费药品和项目，像护理费、检查费、院外康复费、医疗资源费等更是不在此列。

超过封顶线以上的医疗费用如何处理呢?《国务院关于建立城镇职工基本医疗保险制度的决定》明确指出：“超过最高支付限额的医疗费用，可以通过商业医疗保险等途径解决。”

另外，即便是在医保“保而不包”的情况下，我国的医保体系依然存在着支付压力，并且压力还不小。

2018 年 12 月 24 日，财政部部长在十三届全国人大常委会第七次会议上表示，我国医保基金可持续压力加大，医疗费用快速增长给医保基金平稳运行带来较大压力，2017 年职工医保统筹基金和城乡居民医保基金分别有一些统筹地区出现当期赤字，个别统筹地区甚至出现历年累计赤字。

加上我国人口结构呈现明显的老龄化、少子化、长寿化状态，未来一定是使用医保的人越来越多，贡献医保的人越来越少。

未来的医保政策又将何去何从？对于这个问题，我认为应该多一些审慎的思考，不要盲目的乐观。

（二）医保如此“鸡肋”，我们还需要买吗

不管医保如何“鸡肋”，也不管我们是否已经配置了足够的商业保险，我仍然建议每个人都要购买医保。不仅如此，对于地方政府联合保险机构发售的具有普惠性质的补充医疗保险，我都建议大家一定要购买。

因为，无论如何，医保及补充医保都是国家/政府层面的社会福利，相对于以盈利为目的的商业保险，医保在以下四个方面具有无可比拟的优势。

1. 没有等待期

医保没有等待期的概念，参保人只要是持续缴费，随时都可以享受医保政策。而商业保险为了防止带病投保和骗保行为，一般有 30～180 天的等待期，如果被保险人在等待期内发生保险事故，商业保险一般只会退回保费，而不会赔付保额。

2. 患病仍能投保

医保作为普惠大众的国家福利，鼓励人人参与，参保机制设计非常宽松，申请人患病后依然可以参保，后续生病住院也不会影响报销，这一点非常重要，危难时可以救人于水火。

而商业保险以盈利为目的，为了防止因为“赔穿”而出现亏损，在投保时会设计相对苛刻的投保条件，将体况存在显著风险的人群和项目排除在外，或者额外收取更高的费用。

3. 保证续保

对于医保而言，只要我们按时缴费，就不会出现保险失效的情况，哪怕我们因为

生病已经有过多次报销，也不会出现无法继续参保的情况，而商业保险就不一定。

以普通百万医疗险为例，保费几百元就可以得到保额几百万元，性价比极高。可它最大的弊端在于交一年保一年，随时存在停售或者因被保险人健康状况变化导致不能续保的风险。

具体而言，如果被保险人在保障期限内罹患了严重疾病，在当期报销事项完成之后，部分产品可能会因此判定被保险人承保风险过高，在以后的年度不再提供续保。而这时，“被抛弃”的被保险人想要再去投保其他公司的健康险产品，因为之前的患病记录，也几乎不可能实现，因此可能陷入“无保裸奔”的境地。

4. 长期有效

医保在缴足一定的年限之后，退休可以终身享受医疗报销的待遇，即使中途发生了多次、高额的医保报销，也不会出现“保障责任已履行完毕，合同终止”的情况，而商业保险则无法做到。

对于我们而言，购买一份商业保险就是与保险公司签订一份法律合同，合同里面明确约定了保障的内容和期限，同时对应着不同的投保要求、价格和解除条件。所以，即使有许多保险产品可以保障终身，但这也需要具备一定的前提条件，比如已经发生赔付的次数和金额还未达到合同约定的上限，或者多次赔付的疾病符合间隔期的规定以及分组（如有）的条件。

所以，商业保险保障的终身是“有条件”的终身，与医保“无条件”的保障终身具有本质区别。

三、理解医保和商保的正确姿态

医保和商保是互不矛盾的两种保障体系。

医保是社会福利，覆盖面广但深度有限，就像“全民大锅饭，一人一勺羹”，这样的设计定位就决定了它无法解决人们罹患重大疾病的问题，同时也超出了医保体系的承载能力。

而商保是一种市场化的金融产品，是保险公司对保障对象“量体裁衣”的专业工具，采用了大数定律和风险定价逻辑，会从精算角度进行成本和利润的匹配。因此，只要不出现重大技术性失误，就能够实现股东和消费者利益的双赢——股东得到了利润，消费者得到了保障。

所以，我们理解医保和商保的正确姿态，就是把两者视为一个“资产组合”一并持有，用医保解决目录内的基础费用，同时也降低商保的费率成本，再用商保解决剩下的部分，两条腿一起走路才能走得更稳。

保险公司真的安全吗

我认为大家真心不用为“保险公司真的安全吗”这个问题过于担心。因为我们担心的这个问题，我国监管机构那一班子顶级智囊团也在操心。既然如此，那我们还有什么好担心的呢?

过去，我曾在国有银行工作多年，早已习惯了银行具有强大市场公信力的“江湖地位”，不管是员工还是储户，都很少思考“银行安不安全”这个问题，在大家的思维定式中，银行的安全性似乎毋庸置疑。

在踏进保险行业之后，我很快发现一个有趣的现象，保险虽然与银行、证券并称为金融“三驾马车”，也与银行一起受同一个“爹”——中国银保监会的监管，可在社会认同度上，银行和保险这“两驾马车”之间的地位可谓天差地别。

很多人对银行的安全性深信不疑，把全部身家放在银行都毫无压力，而对保险公司是否安全总是惴惴不安，哪怕买一份几百块的保单都会担心保险公司会不会垮掉。这样的情况并非个例，而是非常普遍。

不仅如此，在保险市场上，部分业务员为了自身业绩，对同业公司进行“花式诋毁”(如下图所示)。特别是在中国银保监会宣布依法对“明天系”四家保险公司实施接管之后，友邦保险、人保寿险、建信人寿等 8 家公司的业务员即开始通过社交媒体发布被接管公司经营不稳定、履约能力弱等不实言论，被广东银保监局进行了监管谈话，并责成公司从严从重处罚相关责任人。

基于上述乱象，也不禁让我产生了疑问:“到底如何才能证明保险公司的安全性呢?”

于是，我带着这个问题，打开了中国银保监会的官方微信公众号——银保监微课堂，试图从里面寻找答案。

业务员对同业公司的“花式诋毁”

当我在官微搜索框里输入“保险公司安全性”这七个字时，系统立刻推荐了近十篇相关主题的历史文章，比如《不买保险，是担心保险公司会倒闭吗？》《如果保险公司破产了，我的保单怎么办？》《保险公司会倒闭吗？》《担心保险公司会倒闭？闹哪！》等，可以想象，中国银保监会这位“老父亲”在平日里也没少为保险这个“亲儿子”会不会垮的问题操心啊。

于是，我整理了相关资料，就从我国法律对保险公司“生”（准入）、“老”（经营）、“病”（风险）、“死”（破产）各个阶段的要求和约束角度，来和大家讲讲这个问题。

一、“生”——准入门槛

根据我国监管的规定，成立一家保险公司需要满足什么条件？

翻开《中华人民共和国保险法》（以下简称《保险法》）第六十七条、六十八条、六十九条，我们可以看到，在我国想要设立一家保险公司，首先需要满足以下三个条件。

第一，需要经过国务院保险监督管理机构（中国银保监会）的批准。

第二，保险公司主要股东能够持续盈利，信誉良好，最近3年内无重大违法违规记录，同时净资产不低于人民币2亿元。

第三，保险公司注册资本最低限额为人民币2亿元，且必须为实缴货币。

如果单看规定的内容，大家心里可能没什么概念，但是如果大家了解《中华人民共和国商业银行法》（以下简称《商业银行法》）就会知道，这三个条件可比成立一家城市或者农村商业银行都还要苛刻。

法条援引

《商业银行法》第十三条　设立全国性商业银行的注册资本最低限额为十亿元人民币。设立城市商业银行的注册资本最低限额为一亿元人民币，设立农村商业银行的注册资本最低限额为五千万元人民币。注册资本应当是实缴资本。

虽然保险公司注册资本最低限额是2亿元，低于全国性商业银行的注册资本要求（10亿元），但是高于城市商业银行的标准（1亿元）和农村商业银行的标准（5千万元）。并且从实际情况看，绝大部分保险公司的注册资本都远远高于《保险法》规定的2亿元标准。

根据相关资料，截至2017年，我国66家人寿保险①公司中，排名前9位的公司的注册资本都在100亿元以上，其中排名第9位的渤海人寿注册资本是130亿元；排名前31位的公司的注册资本都在30亿元以上，其中排名第31位的华泰人寿正好是30亿元；只有5家公司注册资本低于10亿元，其中最低的是中法人寿，注册资本正好是《保险法》最低限额要求的2亿元。可见，每一家保险公司都是妥妥的“富二代”，从一出生就自带不薄的家底实力，一点都不比银行差。

二、“老”——日常经营

在保险公司的日常经营过程中，中国银保监会的事中监督也是体现在方方

---

① 根据中国银保监会于2018年9月17日发布，2019年4月1日正式实施的《保险术语（GB/T 36687－2018）》的表述，人身保险的定义为：“以人的寿命和身体为保险标的的保险。注：人身保险包括人寿保险、健康保险、意外伤害保险、年金保险等。”

面面，堪称“关怀备至”，从“四金”提取的规定就可见一斑。除此之外，再保险机制和对资金使用限制的种种规定，也在最大程度上保证了保险公司的经营不会偏离正轨，具体如下。

（一）提取“四金”

根据《保险法》的相关规定，保险公司应当按照注册资本的一定比例提取保证金，同时应当根据保障被保险人利益、保证偿付能力的原则，提取各项责任准备金、公积金和缴纳保险保障基金，即所谓的提取“四金”，具体内容如下。

1. 保证金

根据《保险法》和《保险公司资本保证金管理办法》的相关规定，保险公司应当按照注册资本总额的 20％提取保证金，存入监管机构指定的银行，除公司清算时用于清偿债务外，不得动用。

(1)提取比例——注册资本总额的 20％。

(2)规定用途——公司清算时用于清偿债务。

(3)资金监督——以定期存款和大额协议存款形式存入中国银保监会指定的两家以上银行。

结合《保险法》要求每家保险公司的注册资本都不得低于 2 亿元的规定，也就是说，即使我们按照 2 亿元的最低限度计算，每家保险公司至少需要将 4 000 万元现金存入银行不得动用。而在实际操作中，很少有保险公司的注册资本刚好为 2 亿元，大多数都处于几十亿元甚至上百亿元的水平，这也意味着每家公司都需要将数亿元甚至数十亿元现金存放在银行不得动用，专门用于风险兜底，这就构成了保护我们保险权益的强大后盾。

法条援引

《保险法》第九十七条　保险公司应当按照其注册资本总额的百分之二十提取保证金，存入国务院保险监督管理机构指定的银行，除公司清算时用于清偿债务外，不得动用。

注：关于保证金存放具体规定，因篇幅较长，请读者自行查阅《保险公司资本保证金管理办法》第二章。

2. 责任准备金

为了承担未到期责任和处理未决赔款，保险公司会从保费收入中提存部分金额作为资金准备。责任准备金的提取方式是动态且复杂的，并没有一个固定的标准。究其原因，这是因为责任准备金用于未来的偿付，但未来具体发生多少偿付却并不确定。因此，在实际操作中，保险公司会根据险种、产品、期限、地区、投资收益等不同要素进行区分，通过精算来动态框定公司的赔偿风险，然后确定对应的准备金比例。

(1)提取比例——无固定比例。

(2)规定用途——用于履行保险责任。

(3)资金监督——公司自行核算确认，受到法律、监管、内外部审计的监督和约束。

法条援引

《保险法》第九十八条　保险公司应当根据保障被保险人利益、保证偿付能力的原则，提取各项责任准备金。保险公司提取和结转责任准备金的具体办法，由国务院保险监督管理机构制定。

3. 公积金

保险公司应当根据《保险法》和《中华人民共和国公司法》(以下简称《公司法》)有关规定提取公积金。

(1)提取比例——税后利润的10%(法定公积金)+任意比例(任意公积金)。

(2)规定用途——弥补公司亏损、扩大生产经营或者增加公司资本。

(3)资金监督——公司自行提取，受到法律、监管、内外部审计的监督和约束。

法条援引

《保险法》第九十九条　保险公司应当依法提取公积金。

《公司法》第一百六十六条　公司分配当年税后利润时，应当提取利润的百分之十列入公司法定公积金。公司法定公积金累计额为公司注册资本的百分之五十以上的，可以不再提取……公司从税后利润中提取法定公积金后，经股东会或者股东大会决议，还可以从税后利润中提取任意公积金。

4. 保险保障基金

保险保障基金由中国保险保障基金有限责任公司管理，常常被用于接管经营不善的保险公司，在保障保险公司的安全性方面发挥了非常重要的作用。从实务经验看，经营不善的保险公司被保险保障基金接管重组之后，往往都能实现“脱胎换骨，浴火重生”，最后成为综合实力更具有市场竞争力的保险公司。

(1)提取比例——保费或业务收入的0.05%～0.8%。

(2)规定用途——保险公司被撤销或者破产时，向投保人、被保险人、受益人和依法接受其人寿保险合同的保险公司提供救济。

(3)资金监督——由国有独资的中国保险保障基金有限责任公司依法负责保险保障基金的筹集、管理和使用。

法条援引

《保险法》第一百条　保险公司应当缴纳保险保障基金。保险保障基金应当集中管理，并在下列情形下统筹使用：(一)在保险公司被撤销或者被宣告破产时，向投保人、被保险人或者受益人提供救济；(二)在保险公司被撤销或者被宣告破产时，向依法接受其人寿保险合同的保险公司提供救济；(三)国务院规定的其他情形。保险保障基金筹集、管理和使用的具体办法，由国务院制定。

在这里，我们通过两个真实案例来看一下保险保障基金的“魔力”。

案例一：因接管而“华丽变身”为上市公司的新华人寿

2007年，新华人寿因为原董事长挪用公司资金130亿元被中国保监会通过保险保障基金接管，基金以6元/股的市场价买入约4.6亿股，占新华人寿股权的38.8%，位居第一大股东。

2011年9月，保险保障基金以8.7元/股的价格将新华人寿股权整体转让给中央汇金公司，获利12.4亿元。

2011年12月，新华人寿成功在港交所和上交所同步上市。

案例二：因接管而“嫁入豪门”的中华联合保险

2011年，中华联合保险因为公司巨额亏损和偿付能力不足被中国保监会通过保险保障基金接管，持有约8.6亿股，持股比例为57.4%。2012年3月，保险保障基金通过注资扩股增持60亿元(注册资本从15亿元升至75亿元)，持股比例升至91.5%，而第二大股东仅持股2%。

2012年12月，中华联合保险对外宣布公司重组完成，东方资管(我国四大资管公司之一)以债转股方式注资78.1亿元(注资后，注册资本达145亿元)，持股比例为51%，成为第一大股东。保险保障基金退居第二大股东，持股比例为44.8%。

2016年1月，保险保障基金在北京金融资产交易所，卖出60亿股股份，成交总价144.05亿元，功成身退，持股比例降至5.6%。

案例总结

通过案例，我们可以看到，对于巨额亏损和偿付能力不足的保险公司，保险保障基金的接管不仅可以让公司免于陷入绝境，更是可以让它的资本实力和经营能力更上一层楼，之后再找个好"婆家"接手，一个改头换面的"新"保险公司又回归市场为大家服务了。保险保障基金像一个妙手回春的医生，专门接管病入膏肓的病人，也像一个总有办法的家长，专门改造闯了祸的熊孩子。

（二）再保险机制

关于保险公司的事中控制，还有再保险机制的支撑。

什么是再保险机制？再保险又称第二次保险，也叫分保，是指保险人在原保险合同的基础上，通过订立合同，将其承担的保险业务，以承保形式，部分转移给其他保险人。再保险业务中，分出保险的一方为原保险人，接受再保险的一方为再保险人。再保险人与本来的被保险人无直接关系，只对原保险人负责。

案例

王大帅在A保险公司购买了1 000万元的保险，A公司评估了自己的风险承受能力之后，选择将其中800万元分给再保险公司B承保，那么A保险公司只承担了200万元的保额。

再保险B公司承接了800万元保额后，经过风控评估，认为这个保额还是太大，于是也选择将这其中的600万元保额平均分为两份，分别转给C、D两家保险公司承保，于是C、D两家公司分别承保了300万元。

所以，如果王大帅非常不幸，将来发生了合同条款约定的风险，看似赔款是由A保险公司理赔了1 000万元，但其实保费来自A、B、C、D四家公司。其中，A、B公司分别承担了200万元，C、D公司分别承担了300万元，合计1 000万元。

因为再保险制度的存在，保险公司之间其实同处于一个共保系统，这意味着，当我们购买了A公司的产品并且发生赔付时，背后可能是B、C、D三家公司一起分担赔款，这样的安排将单一保险公司的风险进行了分散，有利于其控制损失，稳定经营。

法条援引

《保险法》第二十八条　保险人将其承担的保险业务，以分保形式部分转移给其他保险人的，为再保险。应再保险接受人的要求，再保险分出人应当将其自负责任及原保险的有关情况书面告知再保险接受人。

《保险法》第一百零三条　保险公司对每一危险单位，即对一次保险事故可能造成的最大损失范围所承担的责任，不得超过其实有资本金加公积金总和的百分之十；超过的部分应当办理再保险。保险公司对危险单位的划分应当符合国务院保险监督管理机构的规定。

（三）资金运用的限制

根据《保险法》和《保险资金运用管理办法》的有关规定，保险公司的资金运用仅限于银行存款、买卖有价证券（债券、股票、证券投资基金份额等）和投资不动产等领域，同时应当遵照"7项原则"和"7个禁止"，具体见下表。

"7项原则"和"7个禁止"

序　号	"7项原则"	"7个禁止"
1	以服务保险业为主要目标	禁止存款于非银行金融机构
2	坚持稳健审慎和安全性原则	禁止直接从事房地产开发建设
3	实现集约化、专业化、规范化和市场化	禁止投资不符合国家产业政策项目的企业股权和不动产
4	根据保险资金性质，实行资产负债管理和全面风险管理	禁止买入被交易所实行"特别处理""警示存在终止上市风险的特别处理"的股票
5	符合偿付能力监管要求	禁止从事创业风险投资
6	保险集团（控股）公司、保险公司的股东不得违法违规干预保险资金运用工作	禁止将保险资金运用形成的投资资产用于向他人提供担保或者发放贷款，个人保单质押贷款除外
7	保险资金运用应当坚持独立运作	中国银保监会禁止的其他投资行为

上述规定加上配套出台的《保险资金投资股权暂行管理办法》《关于保险资金投资股权和不动产有关问题通知》《关于保险资金设立股权投资计划有关事项的通知》《关于进一步加强保险资金股票投资监管有关事项的通知》《关于加强和改进保险资金运用比例监管的通知》等一系列文件，我们可以看到，我国监管机

构对保险公司资金运用的监管可谓相当严格，事无巨细。

当然，我国对保险公司的监管如此严格并非多此一举。保险资金的运用具有负债性、长期性、追求绝对收益、侧重资产管理、追求大类资产配置和多元化投资六大特点，自然需要监管层设计“密不透风”的监管机制来防范风险。

法条援引

《保险法》第一百零六条　保险公司的资金运用必须稳健，遵循安全性原则。保险公司的资金运用限于下列形式：（一）银行存款；（二）买卖债券、股票、证券投资基金份额等有价证券；（三）投资不动产；（四）国务院规定的其他资金运用形式。保险公司资金运用的具体管理办法，由国务院保险监督管理机构依照前两款的规定制定。

三、“病”——风险应对

说到风险应对，就一定需要提到保险公司的偿付能力。

（一）什么是偿付能力

偿付能力是指保险公司在未来各种经济政策环境下，都能够向客户履行合同义务和兑现服务承诺的能力，是一个动态指标。

法条援引

《保险法》第一百零一条　保险公司应当具有与其业务规模和风险程度相适应的最低偿付能力。保险公司的认可资产减去认可负债的差额不得低于国务院保险监督管理机构规定的数额；低于规定数额的，应当按照国务院保险监督管理机构的要求采取相应措施达到规定的数额。

那么，这里面的“认可资产”和“认可负债”分别指什么？“国务院保险监督管理机构规定的数额”又具体是什么数额呢？

这些问题，就需要从我国现行的两套法律法规——《保险公司偿付能力管理规定》（以下简称《管理规定》）和《中国第二代偿付能力监管制度体系整体框架》（简称《整体框架》）说起。

（二）如何衡量保险公司的偿付能力

其实，关心“保险公司偿付能力”的人，不仅仅是保险消费者，政府、中国银保监会及中国人民银行等监管机构对这个问题更加关心。

关于如何衡量保险公司的偿付能力，《管理规定》和《整体框架》都有相关要求，具体如下。

1.《管理规定》相关内容

《管理规定》由中国银保监会于 2021 年 1 月 15 日发布，自 2021 年 3 月 1 日起施行，主要内容如下。

(1)保险公司偿付能力监管指标包括核心偿付能力充足率(核心资本与最低资本的比值，衡量保险公司高质量资本的充足状况)、综合偿付能力充足率(实际资本与最低资本的比值，衡量保险公司资本的总体充足状况)、风险综合评级(对保险公司偿付能力综合风险的评价，衡量保险公司总体偿付能力风险的大小)。(第六条)

(2)保险公司同时符合核心偿付能力充足率不低于 50%、综合偿付能力充足率不低于 100%、风险综合评级在 B 类及以上的，为偿付能力达标公司，不符合上述任意一项要求的，为偿付能力不达标公司。(第八条)

(3)中国银保监会及其派出机构通过评估保险公司操作风险、战略风险、声誉风险和流动性风险，结合其核心偿付能力充足率和综合偿付能力充足率，对保险公司总体风险进行评价，确定其风险综合评级，分为 A 类、B 类、C 类和 D 类，并采取差别化监管措施。(第二十二条)

(4)中国银保监会及其派出机构对保险公司报送的其他偿付能力信息和数据进行核查，将核心偿付能力充足率低于 60%或综合偿付能力充足率低于 120%的保险公司作为重点核查对象。(第二十三条)

(5)对于核心偿付能力充足率低于 50%或综合偿付能力充足率低于 100%的保险公司，中国银保监会应当采取以下全部措施：监管谈话；要求保险公司提交预防偿付能力充足率恶化或完善风险管理的计划；限制董事、监事、高级管理人员的薪酬水平；限制向股东分红。

中国银保监会还可以根据其偿付能力充足率下降的具体原因，采取以下措施：责令增加资本金；责令停止部分或全部新业务；责令调整业务结构，限制增设分支机构，限制商业性广告；限制业务范围、责令转让保险业务或责令办理分出业务；责令调整资产结构，限制投资形式或比例；对风险和损失负有责任的董事和高级管理人员，责令保险公司根据聘用协议、书面承诺等追回其薪酬；依法责令调整公司负责人及有关管理人员；依法根据保险公司的风险成因和风险程度认为必要的其他监管措施。

对于采取上述措施后偿付能力未明显改善或进一步恶化的，由中国银保监会依法采取接管、申请破产等监管措施。

中国银保监会可以视具体情况，依法授权其派出机构实施必要的监管措施。（第二十六条）

（6）对于核心偿付能力充足率和综合偿付能力充足率达标，但操作风险、战略风险、声誉风险、流动性风险中某一类或某几类风险较大或严重的C类和D类保险公司，中国银保监会及其派出机构应根据风险成因和风险程度，采取针对性的监管措施。（第二十七条）

小结：根据《管理规定》精神，“核心偿付能力充足率不低于50%、综合偿付能力充足率不低于100%、风险综合评级在B类及以上”是衡量保险公司偿付能力的明确指标，这三项指标再结合保险公司内部的偿付能力风险管理制度和机制、对责任高管的履职追溯以及严厉的外部监督，构成了保险公司偿付能力的保障基础。

2.《整体框架》相关内容

《整体框架》由中国保监会于2012年发布，是一份“为科学评估保险公司偿付能力而生”的框架性文件。

（1）《整体框架》的结构（如下图所示）

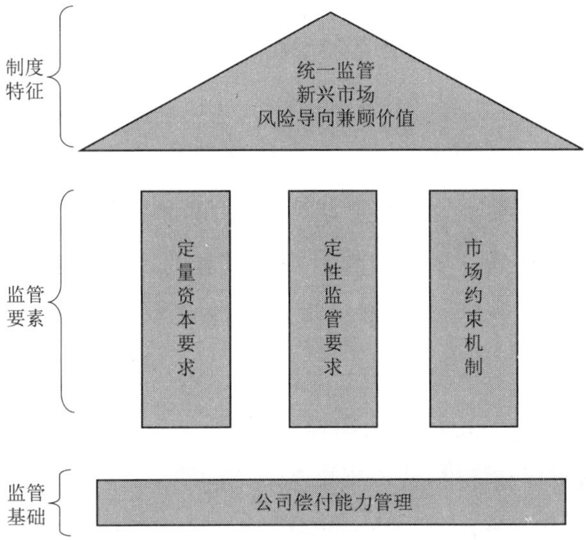

《整体框架》的结构

(2)《整体框架》内容摘要(如下图所示)

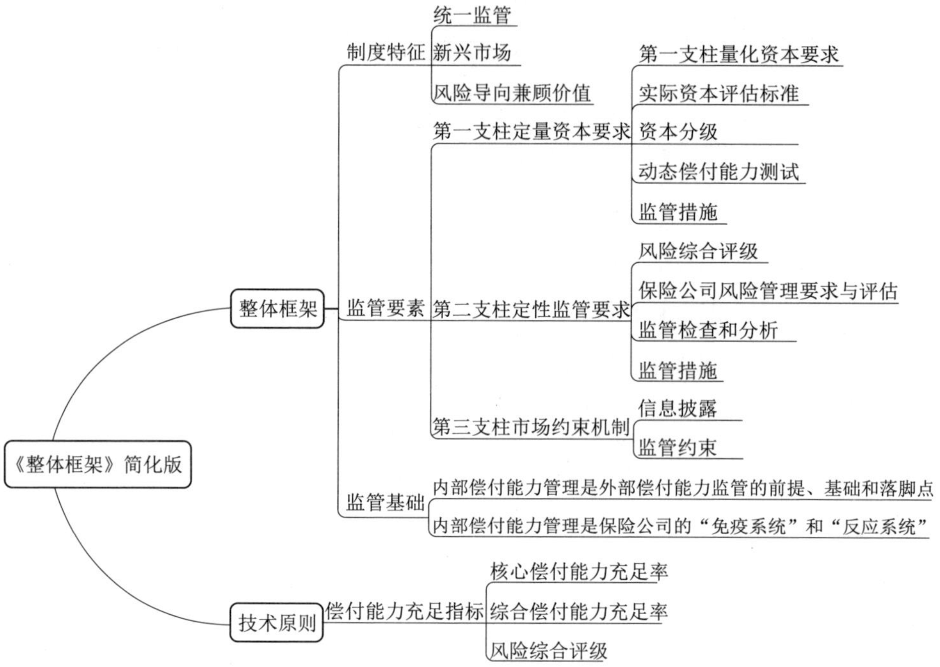

《整体框架》内容摘要

(3)《整体框架》规定的偿付能力充足指标

《整体框架》规定的偿付能力充足指标为核心偿付能力充足率、综合偿付能力充足率和风险综合评级,与前述《管理规定》相同。

通过以上内容,我们可以看出,在中国银保监会的监管体系下,围绕保险公司安全性展开的各项规定正在日趋严格、明确和数据化,并且重点强调了保险公司内部风险管理的具体要求和对责任高管的履责追溯,这对于我们普通老百姓而言无疑是一件好事,让我们大可以放下关于保险公司安全性问题的许多疑虑。

(三)偿付能力指标是否越高越好

明确了评估指标和标准,我们来思考两个问题。

(1)站在保险公司角度,偿付能力指标是否越高越好?

(2)站在消费者角度,是否必须购买偿付能力排名靠前公司的产品?

在回答这两个问题之前，我们先来看一组三大指标排名前20名的保险公司数据（见下表）。

偿付能力指标排名前20名的保险公司

排　名	保险公司	核心偿付能力充足率	综合偿付能力充足率	最近一期风险综合评级
1	华汇人寿	1 305.08%	1 305.08%	A
2	北京人寿	455%	455%	A
3	鼎诚人寿	400%	400%	B
4	国宝人寿	373.32%	373.32%	A
5	中美联泰大都会	338%	338%	A
6	恒安标准人寿	284%	284%	A
7	中国人寿	217.92%	217.92%	A
8	渤海人寿	281.40%	281.40%	B
9	国富人寿	268.27%	268.27%	A
10	民生人寿	268%	268%	A
11	中宏人寿	257.07%	257.07%	A
12	太平洋人寿	254%	254%	A
13	招商信诺人寿	250.54%	250.54%	A
14	海保人寿	249.23%	249.23%	A
15	泰康人寿	246.39%	247.12%	A
16	交银康联	237.93%	237.93%	A
17	爱心人寿	236.32%	336.32%	A
18	中信保诚	236.23%	336.23%	A
19	中韩人寿	232.06%	332.06%	A
20	幸福人寿	129.29%	230.86%	A

注：数据口径为2020年1季度，部分公司因无法获得全部数据而未纳入统计范围。

资料来源：中国保险行业协会官网。

通过上表，我们可以看到，排名靠前的公司大部分属于成立时间较晚，开展业务较少的新公司。

以排名第一的华汇人寿为例，核心偿付能力充足率和综合偿付能力充足率都达到了1 305.08%，可谓十分充足。该公司工商注册成立时间为2011年，看似已经经过了9年的经营，但实际上，从其披露的2020年1季度偿付能力报告信息看，该公司2019年全年保险业务收入仅为220.63万元，只有2020年1季度保险业务收入416.99万元的一半，可见其正式开展业务的时间应该为2020年，是一家名副其实的“新公司”(见下表)。

华汇人寿2020年1季度偿付能力报告核心数据

指标名称	本季度(末)数	上季度(末)数
核心偿付能力充足率(%)	1 305.08	1 294.46
核心偿付能力溢额(元)	926 516 970.35	928 562 355.47
综合偿付能力充足率(%)	1 305.08	1 294.46
综合偿付能力溢额(元)	926 516 970.35	928 562 355.47
最近一期的风险综合评级	A类	B类
保险业务收入(元)	4 169 888.90	2 206 307.20
净利润(元)	−12 404 181.55	−19 538 510.65
净资产(元)	1 043 449 395.75	1 051 070 012.13

注：本表格中“上季度(末)数”为2019年第4季度审计后数据。

资料来源：中国保险行业协会官网。

如果一家保险公司已经经营多年且业务发展迅猛，那么它的偿付能力指标可能反而不那么“好看”。

以排名第二十的幸福人寿为例(见下表)，其核心偿付能力充足率为129.29%，只有排名第一的华汇人寿的1/10，其综合偿付能力充足率为230.86%，也只有华汇人寿的大约1/6，可它2020年1季度的保险业务收入达到了惊人的45.76亿元，是华汇人寿同期收入的1 097.49倍，其2019年全年的保险业务收入也有12.17亿元，是华汇人寿同期收入的551.59倍。

幸福人寿2020年1季度偿付能力报告核心数据

项　目	本季度/本季度末	上季度/上季度末
核心偿付能力溢额(元)	1 559 371 624.97	1 413 975 001.56
核心偿付能力充足率(%)	129.29	127.06
综合偿付能力溢额(元)	6 966 745 129.45	6 820 716 646.20
综合偿付能力充足率(%)	230.86	230.53
最近一期的风险评级	A类	A类

续上表

项 目	本季度/本季度末	上季度/上季度末
保险业务收入(元)	4 576 420 487.15	1 216 982 329.52
净利润(元)	－35 553 185.82	174 660 364.54
净资产(元)	5 208 944 115.49	5 137 704 740.90

注:1. 最近一期的风险评级本季度末数是 2019 年 4 季度的评级结果，上季度末数是 2019 年 3 季度的评级结果；

2. 保险业务收入、净利润及净资产根据中国企业会计准则编制；

3. 上季度末数据为 2019 年 4 季度审计调整后结果。

资料来源：中国保险行业协会官网。

到这里，我们就能够确定回答前面的两个问题。

(1)站在保险公司角度，偿付能力指标是否越高越好

答案：不是。偿付能力指标高低与公司发展阶段和业务规模有一定关系，如果是一家很少开展业务的新公司，因为存在经营资金闲置，其偿付能力指标往往较高，但这并不意味着公司经营情况良好。相反，这样的公司更应该密切观察，如果长期增长乏力，说明经营存在问题，需要改善。

(2)站在消费者角度，是否必须购买偿付能力排名靠前公司的产品

答案：不是。首先，在我国的监管体系下，不论排名先后，所有的保险公司都需要具备 100％的偿付能力。其次，如果消费者购买理财型保险(万能险、分红险、投连险等)，重点需要考虑保险公司是否具备优秀的投资管理能力，因此，与问题(1)同理，偿付排名靠前的公司不一定是“优等生”。

另外，部分处于初创期的保险公司为了与根基深厚的老牌保险公司争夺市场，往往会推出高性价比的产品，而每一张保单对于保险公司来讲都属于负债，因此，通常保险产品的性价比越高，则潜在负债越多。从这个角度讲，高性价比的产品也会降低公司的偿付能力。

四、“死”——破产接管

如果一家保险公司的经营已经到了“病入膏肓”甚至“无可救药”的地步，它的“终极命运”又将是如何呢?

对于这个问题，我们也需要分两种情况来看待(如下图所示)。

(1)保险公司终极命运之“病入膏肓”——接管。

(2)保险公司终极命运之“无药可救”——破产、撤销。

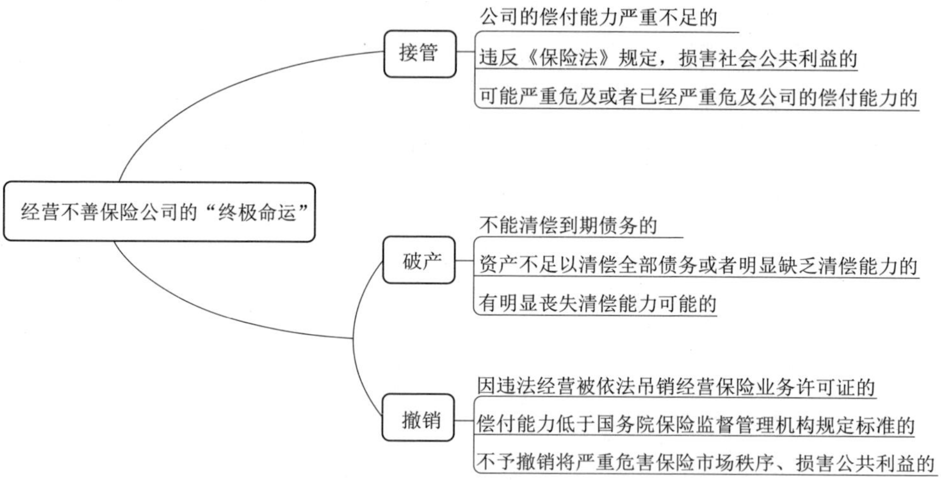

经营不善保险公司的“终极命运”

通过上图，我们可以知道，在保险公司“病入膏肓”但仍“火齐所及”的情况下，根据我国规定及惯例，都会根据《保险法》的相关规定，通过接管措施来“抢救”，这也可以被理解为在保险行业内部进行“闭门整顿”，就像徒弟闯了祸，师傅关起门来一阵教育，这时哪怕下手再重，也是自家人内部的事情，教育完成之后，出门还是自家徒弟。

而如果一家保险公司的经营状况已经糟糕到“病入骨髓”，或者经过接管这样的“闭门教育”之后仍然“不知悔改，继续闯祸”，很抱歉，这家保险公司就需要按照《中华人民共和国企业破产法》(以下简称《企业破产法》)的相关规定，被进行重整、破产、撤销、清算等一系列操作了。这也可以被理解为对该保险公司进行“社会教育”，就像对于实在不服管教的徒弟，师傅只得开门放手，双方从此划清界限，交由人民法院进行处理。

(一)保险公司终极命运之“病入膏肓”——接管

在保险公司“病入膏肓”之时，中国银保监会的救治措施就是接管。下面，我就详细讲讲关于接管的那些事儿。

1. 什么是接管

简单地讲，接管就是中国银保监会委派接管组织直接介入保险公司的日常经营，并由接管组织负责保险公司的全部经营活动的一系列行为。

2. 接管的目的

中国银保监会决定对保险公司实行接管的目的，不是要强行占有或者强令解散被接管的保险公司，而是要通过对被接管保险公司采取必要的措施，以期恢复该保险公司的正常经营和赔付能力，最终实现对投保人、被保险人合法权益的保护，同时使保险公司具有的稳定企业经营、安定人民生活、促进经济发展的机制和作用得到有效发挥。

因此，接管只是中国银保监会对保险公司采取的一种比较严厉的监管措施，并不改变被接管保险公司的独立民事主体资格，也不改变被接管保险公司原有和新发生的债权债务关系。所以，大家完全不用担心因为保险公司被接管而影响到自己的保单权益。

3. 接管的实际效果

前面讲过了，接管就好像是“师傅关门教育不听话的徒弟”，那么通常情况下，这种“教育”的效果如何呢？

这里先说一个结论：至少从我国截至目前发生过的保险公司接管案例来讲，每一个案例最后的结果都是非常成功的，每一个被接管整改后的公司，最终不仅能够恢复独立正常经营，而且其最后的股东实力和经营状况反而突飞猛进更上一层楼。

以前面提到的新华保险和中华联合保险为例，这两家公司曾经都陷入了严重的经营危机，中国银保监会通过保险保障基金介入接管并对两家公司进行改造后，新华人寿最终“华丽变身”，成功在港交所和上交所同步上市，中华联合保险也因此“改头换面”，成为股东实力更强的保险公司。

4. 接管的桥梁工具——保险保障基金

在中国银保监会操作保险公司接管事项时，一般会通过一个资金工具作为桥梁，它的名字是保险保障基金。

前面讲过，保险保障基金的来源为每家保险公司按照保费或业务收入的0.05%～0.8%进行提取，专门用于保险公司被撤销或者破产时，向投保人、被保险人、受益人和依法接受其人寿保险合同的保险公司提供救济。

也就是说，站在我国监管机构高屋建瓴的思维角度，保险保障基金就像是各家保险公司为整个行业未来可能发生的不利状况所提取的互助基金，更像是只有在丰收之时，人人出力，存下斗米，才能在困难之时，一方有疾，八方救济。

另外，根据中国保险保障基金有限公司官网披露，截至 2020 年 6 月 30 日，保险保障基金余额达到 1 528.77 亿元。其中，财产保险保障基金 957 亿元，占 62.6％；人身保险保障基金 571.77 亿元，占 37.4％。可谓资金实力相当雄厚，这构成了我国保险业强大的后盾支撑。

5. 特殊接管案例——安邦保险

那么，在实际操作中，有没有监管机构不通过保险保障基金，而是自己直接接管保险公司的案例呢？

答案：有且只有一例，比如安邦保险。

2018 年 2 月 23 日，中国保监会发布了对安邦保险集团股份有限公司实施接管的公告，期限为一年。公告显示，鉴于安邦集团存在违反《保险法》规定的经营行为，可能严重危及公司偿付能力，为保持安邦集团照常经营，保护保险消费者合法权益，依照《保险法》第一百四十四条规定，中国保监会决定对安邦集团实施接管。

依照法律规定，中国保监会同中国人民银行、中国证监会、外汇局等有关部门成立接管工作组，全面接管安邦集团经营管理，全权行使安邦集团三会一层职责。

中国保监会亲自出马接管保险公司，这还是有史以来的第一次。

安邦保险被接管之后，很多投保人心里不安，担心安邦保险的资金安全性和今后理赔的不确定性，直到 2019 年 7 月 11 日，中国银保监会官网宣布，中国保险保障基金公司、中国石油化工集团及上海汽车工业集团共同出资，设立了一家新的保险主体——大家保险集团有限公司，也被称为新“安邦”。

大家保险受让了安邦人寿、养老、资管的股权，并设立了大家财险，接盘了安邦财险的部分保险业务、资产及负债。

如今，大家保险的经营发展一切正常，虽说据媒体报道，大家保险的保费规模已由原来安邦的千亿级降低至现在的 86 亿元，但无论如何，曾经的“安邦风波”已经彻底渡过去了，相信大家保险会以一家全新公司的精神面貌，为安邦的老客户以及大家的新客户做好保险服务。

通过这件事情，我们也可以看到，不管何时何处，危机总是难以避免，但我们不能只看到危机本身，更应该看到危机是否由监管和市场进行了妥善的处理和化解，甚至在危机中绝处逢生，创造出新的发展机会。如果我们从这些角度去审视，许多担心无疑是可以被信心取代的。

(二)保险公司终极命运之“无药可救”——破产、撤销

如果一家保险公司已经到了“无药可救”的地步，根据有关法律规定，可以采取重整、破产、撤销这三种方式来“结束生命”，但在现实生活中，真正走到这一步的真实案例还未曾发生。截至目前，所有经营不善的保险公司都已经在接管环节被“妙手回春”。因此，我们只有从理论角度来探讨这个问题。

1.“二人转”——一场关于保险公司破产问题的对话

王大帅：保险公司能不能破产？

笔者：当然能破产。

王大帅：啊！如果破产了，我买的保单怎么办？

笔者：保险公司破产了，不代表你的保单也跟着“完蛋”啊。

王大帅：公司都破产了，保单还不“完蛋”？

笔者：当然不会，因为你的保单会由另外一家保险公司承接，你的保单权益不会有任何损失。

王大帅：那公司都破产了，别的公司来承接不会亏吗？谁有那么傻？

笔者：不是这样的。

首先，破产公司不仅会把人寿保险合同转移，相对应的责任准备金也会一并转移，等于说这些保单都带着“嫁妆”呢，怎么会亏？

其次，如果保险公司无法自行与别的公司达成转让协议，中国银保监会这个“爹”就会担任“红娘”的角色，指定一家保险公司作为“如意郎君”来承接。

不仅如此，如果“新娘”(破产公司)自带的“嫁妆”(责任准备金)不足以偿付保单权益，中国银保监会这个“爹”还会从保险保障基金这个大金库里取一笔钱对承接的“如意郎君”(受让保险公司)进行救助，个人保单以保单利益的90%为限，机构保单以保单利益的80%为限，是不是出手非常阔绰？

这样就保证了双方的利益诉求都能够基本得到满足，“小两口好好过日子”，从两家人(公司)变成一家人(公司)，为新老客户继续做好保险服务。

王大帅：原来是这样！那新公司后续的服务质量有保障吗？

笔者：当然啦！你想想看，对于一家保险公司来说，什么才是最重要的资产？

王大帅：最重要的资产？保单吗？

笔者：错！不是保单，是客户！

王大帅：哦哦，对，应该是客户。

笔者：这就对了，我们要知道，许多保险产品都是期交型产品，即交费期内的每一年都需要交钱。这也意味着，每一位保险客户都会持续带来数年甚至数十年的现金流，并且非常稳定。那么，新保险公司承接了破产保险公司的客户之后，它需要做的第一件非常重要的事情是什么呢？就是在这群新客户心中建立起全新的品牌形象和美誉度，只有这样，这些客户才会愿意持续交保费或者购买新的保险产品，你说是不是？

王大帅：你这样一说，我觉得好像很有道理！

笔者：是吧，如果一家保险公司承接了这一帮"金主"客户之后，非但不好好服务，反而加以刁难，结果就只能是"金主"退保奔别家而去，并且一定会四处散布对新公司不利的言论。再加上媒体，你懂的，"好事不出门，坏事传千里"是一大特色，天天无数双眼睛盯着保险公司看呢，你说这家保险公司犯得着给自己惹事吗？

王大帅：哦，还真是这么回事儿！

笔者：是吧，我国目前还没有保险公司破产的案例，全部都在接管阶段就"满血复活"了，你看哪一家出现过消费者保单权益或者服务打折的情况？一家都没有，对吧？所以，你担心的这些事情，在现实生活中就不会发生，因为这既违反了监管要求，也违背了商业常理，怎么看都没有发生的土壤和存在的逻辑。

王大帅：你这么一说，我就彻底放心了！

法条援引

《保险法》第八十九条　保险公司因分立、合并需要解散，或者股东会、股东大会决议解散，或者公司章程规定的解散事由出现，经国务院保险监督管理机构批准后解散。经营有人寿保险业务的保险公司，除因分立、合并或者被依法撤销外，不得解散。保险公司解散，应当依法成立清算组进行清算。

《保险法》第九十二条　经营有人寿保险业务的保险公司被依法撤销或者被依法宣告破产的，其持有的人寿保险合同及责任准备金，必须转让给其他经营有人寿保险业务的保险公司；不能同其他保险公司达成转让协议的，由国务院保险监督管理机构指定经营有人寿保险业务的保险公司接受转让。转让或者由国务院保险监督管理机构指定接受转让前款规定的人寿保险合同及责任准备金的，应当维护被保险人、受益人的合法权益。

《企业破产法》第二条　企业法人不能清偿到期债务，并且资产不足以清偿全部债务或者明显缺乏清偿能力的，依照本法规定清理债务。企业法人有前款规定情形，或者有明显丧失清偿能力可能的，可以依照本法规定进行重整。

《保险保障基金管理办法》第二十条　经营有人寿保险业务的保险公司被依法撤销或者依法实施破产的，其持有的人寿保险合同，必须依法转让给其他经营有人寿保险业务的保险公司；不能同其他保险公司达成转让协议的，由中国保监会指定经营有人寿保险业务的保险公司接收。

《保险保障基金管理办法》第二十一条　被依法撤销或者依法实施破产的保险公司的清算资产不足以偿付人寿保险合同保单利益的，保险保障基金可以按照下列规则向保单受让公司提供救助：(一)保单持有人为个人的，救助金额以转让后保单利益不超过转让前保单利益的90%为限；(二)保单持有人为机构的，救助金额以转让后保单利益不超过转让前保单利益的80%为限。保险保障基金依照前款规定向保单受让公司提供救助的，救助金额应以保护中小保单持有人权益以维护保险市场稳定，并根据保险保障基金资金状况为原则确定。

2. 经典问题——保险公司破产了，保单只能赔90%吗

(1)保险避坑之“经典”说辞

在保险销售市场上，有一种说辞堪称“经典”，具体如下。

业务员：你知不知道，如果保险公司破产了，保单权益只赔90%？

客户：啊，还有这事？

业务员：真是这样，不信你看这个规定(掏出事前准备的资料)，《保险保障基金管理办法》明确约定了，被依法撤销或者依法实施破产的保险公司的清算资产不足以偿付人寿保险合同保单利益的，保险保障基金可以按照下列规则向保单受让公司提供救助：(一)保单持有人为个人的，救助金额以转让后保单利益不超过转让前保单利益的90%为限；(二)保单持有人为机构的，救助金额以转让后保单利益不超过转让前保单利益的80%为限。

客户:这是什么意思?

业务员:意思就是,如果保险公司破产了,保单权益就无法得到全额保护。因此,买保险一定要买大公司,因为大公司更安全,千万不要买容易破产的小公司。

客户:……

(2)说辞辟谣

上述说辞所指的《保险保障基金管理办法》相关规定位于第九十二条,该条款约定了保险保障基金对于承接破产保险公司保单的受让公司进行的救助限额,应以个人保单权益的90%、机构保单权益的80%为限。

照此规定,是否意味着消费者个人保单的权益就只剩下了90%呢?

答案:完全不是。

我从以下两个方面来解读这个问题。

首先,这个说辞之所以"经典",是因为它使用了真实的法条,让消费者更容易相信,但它又偷换了关键的概念,即法条所指的约束对象,展示出了高超的"偷梁换柱""混淆视听"水平,容易将消费者带入事先设计的陷阱——买保险一定要买大公司。

具体而言,根据规定,保险保障基金按照90%的权益比例进行救助,其所指的对象是承接的保险公司,简单地讲,此规定是在约束保险公司破产并购过程中,针对保单这个资产包交割的补贴价格,和投保人个人没有任何关系。

同时,我在前面内容里也讲过,保单的转移还会自带"嫁妆"(责任准备金),只有将"保单责任+责任准备金+保险保障基金救助金"三者结合起来考虑,才能算出承接公司到底"吃不吃亏"的问题。

其次,退一万步,即使我们将"保单责任+责任准备金+保险保障基金救助金"三者综合考虑之后,依然出现了承接保险公司"吃亏"的情况,那么,这就意味着承接公司必然会将亏损算在承接保单的消费者头上吗?当然不会,我在前面也讲过,客户才是一家保险公司最宝贵的资产,这样的做法既违反了监管要求,也违背了商业常理,根本就没有发生的土壤和存在的逻辑。

恰恰相反,对于承接的保险公司来讲,后续最重要和最有价值的事情,就是盘活承接的客户资产,让他们对自己信心十足,从而才能连续不断地交保费。同时，该公司还可以抓住机会为自己做一波实力雄厚、真诚守信的广告，用塑造的品牌美誉度顺势促进新保单的销售，这营销效果恐怕比平日里砸几千万广告费都有过之而无不及。

所以，一个大账算下来，不管是对保险公司还是客户而言，继续履约对双方都是最有利的处理方式。因此，承接保险公司又怎么会为了区区小利，损害消费者权益，搬起石头砸自己的脚呢？

（三）总结

关于经营不善保险公司的"终极命运"到这里就已经介绍完毕，简要概括主要包括以下三个部分。

首先，我国相关法律已经对保险公司接管（也称重整）、撤销、破产等事项做出了详细规定。一般而言，当保险公司出现严重信用危机时，中国银保监会可以直接或者通过保险保障基金对保险公司的业务和资金进行全面接管。此时，保险公司原有三会一层（股东大会、董事会、监事会和管理层）全都得靠边站，由委派的接管组织行使"拨乱反正"的权力。但是，消费者的保单权益并不会因为保险公司被接管而有所影响。

其次，根据历史经验，常见的接管重整方式为：由保险保障基金以股权重组的方式充实保险公司的资本金，通过注资和业务改造提升其偿付能力和经营竞争力，改造成功后，基金最终以股权转让的方式退出。

最后，假设保险公司接管改造失败，不得不宣布破产清算，中国银保监会则会指定其他保险公司接手破产公司的全部保单，同时，破产公司需要将对应责任准备金一并转移，不足部分再由保险保障基金进行限额救助，以确保人寿保单持有人利益得到最大程度的保护，以保障金融秩序的有效运转和社会稳定。

其实，在我国，保险真的是最安全的资产之一，之所以有人会怀疑保险公司是否安全，我想更多是因为保险产品持有时间一般较长，而保险条款和机制又相对复杂，再加上部分大公司业务员在销售过程中，"不放过任何一丝机会"地对小公司产品进行诋毁，导致似懂非懂的消费者觉得心里没底。

其实，我认为大家真心不用为这个问题过于担心。因为我们担心的这个问题，我国监管机构那一班子顶级智囊团也在操心。既然如此，那我们还有什么好担心的呢？

保险都是投保容易，理赔难吗

看清和读懂保险合同，是我们购买保险之前的必修课，就像点菜之前看菜单，光看菜名还不行，还得知道它们的做法和材料，这样就不会发出“为什么鱼香茄子里没有鱼”“为什么虎皮青椒里没有虎皮”“为什么夫妻肺片里没有夫妻”类似的疑问了。

说到保险的理赔，这可真是个热闹的话题，网上有一句挺流行的话：“保险只有两样不赔，这也不赔，那也不赔。”

在保险市场上，不少业务员面对客户也经常使用这样的说辞：“大保险公司对可赔可不赔的案子会想办法赔，因为有实力；小保险公司对可赔可不赔的案子会想办法不赔，因为没实力。”

可事实真的是这样吗？下面我来讲一讲。

一、为什么保险会被贴上理赔难的标签

为什么保险会被贴上理赔难的标签？究其原因，我觉得可以归纳为以下三个方面。

第一，媒体消息传播的独有特点就是“好事不出门，坏事传千里”，保险赔了是正常，一旦出现了不赔的案子，那些铺天盖地的新闻，光看标题就觉得是保险公司的不对。

第二，大家对保险理赔的原理、要求和流程并不清楚，潜意识里总觉得保险公司是不是要靠不赔来赚钱，少赔一笔就赚一笔。

第三，在保险销售过程中，部分业务人员存在不规范、不专业甚至不道德的行为。比如，没有给客户讲清楚投保的险种，承保的范围，责任免除的事项，健康告知的内容等，而客户也往往很难自行去阅读并理解投保事项的要求和合同的条款，从而导致风险发生时，客户不能按照预期拿到赔款。

二、用数据说话，理赔到底难不难

其实，保险公司本身就是经营风险的专业单位，对于每个保险公司而言，不

管是大公司还是小公司，是知名还是不知名，是世界500强还是后起新秀，理赔都是一件无比正常的业务，是每天都在发生的稀松平常的事情，也都有清晰的理赔申报和审核流程。并且，从2019年20家公司的理赔年报看(见下表)，几乎每家保险公司的获赔率都达到了97%以上，甚至许多公司获赔率能够达到99%以上，并且小额理赔时效基本为1～2天，可谓非常高效。

2019年上半年20家保险公司理赔数据汇总

保险公司	理赔件数(万)	理赔总金额(亿)	平均理赔时效(天)	获赔率(%)
中国人寿	798	222	0.58	99.38
平安人寿	210.1	157	/	/
太平洋人寿	157	78	1.3	/
泰康人寿	35.1	24	/	/
华夏人寿	27.1	18.5	1.49	97.45
阳光人寿	24.52	11.8	0.43(小额件)	99.99(小额件)
富德生命人寿	12.45	10.59	1.81	98.59
天安人寿	5.44	7.35	1.33	99.3
中英人寿	16	4.01	1.5	98.98
恒大人寿	1.5	1.07	1.4	99.86
合众人寿	7.6	3.3	1.94	99.74(小额件)
民生保险	4.4	3.3	1.7	/
百年人寿	49	2.9	/	/
前海人寿	3.9	2.06	1.15	97.06
中意人寿	2.07	2.01	0.12(小额件)	99.94(小额件)
同方全球人寿	0.81	1.29	1.71	98.8
长城人寿	1.88	1.03	2.38	97.48
陆家嘴国泰人寿	5.2	1.03	1.77	/
北京人寿	13.69	1.01	2.1	100
吉祥人寿	1.5	0.55	1.4	99.27

通过上表，我们可以看到，里面不仅包括了大家耳熟能详的大公司，也包括了不少“不名一文”的小公司，但不管是什么样的公司，保险获赔率都在97%以上。简单地说，就是100件案件，97件以上是能获赔的，其中小额件的获赔率更

高。同时，各家公司的理赔时效也非常优秀，以小额件为例，从被保险人申请理赔到保险公司赔付到账的平均时间也就1～2天。

因此，我们从数据可以看到，所谓大公司好赔，小公司不好赔的说法是不成立的。

这时可能有人会“吐槽”：“即使数据是真实的，但数据的计算口径还有操作空间，仅仅这两个指标并不能全面反映理赔的效率和效果。”

当然，任何基于理性的质疑都值得尊敬，但从我本人和周围人员的理赔经验看，在资料齐全和理赔事件没有争议的情况下，上面的数据与真实情况基本一致，区别只在于2～3天的时间差别而已。

三、保险公司靠“不赔”赚钱吗

要回答这个问题，需要从保险公司的盈利模式说起。注意，下面讲到的内容仅限于人寿险公司，财产险公司不按此规则计算。

从会计角度讲，企业利润简单说就等于收入减去支出，保险公司也不例外。

保险公司的收入来源并不复杂，基本来源于：保费收入和投资收益。

保险公司的支出也不复杂，基本就是：公司的运营成本（包括佣金、退保等）；对被保险人的赔付；一定利润的兑付（比如，满期生存金的兑付，30年不出保就返还110%等）。

那么，收入知道了，支出知道了，两者相减，就是盈利了。

保险业有三个术语，即利差、死差、费差。这三个“差”决定了保险公司的盈利能力。

（一）利差

利差就是指实际投资收益率和定价利率之差，简单说就是保险公司左手收了大家的保费，假设资金成本（承诺兑付的利率）是3.5%，右手就把收上来的钱寻思着投资点别的，假设投资收益是6%，那么6%－3.5%＝2.5%的差价，就是保险公司的利差益；当然如果投亏了，投资收益只有2%，那么2%－3.5%＝－1.5%的差价，就是利差损。

（二）死差

死差是指实际的死亡率（或发病率）和定价时假设的死亡率（或发病率）之差。

关于死差的计算涉及精算预测，从理论角度需要用到大数定律、中心极限定理、切比雪夫不等式等复杂内容。但我们可以将其简单理解为，保险公司的精算师们年初会根据经验数据和一系列模型推算出预计风险发生需赔付多少钱，这个数值估测得越准确，与保险公司预计利润的偏离度就越小。在实际风险发生时，保险公司按照规则进行赔付，最后差额为正的部分，称为死差益；如果差额为负，则称为死差损。

消费者购买保单之后，根据大数法则原理，后续必然按照一定概率发生风险，而这个概率基本都在精算师的估测范围之内。也就是说，被保险人发生的每一次意外，对个人来讲是意料之外，但对保险公司的精算师们来讲却是意料之中。因为这些都是精算估测范围之内的数据而已，而这些“赔款损失”，对保险公司而言也并非真的是损失，因为在产品定价时，相关的风险成本早已被考虑了进去。

（三）费差

费差是指实际的费用率和定价时假设的附加费用率之差。简单地说，就是保险公司当年实际的营运费用开支与年初预算之间的差额。因为在精算实务中，成本费用需要分摊到每一张保单，而每张保单的赔付情况都相互独立且并不确定，所以真实发生的费用数据和产品定价时预定的费用数据必定存在差异。因此，保险公司往往通过减少管理费用、降低交易佣金来获得费差益或者减少费差损。

案例

A保险公司年初预计当年的营运费用会达到10亿元，其中5亿元是广告费，2亿元是办公场所租赁及经营人员工资，还有3亿元为营销人员佣金。到了年末结算时发现，广告费只花了3亿元，其他两项开支刚好符合预算，所以A公司当年费差则为+2亿元，也叫费差益2亿元。如果到年末发现广告费超支了，花了7亿元，其他两项开支不变，则A公司当年费差为－2亿元，也叫费差损2亿元。

以上“三差”的逻辑关系也可以用一张图来表示，如下图所示。

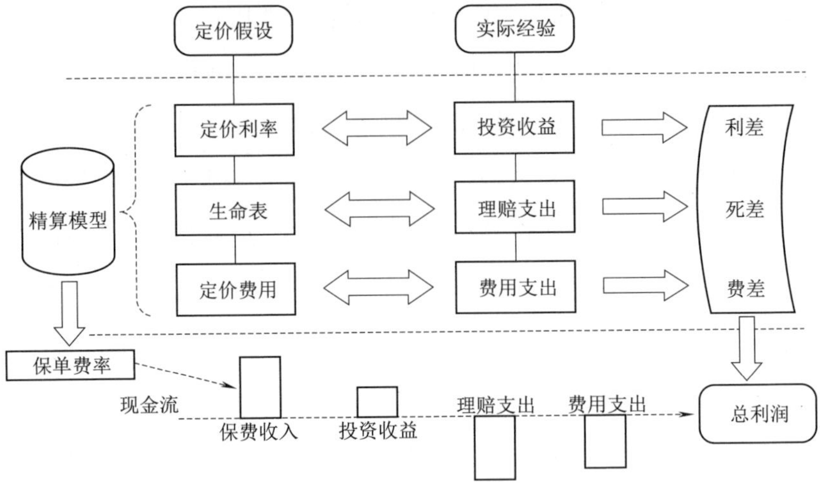

“三差”逻辑关系图

资料来源:中泰证券研究所。

由此可见,保险公司作为一个经营长期风险的专业机构,是靠对利差、死差、费差的把控来实现盈利,而非靠“不赔”来发家致富。

四、考核理赔率等于“惜赔”吗

看到这里,也可能有人会说:“即便保险公司没有‘惜赔’的价值导向,但公司内部对理赔率有没有考核?是否可能出现理赔人员为了达到考核,而在操作层面造成‘惜赔’的事实?”

关于这个问题,我觉得可以从以下两方面来考虑。

(一)考核理赔≠可以惜赔

保险公司的确很重视理赔率,因为理赔是资金的出口,保险公司需要通过真实的赔付数据来判断事前的精算模型是否准确,同时评估核保这个“守门员”是否恪尽职守。

但这并不意味着,如果事前估测的风险概率和实际发生率有偏差,保险公司就会把超出的部分赖掉,因为这对于保险公司来讲,无异于“捡了芝麻,丢了西瓜”。

我们要知道,聪明如保险公司都懂得“算大账”,准确讲,在实际操作中,许多保险公司都懂得用让消费者“薅到羊毛”的“爆款产品”开拓市场,这类产品的存在目的就不是赚钱,而是宣传。因此,每一笔赔出的保险金都是“带着使命”的广告费，为公司的其他盈利性产品带来更大的销量。退一万步，如果某款产品确实出现了意料之外的亏损，保险公司还可以选择将它下架或直接停售，完全不用靠“惜赔”来解决。

（二）理赔质量同样纳入考核指标

除了理赔数据之外，保险公司对理赔时效、获赔率、客户满意度等情况同样非常关注，这也会成为“惜赔”的掣肘，形成多方制约的关系。

五、常见的拒赔情形

总而言之，保险公司不会无缘无故拒赔，一旦拒赔，大概率是因为以下两种情况：买错了保险责任；未正确地进行健康告知。

下面，我以案例方式为大家呈现“经典”的拒赔情形，希望大家引以为戒。

（一）买错保险责任之买错险种

买错险种可以分为两种情况：一是对保障内容理解有偏差；二是对保险事故理解有偏差。举例如下。

1. 重大疾病保险 VS 医疗险，傻傻分不清

案例

王大帅 26 周岁，是个软件工程师，因为经常加班熬夜，所以在网上给自己买了一份百万医疗险，价格 324 元，100 万元保额，免赔额 1 万元，重疾无免赔。刚过等待期，王大帅在单位体检中查出甲状腺癌，于是他马上致电保险公司要求赔付 100 万元保额，可保险公司回复说他购买的是报销型的医疗险产品，无法直接赔付保额，但在后续的住院治疗费用可以 100%报销。可王大帅觉得，自己当初是以为生大病就可以赔 100 万元才买的这款保险，现在说不能赔付只能报销，表示难以接受。

问题：这件事情是王大帅的错，还是保险公司的错？

答案：王大帅的错。王大帅购买的是报销型的医疗险，而非给付型的重大疾病保险。因此，他只能凭费用单据报销已经支付的医疗费用，而非一次性获得重大疾病保险金。此案例中，保险公司无错。

2. 猝死到底是不是意外

案例

王大帅的父亲王老帅腿脚不灵便，王大帅担心其摔跤，为他投了一份意外险，保额20万元。有一天，王老帅突然倒地后即失去意识，经医院抢救未成功，医生判定为猝死。王大帅找到保险公司办理理赔，可保险公司回复说猝死是由潜在疾病导致的，不属于意外，所以不予赔付。王大帅一气之下将保险公司告上了法庭。

问题：猝死到底是不是意外？什么险种才赔付猝死责任？

答案：猝死不是意外，是疾病。上述王老帅被医生定义为猝死，猝死听起来很像是一种意外，可它背后的原因其实是疾病，因此不属于意外险的赔偿范围。如果需要包含猝死的保险责任，我们可以选择带疾病身故责任或任意身故责任的险种，比如终身型重大疾病保险和定期/终身寿险。

（二）买错保险责任之条款差异

对于同一类保险，在条款细节上也可能存在很大差异，有时哪怕是一字之差，也可能产生谬以千里的理赔结论。举例如下。

案例

王大帅考虑到自己喜欢旅游，想给自己配置一份意外险，听业务员说某公司的××百万意外险挺好，买5年保30年，30年后还按照已交保费的110%返钱，用业务员的话说就是“用利息买保险，等于不要钱”，每年交费2 000多元，保额最高100万元，王大帅觉得挺划算，就买了一份。

一次，王大帅和朋友出去爬山，一不小心从吊桥上摔了下来，经医院鉴定为十级伤残。王大帅想到自己的意外险有百万保额，于是向保险公司申请赔偿伤残保险金。结果，保险公司以不符合保险合同约定责任为由拒绝了。

王大帅觉得很奇怪：“自己明明有意外险，为什么保险公司不赔呢？是保险公司要赖吗？”

经人提示，他仔细翻看了保险合同。原来，他之前购买的这款意外保险仅赔付身故和全残责任，不包括伤残责任。也就是说，伤残和全残仅一字之差，却让他与赔偿“擦肩而过”。同时，他住院花费的1.5万元医药费，也不在该款保险的保障责任范围内。不仅如此，王大帅还发现这款百万意外险所指的百万保额，与他购买时理解的百万保额也不太一样。

这份保单的基本保额其实只有10万元，只有被保险人在私家车及飞机/轮船/火车等公共交通工具里因意外身故，或者在8种自然灾害中因意外身故的，保险公司才会根据事发时不同的年龄阶段，最高给到100万元的赔偿。也就是说，这款保险虽说名称是××百万意外险，但事实上，真想获得百万保额也是有非常具体的限制条件的。

案例分析

在此案例里，王大帅购买了百万保额的高额意外险，而他发生的也的确是意外事故，但是却不能得到理赔，这是为什么呢？

因为，此“意外险”非彼“意外险”，赔“全残”不等于赔“伤残”，两者之间，虽说只差一字，可差异却谬以千里，就像西施与东施的一字之差也决定了美丑迥异一样。

我们需要知道，保险是一纸法律合同，我们能够得到的全部保障都会以合同条款的形式进行呈现。因此，看清和读懂保险合同，是我们购买保险之前的必修课，就像点菜之前看菜单，光看菜名还不行，还得知道它们的做法和材料，这样就不会发出“为什么鱼香茄子里没有鱼”“为什么虎皮青椒里没有虎皮”“为什么夫妻肺片里没有夫妻”类似的疑问了。

(三)未正确健康告知之带病投保

因为未如实健康告知而拒赔，一直是保险理赔纠纷产生的重灾区。因此，弄清如何正确进行健康告知，是每一位投保人的必修课。关于这部分内容，我会在后面章节里详细展开。

算上通货膨胀，未来我的保险还值钱吗

正因为通货膨胀已经成为一种不可避免的经济常态，我们每个人才更加需要认真考虑理财，把钱放对地方，善加利用基础保障杠杆和复利增值工具，让手里的钱更值钱。

如果要统计关于保险的十大经典问题，有一个问题必定榜上有名，那就是："算上通货膨胀，未来我的保险还值钱吗？"

这个问题乍一看挺迷糊人，通货膨胀是一种长期存在的经济现象，保险也是一种倚重长期价值的金融产品，将两者进行类比，似乎也很合理。但当我们仔细思考一下就很容易发现，这样的类比需要有三个假设前提。

(1)保险的全部价值取决于收益率。

(2)保险收益率无法跑赢通货膨胀率。

(3)假设不买保险，我们就可以抵御通货膨胀。

那么，这三个假设前提真的成立吗？下面，我就讲讲这个问题。

一、通货膨胀

在回答前面的问题之前，我们先来看看什么是通货膨胀。

(一)什么是通货膨胀

简单地说，通货膨胀就是一般物价水平的持续上升。这句话包含了两个重要的限定条件，一是"一般物价"，二是"持续上升"。

1. 一般物价

只有一般物价才会纳入通货膨胀的考虑范畴，这是指大部分生活所需普通商品的价格，非必需的装饰品、奢侈品、名贵服装等不在此列。也就是说，如果钻石的价格普遍涨了20%，这只能算市场价格的正常波动，和通货膨胀没有关系；而如果大米价格普遍涨了20%，那就是值得关注的通货膨胀信号了。

2. 持续上升

什么叫持续上升？就是一般商品的价格这月涨，下月涨，再下月还在涨，在可预期的时间范围内没个尽头。所以，通货膨胀下的商品价格曲线应该是在相当长的时间周期里呈现直线上升或者波浪式上升的状态。如果价格现在涨了但很快就跌回正常，也谈不上发生了通货膨胀。

（二）通货膨胀的本质

通货膨胀的本质是货币数量大于有效供给，简单地说，就是钱变多了，但可供购买的商品并没有同步增加，于是商品价格发生了全面而持续的上涨。

案例

假设有一个神秘的小岛，岛上有1万个岛民，每个岛民手里有1个金币，同时呢，岛上唯一可交易的物品是1万个面包，所以说，岛民的金币只能用于购买面包。那么，这时每个面包价格应该是多少钱呢？

答案：1个面包＝1个金币（如下图所示）。

“1个面包＝1个金币”形象图

过了一段时间，酋长从岛上的山洞发现了新的1万个金币，他将这些金币全部分给了岛民，而岛上此时唯一可供交易的面包数量还是1万个，也就是说，这2万个金币还是必须用于购买这1万个面包。这时每个面包的价格应该是多少钱呢？

答案：1个面包＝2个金币（如下图所示）。

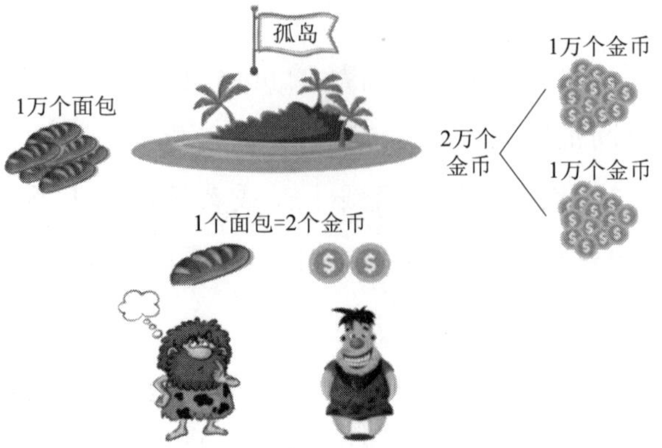

“1个面包=2个金币”形象图

岛上的生活必需品——面包的价格从1个金币非暂时性地上涨为2个金币，这时就发生了通货膨胀。

(三)通货膨胀的影响

通货膨胀会给我们带来什么影响呢？主要分为负面和正面两个方面，具体如下。

1. 负面影响——货币贬值，物价上涨

案例

假如你比较保守，你把100万元放在银行里，随着时间推移，这100万元虽然还是100万元，但是它能够买到的东西却变少了。就好像十年前，成都的房价只有每平方米5 000元，100万元可以购买两套100平方米的房子；而现在成都房价涨到每平方米15 000元，100万元只能买一套67平方米的房子，实际价值大幅减少。

不过，买不买房、买多大的房其实都不是最重要的问题，通货膨胀对我们普通人最重要的影响，是会让本来就缺乏收入来源的贫困人群更加贫困，让依靠固定退休工资生活的老人的退休金更不够花。

2. 正面影响——降低失业率

你没有看错，通货膨胀也是有好处的。学术界认为，经济的发展必然要伴随着一定程度的通货膨胀，两者并不矛盾，反而相伴相生，因为大家手里的钱变多了，消费自然也会变多。虽然因为通货膨胀的存在，货币的实际价值从长远看是缩减的，但对刺激当下的消费和需求是有好处的。

案例

老板突然有一天给我们加了 1 000 元的工资，我们很可能不会去思考这是不是对通货膨胀的补偿，而是在拿到工资的当天就开开心心逛商场花掉了，而这 1 000 元，对我们的效用满足和商场的营业额以及国家的税收都是有好处的。如果我们每个人都拿着这 1 000 元去逛商场，商场说不定还会多聘请几个服务员做接待，这对提高就业率也是有好处的。

二、保险

讲完了通货膨胀，让我们回到本节开头的问题。我们将通货膨胀与保险放在一起进行类比，需要的三个假设前提真的合理吗？让我们逐一来看一下。

（一）保险的全部价值取决于收益率吗

我们先来思考一个问题：保险的价值到底是什么？

是年金保险的收益率？是终身寿险的现金价值？是大病赔付的保额？是医疗险报销的额度？是定期寿险的杠杆……

我们稍加思考就会发现，如果想用一句话、一个定义、一个优点来描绘保险的全貌时，就像是盲人在摸象：当我们买了医疗险，全额报销了住院费用时，保险在我们心中是解决医药费问题的工具，这是大象的尾巴；当我们买了重大疾病保险，大病及时得到一笔赔付时，保险在我们心中是解决大病危急和漫长康复费用的法宝，这是大象的耳朵；当我们买了年金保险，孩子上学和自己养老都能得到源源不断的现金流补充时，保险在我们心中是长期理财配置的科学选择，这是大象的肚子；当我们买了寿险，可以在不得不离开这个世界时安心无忧地给子女留下一笔确定的钱时，保险在我们心中是资产传承的最佳工具，这是大象的鼻子……

以上每一种描述都有道理，但都不全面，就像如果我们仅仅用收益率这个单一维度来衡量保单的价值，同样太过片面。我们无法预测明天和意外哪个先来，保单的价值也会随着每个人真实发生风险形态的不同，而呈现迥异的价值状态。

以重大疾病保险为例，假设王大帅 26 周岁，买了一款 50 万元保额的重大疾病保险，20 年交费，年交保费 1 万元，等待期 90 天，保障终身。那么，自他投保成功且度过等待期之日起，他就立刻拥有了 50 万元的保障，如果他在第 91 天被查出重大疾病，他就能立马得到 50 万元的赔付，而他的保费仅仅缴纳了 1 万元。

那这个时候，我们能说这份保单的 90 天收益率是(50－1)÷1＝4 900％，年化收益率是 4 900％×4＝19 600％吗？

如果要这样算，那保单用以小博大的杠杆效用妥妥地跑赢通货膨胀。

同样，如果王大帅到保费交完一直没有发生重疾，20 年后保单的现金价值假设为 18 万元，那我们能说他的投资就亏损了 2 万元吗？

这样的说法也是错误的，因为 50 万元保额的保险责任依然有效且保障终生，在他一生中任何时间发生重疾依然可以得到赔付，他在 20 年内没有得重疾，那 20 年以后呢？

另外，在王大帅交完 20 万元之后不用再交保费，可保单的现金价值很有可能还在逐年递增。除此之外，投保人豁免、轻中症豁免、重疾多次赔付等责任的设计会让收益率的计算变得更为复杂。

所以，我们无法简单计算和理解保险的价值，因为绝大部分保险的用途并不是为了赚取收益，而是基于对保险机制的理解，对未知风险的敬畏，对自然规律的尊重，选择运用保险这样一个工具来拿走担忧。这在重大疾病保险、医疗险、意外险等保障型险种中体现得尤为突出。

(二)保险收益率无法跑赢通货膨胀率吗

想要解释清楚什么是保险收益率，就需要先弄明白两个概念和一个关系。

1. 两个概念之预定利率

对于长期型的保险产品，我们都是从合同生效时开始交保费，而此时距离发生保险事故和产生赔付可能需要很长时间，在这一段空白的时间里，我们交保费的行为就会产生资金的机会成本，这个成本等于我们用买保险的钱去做其他投资所能得到的最高回报。因此，保险公司为了弥补我们的机会成本，会将一定的收益扣减保险产品相关费用后给予我们作为让渡保险资金使用权的回报，这个扣减前的收益率就叫预定利率。

2. 两个概念之综合费用率

前面提到的保险产品相关费用，内容主要为业务佣金及手续费、办公成本分摊、退保费用等，是每款保险产品的经营中必然需要支付的成本，根据公司和具体产品的差异而各有不同，但一定不会为 0，这个费用通常用综合费用率来表示。

3. 一个关系——保险产品实际收益率＝预定利率－综合费用率

如果我们把预定利率理解为保险产品投资回报率的上限，那么用一个简单公式粗略表达，可以写为：

保险产品实际收益率＝预定利率－综合费用率。

由于预定利率决定了保险产品投资回报率的上限，而这对于以收益为主导型的保险产品（如年金保险、增额终身寿险等）格外重要，因此，消费者普遍追捧高预定利率的保险产品，认为这样的产品未来更有可能获得高额的生存金或现金价值，让保单价值更大。

但在实际操作中，由于产品经营费用的存在（各款高低不同但不会为 0），产品预定利率不可能完全等于保险产品投资回报率，因此，往往可能出现高预定利率的产品因为相关费用同样更高，导致整体收益反而不如低预定利率产品的情况。

案例

产品 A：预定利率为 4%，综合费用率 2%。

产品 B：预定利率为 3.5%，综合费用率 0.5%。

问：A 和 B 产品哪款收益更高？

答：产品 B 更好，因为 A 产品的实际收益率为 4%－2%＝2%，B 产品的实际收益率为 3.5%－0.5%＝3%，A＜B。

注意，为了便于大家理解，我把该案例进行了简化，在实际操作中，一款保险产品的经营费用很难用费用率进行清晰表示，对于消费者而言，往往需要通过利益演示表上的现金流情况推算内含报酬率，才能得到最终的产品投资回报。

总而言之，一份保单真实价值的体现并不在于预定利率的高低，而在于预定利率扣减综合费用率之后的金额。准确地说，预定利率只能决定该款产品收益率的上限，而非最终结果。同时，在实际操作中，因为一款保险产品的经营费用很难用一个确定的综合费用率来表示。所以，我们往往需要通过利益演示表上的现金流情况推算内含报酬率，才能得到产品的实际收益。

4. 保单现金流 VS 通货膨胀

现在我们回到关于通货膨胀的话题。

因为保单的真实价值是以现金流的形式体现，那么我们需要知道，不仅我们未来产生的现金流入需要考虑通货膨胀，我们现在支付保费的现金流出依然需要考虑通货膨胀。这更像是一种长期的双向现金流，可以在一定程度上产生通货膨胀效应的抵消，并且一般而言，我们支付保费（现金流出）的金额会远远低于未来得到保险金（现金流入）的金额。

也就是说，我们不要一味盯着未来流入的保险金会因为通货膨胀而贬值，因为我们为获得保险金而支付的保费也同样在贬值，再加上支付的保费一般会远远低于获得的保额，这一来一去，其实不算亏。

（三）假设不买保险，我们就可以抵御通货膨胀吗

可以确切地说，只要我们还持有货币或金融资产，就不可能完全消除通货膨胀的影响，除非我们已经将每一分钱都变成了实物资产或者花掉了，才可以彻底和通货膨胀说拜拜，但这并不具有可操作性。

所以，我们对于通货膨胀的认知，更应该将其视为货币或金融资产价值的组成部分，近似于一种机会成本。事实上，长期金融资产在定价时都会考虑预期的通货膨胀水平，并将其纳入确定折现率的参考因素。

即便通货膨胀不可避免，在国家机器运转正常的情况下，我们也不用为此过于担心，因为在良性的经济和政治环境中只会发生良性的通货膨胀，而且这样的通货膨胀也不会无限地往上走，一定会被控制在一个可接受的范围内。并且，只要市场能够及时匹配与货币量相对应的有效供给，就不会对民生和经济产生太大影响。

正因为通货膨胀已经成为一种不可避免的经济常态，我们每个人才更加需要认真考虑理财，把钱放对地方，善加利用基础保障杠杆（健康险、意外险、定期寿险等）和复利增值工具（年金保险、增额终身寿险等），让手里的钱更值钱。

为什么有人说保险都是骗人的

我坚信，在不久的将来，一定会有更多人理性、客观、透明地看待保险，以及保险行业，让“保险都是骗人的”这样的“笑话”永远成为历史，并且这一天不会让我们等得太久。

关于理赔纠纷，各种新闻报道非常多，这也非常符合新闻传播的特点。一件事情只有具备了话题性，它才具有被传播的价值，也更容易实现被传播的效果。哪怕从客观事实的角度，发生这种事件的概率只有万分之一，但由于它被推送到了人们眼前，所以人们更容易去相信该事件具有普适性。

这从心理学的角度也能够得到解释。有研究表明，比成人更敏感的儿童，在看到与犯罪暴力相关的电视内容之后，会本能地认为这样的情况每天都在发生。于是，他们在出门时会变得格外紧张，甚至会因此做噩梦，父母必须加以重视并且持续疏导才能缓释。

这种“负面传导”的现象在保险理赔问题上也不例外。类似“保险都是骗人的”“保险就是传销”“保险只有两不赔，这也不赔，那也不赔”等偏激片面的言辞，常常成为“脍炙人口”的热句被广为传播，而保险公司每年真金白银赔付出去的上万亿元资金却很少有人提到。这样的现象，让人不能不为保险公司“叫屈”。

那我们来思考一下，为什么在现实生活中，总是有人不时冒出“保险骗人”之类的言论，并且往往还能很快得到“吃瓜群众”的附和、渲染和传播呢？

究其原因，我认为除了新闻本身的话题性能够满足人们“猎奇”的心理之外，还有部分原因在于，部分人过往的真实经历可能具有相似性，人们容易被近似的话题带入原来的场景，进而为记忆里的不满情绪找到宣泄的出口，从而忽略了两者在客观上的区别。

下面，我以两个真实的案例，分析一下问题的由来。

一、保险"骗人"之拒赔

案例："抗保"的Y小姐

Y小姐是一个严重的"抗保"分子，在她的影响下，一家老少都没有购买任何保险，究其原因，还是和她患癌离世的母亲有关。

Y小姐的母亲在世时，曾经在上门推销的业务员那里购买过一份重大疾病保险。当时的Y妈妈曾经在几年前切除过一个肾，也对业务员做出了说明，但业务员说："没有关系，只要最近两年没有住院就好。"于是，Y妈妈在填写健康告知问卷时就忽略了这个问题。

据Y小姐称，数年以后，Y妈妈患肝癌，保险公司以未如实告知过往病史拒赔，当初的业务员扔下一句"我已经离职了"就不管不顾，经过反复艰难的沟通，最终以退还保费处理。

最终，Y妈妈花费了近百万的积蓄之后离开了人世，给Y小姐造成很大的阴影。

如今，哪怕事情已经过去了十几年，Y小姐全家仍然认为保险都是骗人的。

案例到这里就讲完了。下面，我从两个方面具体分析。

1. 谁来负责

在这个案例中，Y妈妈受到业务员的误导而忽略了健康告知要求，导致其购买了不匹配的保险产品，结果在发生保险事故时被拒赔。之所以出现这样的状况，我认为90%的责任在业务员，10%的责任在Y妈妈自己。

保险业务员在明知Y妈妈做过肾脏切除术的情况下，告知她没有关系，严重误导了Y妈妈，使她在健康告知环节没有做出说明，为后面的理赔埋下隐患，这是典型的不专业、不负责的表现。如果业务员是为了业绩故意为之，则更是缺乏基本职业道德的无良行为，应该被追究法律责任。而Y妈妈本人当初片面听信了业务员的话，没有仔细阅读健康告知条款就签字确认，也存在着一定的疏忽。

2. 如何避免类似情况再次发生

如果Y妈妈在购买保险之前多做两件事情，则完全可以避免类似事情的发生。

第一件事：选择一位专业靠谱的保险业务员，不要贪图便宜（比如返佣）和小恩小惠(比如送礼物)，更不要因为人情面子随便选择业务员。要知道，保险关系着一个家庭未来的风险保障，是一件无比严肃而重要的事情，不要与买包买衣服等鸡毛小事相提并论，更不要有“肥水不流外人田，找外人买不如找自家人买”的偏见。

第二件事：学习保险基础知识，让自己具备基本的辨识能力，就不会在买保险时犯原则性的错误。

二、保险“骗人”之未如实健康告知

案例：“委屈”的X小姐

X小姐的父亲于2017年购买了一份百万医疗险，但并未对自己10年前曾经患过肺结核的事情进行告知。2019年，X爸爸被诊断出肺癌，保险公司以“未如实告知既往病史且历史疾病与现发疾病具有相关性”拒赔。X小姐来问我有没有补救的办法。

对话过程中，X小姐提到查出肺癌时距离首次投保日已经过了两年，能否根据《保险法》第十六条规定的“自合同成立之日起超过二年的，保险人不得解除合同；发生保险事故的，保险人应当承担赔偿或者给付保险金的责任”来认定保险公司不得因两年前的告知瑕疵拒赔？

在沟通过程中，X小姐始终认为，投保人没有进行健康告知是“情有可原的”，因为其父患肺结核是在10年前，用她的话说：“谁会记得10年前的事情呢？”

另外，她认为保险公司应该承担一定的责任，因为在投保时，业务员仅口头询问了两年内的住院情况。至于当时的健康告知填报单是如何询问和回答的，X小姐回答：“不记得了。”我建议X小姐去保险公司调取当初的投保证据，包括当时的健康告知书。X小姐回答：“太麻烦了。”

现在，X小姐一直四处打听是否有办法让保险公司理赔，用她的话说是：“买了不能赔，就是耍流氓”。

案例到这里就讲完了。下面，我从两个方面具体分析。

1.“不得解除合同”是未如实告知的“免死金牌”吗

《保险法》第十六条规定：“自合同成立之日起超过二年的，保险人不得解除合同；发生保险事故的，保险人应当承担赔偿或者给付保险金的责任。”

该条款一度被很多人理解为未如实告知的“免死金牌”，即：没有告知不要紧，熬过两年就能赔。

事实真的是这样吗？

答案：非也！

其实，该条款的正确解读应该是：“不得解除合同”仅仅指保险公司在保险合同生效两年后不能因为客户的不如实告知解除保险合同，但是请注意，“解除合同”和“理赔”是两个不同的概念，两者没有直接关系。因为，合同有效不代表可以理赔，理赔还需要符合一系列的特定条件。

为什么这样说？理由有以下三点。

第一，本条规定约束的是保险公司的解约权，即如果保险公司想要以“未如实告知”为由解除合同，则需要在合同成立之日起两年内处理，而解约与理赔并无直接关系。

第二，保险的理赔需要符合特定的条件，“未如实告知”的背后含义是存在既往症，而既往症并不符合重大疾病保险合同条款中要求的“确诊初次发生本合同所指的重大疾病”的赔付条件。以某款重大疾病保险合同条款为例，具体如下。

2.3.6.1　首次重大疾病保险金

……被保险人于本合同生效（或合同效力恢复）之日起90日后，由本公司认可医院的专科医生确诊初次发生本合同所指的重大疾病（无论一种或多种），本公司按以下三者之较大者给付首次重大疾病保险金……

6.5　初次发生

指被保险人初次出现与约定疾病相关的症状或体征，而该症状或体征已足以引起一般人士注意并去医院寻求医疗检查，且被诊断为约定的疾病或在其后发展为约定的疾病。

所以，我们可以看到，“如实告知”和“初次发生”注定是一对矛盾体。如果没有如实告知，哪怕过了两年的解除权抗辩期，保险公司即使不解除合同，也可能因为疾病不是“初次发生”而不予赔付，这在保险实务中已有案例。

第三，《中华人民共和国民法典》（以下简称《民法典》）第一百四十六条规定：“行为人与相对人以虚假的意思表示实施的民事法律行为无效。”因此，如果我们故意掩盖事实真相，在明知自己过往病史的情况下故意不告知保险公司企图骗取保费的行为，属于典型的虚假意思表示，必然不会得到法律的支持。

2."未如实告知"的合同解除条件

保险公司在什么情况下能够以"未如实告知"为由解除合同呢？以某款重大疾病保险条款为例，其条款约定如下。

您故意或因重大过失未履行如实告知义务，足以影响本公司决定是否同意承保或提高保费率的，本公司有权解除本合同……前条规定的合同解除权，自本公司知道有解除事由之日起，超过30日不行使而同解除权消灭。

也就是说，保险公司解除合同需要同时满足五个条件。

(1)有事实：未如实告知。

(2)有过错：主观存在故意或因重大过失。

(3)有重要性：未如实告知事项足以影响保险公司决定是否同意承保或提高保费率。

(4)有时效：解除权应在保险公司知道之日起30日内行使。

(5)有限制：保险合同生效两年后，解除权失效。

所以，我们可以看到，上述条款对保险公司的解除权进行了多方面限制，极大地规避了保险公司随意解除合同，造成投保人利益损失的情况。

回到案例，如果X小姐描述真实，则两者都有责任。业务员的不审慎是存在的，健康告知的内容应该与客户逐条确认通过，而非简单口头询问。同样，X爸爸存在疏忽大意也是一定的。

后来，X小姐私下表示，该份保单并非由X爸爸亲自签字，而是由某亲戚代签字。对此，业务员和保险公司都不知情。也就是说，X爸爸很可能连健康告知长什么样都不清楚，最后出现这样的状况，也算是事出有因了。

总而言之，该事件是一个因"未如实健康告知"导致的拒赔案例。站在客观公正的角度，我认为，保险公司的处理方式没有瑕疵，也不存在"耍流氓"，我们应该引以为戒，不要让这样的问题发生在自己身上。

三、保险不骗人，但我们不要"被人骗"，也不要"骗自己"

在上面两个案例中，Y小姐和X小姐都对保险公司充满了不满，认为"保险都是骗人的"，且两个案例都存在共同的问题，那就是——没有做好健康告知，为后面的理赔埋下了隐患。

究其原因，除了业务员的因素之外，客户自身对投保规则缺乏理解和存在认知误区也显而易见，最终埋下了误会的种子。

不过近年来，在保险业务员的整体素质提升和消费者保险需求增加的双重作用下，我国保险行业的整体状态已经出现非常大的改观。越来越多的年轻人日益重视保险，更愿意花时间去学习和挑选保险，保险已经渐渐从“要我买”变成了“我要买”，从“买不买”变成了“怎么买”。保险土壤的扩大无疑也会加速行业的进步和人员的洗牌，大浪淘沙，良币驱逐劣币，让更具有竞争优势的业务员留存下来。

所以，我坚信，未来一定会有更多人理性、客观、透明地看待保险，让“保险都是骗人的”永远成为历史，并且这一天不会等得太久。

相互宝是不是保险？能买吗

我们理解相互宝的正确姿态，一定是把它作为商业保险的补充或者经济紧张阶段的过渡性保障产品，而非重大疾病保险甚至整个健康险保障方案的替代品。

随着时代的发展和技术的进步，为各行各业商业模式的迭代创造了可能，保险也不例外。从传统保险到互联网保险再到与保险高度相似的衍生模式，每一次从构想到落地的模式演变，都意味着能够满足一部分人群的新需求，这当然是一件好事。

但与此同时，人们也常常因为不懂这些“看似相似，实则不同”的产品的区别而发出疑问。比如，提到支付宝旗下的相互宝，很多人的第一反应就是：相互宝到底是不是保险？能买吗？

在此，我们就从以下四个方面来讲一讲。

一、相互宝的前世今生

2018 年 10 月 16 日，蚂蚁保险、信美相互联手推出了一项互助型健康保障服务——相互保。这项服务一经上线，无异于互联网保险界的“一道惊雷”。为什么这样讲？我们用三个数据来支撑。

一个“第一”：相互保是我国历史上第一款真正可以被称作“相互保险”的寿险产品，具有非比寻常的历史意义。

两天“百万”：相互保上线仅两天，参与用户已经接近百万，这在保险界可谓奇迹。

一年“破亿”：相互保在成立一周年时参与人数破亿，也就是说，在我国 14 亿人口中，每 14 个人中就有 1 个是相互宝用户。

但是，再闪亮的“保险新星”也经历过“夭折”的至暗时刻。

在相互保刚上线的第 42 天，蚂蚁金服宣布将相互保“升级”为相互宝。虽说从“保”变成“宝”只一字之差，内涵却差了十万八千里。新的相互宝是一款基于互联网的互助计划，背后不再对接《信美人寿相互保险社相互保团体重症疾病保险》，这意味着相互保从一款受中国银保监会监管的正儿八经的保险产品，变成了一款普通的互联网互助计划，与常见的水滴筹、轻松筹没有区别。

早在 2016 年，中国保监会为了划清保险与互助计划的界限，出台了《中国保监会关于开展以网络互助计划形式非法从事保险业务专项整治工作的通知》(保监发改〔2016〕241 号文)，明确指出互联网互助计划需要符合以下规定。

(1)不得以任何形式承诺风险保障责任或诱导消费者产生保障赔付预期，不得以任何形式承诺足额赔付，不得使用过往互助案例进行宣传和营销，不得使用任何可能诱导消费者产生保障预期的宣传手段，不得使用“保障”“保证”等字眼。

(2)明确平台性质。在平台官方网站、微信公众号的首页向公众声明“互助计划不是保险”“加入互助计划是单向的捐赠或捐助行为，不能预期获得确定的风险保障”。

(3)与保险产品划清界限。不得使用任何保险术语，不得将互助计划与保险产品进行任何形式的挂钩或对比。

(4)妥善处理存量业务。应制定切实可行的工作预案，对不愿继续参加互助计划的会员进行妥善安排，确保有关工作平稳有序进行。

(5)不得以保费名义向社会公众收取资金或非法建立资金池。

总之，我们今天在支付宝上看到的相互宝，就是一款纯粹的互联网互助计划，已经与保险完全划清了界限，从法律性质、监管要求以及对参与者的权益保障上，与真正的保险都有很大区别，如下图所示。

了解相互宝

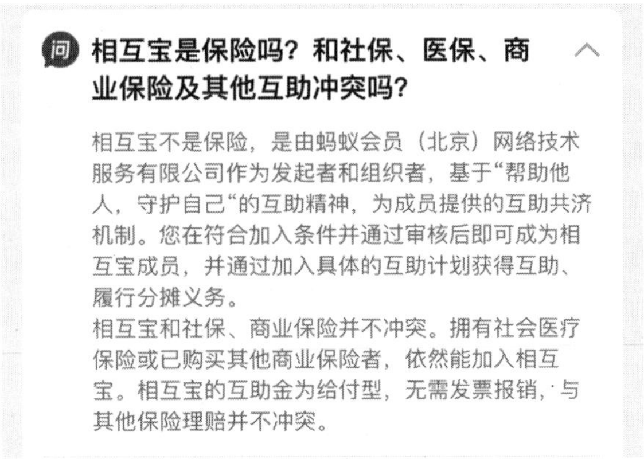
问 相互宝是保险吗？和社保、医保、商业保险及其他互助冲突吗？

相互宝不是保险，是由蚂蚁会员（北京）网络技术服务有限公司作为发起者和组织者，基于“帮助他人，守护自己“的互助精神，为成员提供的互助共济机制。您在符合加入条件并通过审核后即可成为相互宝成员，并通过加入具体的互助计划获得互助、履行分摊义务。

相互宝和社保、商业保险并不冲突。拥有社会医疗保险或已购买其他商业保险者，依然能加入相互宝。相互宝的互助金为给付型，无需发票报销，与其他保险理赔并不冲突。

相互宝的性质

资料来源：相互宝一热点问题。

二、相互宝的基本形态

根据不同的年龄段的风险特点，最新的相互宝互助计划分为三种类型：①大病互助计划；②慢性病人群防癌计划；③老年防癌计划。

我以关注度最高的大病互助计划条款举例，为大家展示一下相互宝的基本形态，具体见下表。

相互宝的基本形态

产品名称	相互宝重症疾病互助计划
运营平台	蚂蚁会员(北京)网络技术服务有限公司
参与年龄	30 天至 59 周岁
保障期限	加入本计划次日 0 时起至成员年满 60 周岁，已赔付除外
职业类别	不限
等待期	90 天
分摊时间	每月 14 日、28 日
宽限期	分摊日次日零时起至该分摊日后第二个公示日前 2 个自然日 24 时止
申请期限	初次确诊之日起 180 天内(含 180 天)
加入条件	符合年龄及健康告知要求，及时足额分摊互助金

续上表

产品名称		相互宝重症疾病互助计划
最高保额	30 天至 39 周岁	入门版 10 万元，标准版 30 万元
	40 周岁至 59 周岁	入门版 5 万元，标准版 10 万元
身故/全残、轻/中症责任		无
重疾保障	疾病种类	恶性肿瘤＋99 种重疾＋特定罕见病
	分组情况	不分组
	赔付次数	1 次
	赔付金额	5 万元至 30 万元
计划调整	平台有权调整计划，调整前会公示 15 日，期满时生效，参与者不接受可随时退出，未退出视为接受新计划	
计划终止	①满足《相互宝成员规则》所列终止条件，如不可抗力或政策因素； ②计划成员数量小于 324 万时，平台有权根据规则，主动终止或调整该计划	

资料来源：相互宝—《重症疾病互助计划条款》。

通过上表可以看出，相互宝的基本形态与传统重大疾病保险十分类似，可以说，从互助条款结构上讲，相互宝妥妥就是一份重大疾病保险的缩小版，但在具体条款的约定上，两者又有许多不同。总体结论是：从参与成本上，目前相互宝的分摊价格比购买传统重疾险要低许多，但是，在健康告知要求、平均理赔时效、理赔资料烦琐程度、获得保障确定性、出现纠纷的维权方式等方面，相互宝的条件又要苛刻许多。

三、相互宝与保险的主要区别

相互宝互助计划从疾病种类、责任范围、保障时间、等待期等方面讲，与一份单次赔付的、不含身故/全残责任的、保障期限到 60 周岁的定期纯重大疾病保险没有什么区别，其与保险产品的区别，主要体现在以下几个方面。

（一）商业模式

关于商业模式，相互宝与传统保险的区别如下。

1. 相互宝

我们参与相互宝互助计划，需要与蚂蚁会员（北京）网络技术服务有限公司（简称蚂蚁公司）签订《相互宝重症疾病互助计划》（简称《互助计划》），该计划本质是一份合作协议，受《合同法》、《公司法》及相关法律法规约束，协议关系人即是参与者和蚂蚁公司。

但是，从商业模式上讲，参与者和相互宝的关系又不完全是 B2C，因为相互宝的模式本质是群体公约的互助模式，简单地讲，就是“一方有难，八方支援”，参与者和相互宝签订《互助计划》更像是获得了一种保障期待权，并不必然对应确定的保障内容，这在计划条款（如下图所示）里也有体现。

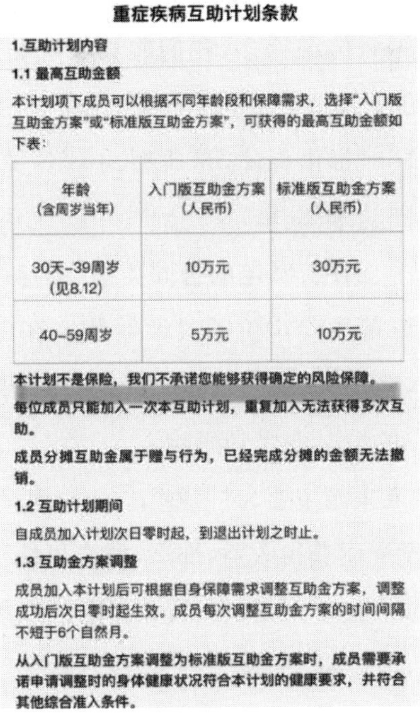

重症疾病互助计划条款

1.互助计划内容

1.1 最高互助金额

本计划项下成员可以根据不同年龄段和保障需求，选择“入门版互助金方案”或“标准版互助金方案”，可获得的最高互助金额如下表：

年龄 （含周岁当年）	入门版互助金方案 （人民币）	标准版互助金方案 （人民币）
30天-39周岁 （见8.12）	10万元	30万元
40-59周岁	5万元	10万元

本计划不是保险，我们不承诺您能够获得确定的风险保障。

每位成员只能加入一次本互助计划，重复加入无法获得多次互助。

成员分摊互助金属于赠与行为，已经完成分摊的金额无法撤销。

1.2 互助计划期间

自成员加入计划次日零时起，到退出计划之时止。

1.3 互助金方案调整

成员加入本计划后可根据自身保障需求调整互助金方案，调整成功后次日零时起生效。成员每次调整互助金方案的时间间隔不短于6个自然月。

从入门版互助金方案调整为标准版互助金方案时，成员需要承诺申请调整时的身体健康状况符合本计划的健康要求，并符合其他综合准入条件。

重症疾病互助计划条款

图片来源：相互宝—《重症疾病互助计划条款》。

同时，与传统交易关系中的“先付费后获得”不同，相互宝参与者分摊成本采用的是“先保障再分摊”原则，即如果不发生赔付，参与者则不需要支出任何成本，相互宝同样也无法收取 8%的管理费。所以，相互宝更像是一个 C2C 的互助模式，相互宝的角色就是这个“互助游戏”的组织者而已。

因为相互宝的角色本质上是一位组织者而非保障提供者，所以它并不会为“互助游戏”承担实质性的风险。

相互宝的全部收入来源为按赔付金额 8%的标准收取的管理费。注意：这笔费用的性质为“管理费”，而非传统保险公司经营风险的“三差”（死差、费差、利差），对相互宝而言，因为其本身不承担赔付责任，所以也不需要缴存任何责任准备金，其本身运营的成本仅为案件调查成本、人员工资、IT 系统等支持性费用，没有精算意义上的风险成本。

所以，只要这个“互助游戏”能够一直“接龙”下去，即不断有新的参与者加入计划，同时不断产生真实的赔付，“互助游戏”就可以“稳赚不赔”地持续下去。

2. 保险

保险的商业模式就相对传统得多，我们购买保险的行为就是与保险公司签订一份保险契约，客户的权利和义务是获得保障的同时支付保费，保险公司的权利和义务是收取保费的同时提供保障，是典型的 B2C 关系，B 是保险公司，C 是与保险公司签订保险合同的个体。

因为保险合同是单一、清晰、确定的合同关系，不存在“公益互助”等概念，保险公司也会提前通过精算等风险定价手段评估每位客户大致的风险成本，因此保险合同一经签订生效，客户和保险公司双方的权利和义务也同步确定，不会更改，也不会因为其他客户的情况而受到影响。

另外，保险公司的收入来源主要为“三差”。其中，利差部分是保险公司运用提前收取的保险资金用于投资而获得收益，那么，就有可能出现一种情况，即保险公司在传统重疾产品风险成本定价不足的情况下，用投资端的“利差益”去填补承保端的“死差损”，相当于产品内部的一种“技术性成本均衡”。而相互宝由于不具备投资功能，既无法赚取“利差益”，也不承担“死差损”，因此在赔付恶化的情况下，相互宝的成本增加只会比传统保险更快，显现也更加直接，没有任何风险缓冲机制。这就是为什么相互宝虽然截至目前分摊金额低廉，但分摊金额的波动率却非常大的主要原因。

（二）三个关键时间点

在相互宝互助计划里，关于三个关键时间点的约定与传统保险不同，具体见下表。

相互宝与传统保险关于三个关键时间点的对比

产品名称	相互宝	保　险
宽限期	分摊日次日零时起至该分摊日后第二个公示日前 2 个自然日 24 时止	保险费约定支付日的次日零时起 60 日

续上表

产品名称	相互宝	保　险
申请时效	初次确诊之日起180天内（含180天）	人寿保险以外的其他保险，被保险人或受益人请求给付保险金的诉讼时效期间为两年，自其知道或者应当知道保险事故发生之日起计算，人寿保险的诉讼时效为5年
自动退出	年满60周岁时	如为定期重大疾病保险，终止时间为合同约定截止日（如被保险人60周岁）；如为终身重大疾病保险，则无终止时间，已履行完毕赔付责任的除外

资料来源：《保险法》、相互宝—《重症疾病互助计划条款》。

通过上述对比我们可以看出，相互宝大病互助计划对于宽限期、申请时效以及60周岁自动退出的约定，比传统保险的条款会严格许多。

特别是关于年满60周岁自动退出的规定，对于正处于需要大病保障的60周岁人群而言是非常尴尬的事情，因为他们在60周岁时转而购买商业重大疾病保险会非常昂贵，且身体状况很可能无法正常承保，相互宝在此时将他们排除在外，会让他们在保障市场上非常被动。

相较之下，对于重大疾病保险而言，除非是定期型产品，否则不存在保障在中途“被退出”的可能性，而持续确定的保障计划，也会给人带来更大的安全感。

（三）合同调整及终止条件

关于合同调整及终止条件，相互宝与传统保险的区别如下。

1. 相互宝

相互宝条款对计划调整及终止条件做出了明确约定，简单归纳可以得出如下结论：相互宝运营方有权单方面调整计划，具体调整内容会提前通过“共议家园”进行为期15日的公示，新计划在公示期届满后生效，如果参与者不接受调整可随时退出，如未退出则表示同意并接受新计划。

相互宝运营方有权单方面终止计划，比如因不可抗力、政策因素或计划成员数量少于324万等，但更重要的是，当“我们停止相互宝服务”时，相互宝机制随即终止，而可能导致停止相互宝服务的具体情形，不管是《相互宝重症疾病互助计划条款》还是《相互宝成员规则》，均未明示。所以，我认为这可以被理解为一句兜底条款，囊括了相互宝眼中不适宜继续运营的所有情况。

2. 保险

对于保险而言，白纸黑字的保险合同就是客户与保险公司之间确定的法律契约，不存在合同被保险公司单方面调整或提前被动终止的情况。即使出现保险公司破产、解散等极端事件，根据《保险法》的相关规定及实务案例经验，经营不善的保险公司也会由中国银保监会指定的其他保险公司接手其人寿保单，并由保险保障基金进行救助补偿，确保人寿保单持有人利益得到最大程度的保护，保障金融秩序和社会稳定。所以，如果我们购买的是一份保险，则完全不用担心保险责任“被调整”“被终止”的问题。

（四）金额分摊方式

与保险产品主要通过复杂的精算技术定价不同，相互宝的互助金分摊方式相对简单，用一个确定的公式即可说明。

$$\text{每期分摊金额}=\frac{\text{成员互助金额}}{\text{标准版互助金额}}+\frac{\text{互助金}+\text{管理费}-\text{结余}}{\text{标准版成员数}+\frac{40\text{ 周岁以下入门版成员数}}{3}+\frac{40\text{ 周岁(含)以上入门版成员数}}{2}}$$

其中：

(1)互助金＝每期经公示无异议的患病成员申请的互助金之和；

(2)管理费＝每期互助金的 8%；

(3)成员互助金额＝截至每期公示日零时，被保障成员选择的互助金额；

(4)标准版互助金额＝截至每期公示日零时，被保障成员年龄对应的标准版互助金额；

(5)标准版成员数＝截至每期公示日零时，选择标准版互助金方案的成员数量；

(6)入门版成员数＝截至每期公示日零时，选择入门版互助金方案的成员数量。

每位成员为单个患病成员分摊金额不超过 0.1 元。每位成员每期分摊金额尾数不足 1 分的按 1 分计算。

如果当期实际收取的分摊金额总和超出当期互助金及管理费用，超出部分将计入结余。

关于相互宝在 2020 年的分摊费，我们只需要记住一个数字——188 元，即按照相互宝最新的回应，2020年相互宝的分摊费，每人最高不会超过188元。

按照我本人加入相互宝538天的分摊情况来看，我在2019年全年的分摊金额为58.34元，2020年1～6月的分摊金额为74.32元。虽说如果按同比增长来计算，2020年的分摊费为2019年分摊费的2.55倍，但毕竟基数小，所以也没那么夸张，距离188元/年的“极限值”还有些距离，而这个价格，也的确比购买一份同等保额的重大疾病保险要便宜。

但是，从长远来看，相互宝会一直比保险便宜吗？

从理论上讲，这是有可能的，但有个前提，即需要在“费用成本可控”的情况下。因为，从业务模式对应的风险保障成本上讲，相互宝与传统保险并没有本质差别。我们假设相互宝和一份传统保险提供的保障完全相同，而参与者的风险状况也是相同的，因此最终每个参与者所能获得的赔偿也是相同的。

虽然说，我们通过相互宝展示的健康要求来看，看似要求比传统重大疾病保险要高，但因为其价格便宜且为纯线上产品，参与者隐瞒病情试图“薅羊毛”的情况大概率比传统保险严重。

为什么这样讲？

道理很简单，就像我们购物时，商家告诉我们花10元和花1 000元都有同样概率得到同样一件价值10万元的奖品，但交费后才对申请人的购买资格进行审核，如果发现不具备购买资格，交费不退。即便如此，我们试想一下，对于不确定自己是否具有购买资格，或者知道自己不具有购买资格但心存侥幸的人，是愿意花10元还是花1 000元？答案是显而易见的，肯定是愿意花10元的多，毕竟即使失去资格，也就损失10元而已，万一得到奖品，本金就赚了1万倍。而如果本金是1 000元，对于想要逆向选择而心存侥幸的人，还是会多掂量几分的。

前面说过，相互宝的“更便宜”是建立在“费用成本可控”基础之上的。那么，是什么决定了相互宝的“费用成本”呢？

我们用一个简化的公式来理解一下。

总保费收入＝(1)总理赔支出＋(2)费用成本＋(3)预期利润。

(1)总理赔支出

前面讲过，相互宝的高健康告知要求与高逆向选择风险同时存在，两者抵消之后，我们可以假设得到与传统保险公司近似的风险保障成本，对应着近似的总理赔支出。因此，对于(1)，我们假设相互宝与传统保险是相同的。

(2)费用成本

相互宝和保险公司的费用成本结构相似，无外乎人员工资、房租水电、IT系统构建与维护、理赔审查成本等。但是，相互宝公司的组织架构比完整保险公司简单，对精算师等保险公司标配的高薪人才没有业务上的硬性要求，再加上背靠支付宝巨大流量不用为推广运营发愁，因此其运营费用成本会比传统保险公司更低(据了解，传统保险公司管理费用率约等于保费的20%)。

(3)预期利润

相互宝不以盈利为目标，所以互助业务边际利润率低。而保险公司股东对保险公司的经营有盈利要求，具体高低会视公司发展阶段而定，与股东入股资金的成本也有关系。按照目前的情况，相互宝仅在发生赔付时收取赔付金额的8%作为管理费，除此之外没有其他任何收费。因此，抛开理赔支出不看(理赔支出由参与者互助承担，与相互宝无关)，这8%已经包括了相互宝的(2)费用成本及(3)预期利润两个部分，真的算“白菜价”了。

(五)健康要求

关于健康要求，相互宝与传统保险的区别如下。

1. 相互宝

相互宝作为一款纯线上的大病互助计划，具有“低门槛”“低价格”“公益性”等特点，对参与者的健康要求非常严格，部分标准甚至比普通重大疾病保险要高，再加上相互宝没有传统保险的“人工核保”或“智能核保”功能，也没有类似保险“加费、除外”等额外选择，参与者只能根据条款自行判断是否符合参与资格，相互宝只在申请互助金环节才对申请者事前的健康状况进行审核，且审核率为100%，所以体现了典型的“宽进严出”原则。

因为相互宝的参与者相对年轻，大多对健康告知重要性以及条款含义缺乏认识，所以网上常常出现参与者因为“带病加入”而被相互宝拒绝救助且踢出计划的情况，这也是相互宝被人诟病最多的一个问题。

2. 保险

健康类保险产品也有详细、严格的健康告知要求，但由于大多数产品都有“人工核保”或“智能核保”功能，再加上保险业务员的提醒和经验，因此可以做到把部分问题前置，再不济也有加费、除外等选项可以选择。另外，在保险实务中也不乏这样的案例。即被保险人并非故意隐瞒病情投保重大疾病保险，在保险合同生效两年后，如果发生的重疾与历史病症并无直接关联，从监管和法院角度还是倾向于支持赔付。

所以，我有时会觉得在我国作为保险客户是一件非常幸运的事情，法律和民意的天平常常都在为"弱势群体"而倾斜。而前面的情况，如果发生在相互宝则绝无赔付的可能，这倒不是对相互宝进行"道德绑架"，而应该说，造成这种区别的最核心原因，还是前面所讲的商业模式的区别。

相互宝作为一个"互助游戏"的组局者，而非互助资金的提供者，它的责任就是按照公示的游戏规则用好参与者的每一分钱。所以，从职业道德和法律约束的角度讲，相互宝的性质就决定了它无法做"慷参与者之慨"的事情。所以，100%严格审核互助金申请者的历史情况是它的职责所在，否则，一旦公众的信任崩塌，曾经再辉煌的平台也会很快退出市场舞台。

而保险公司不同，保险公司是一个独立经营风险业务的商业主体，不管是承保、定价还是理赔，保险公司都可以根据自己的阶段性战略在法律框架下做出有益于长远发展的灵活调整，最重要的是，每一笔理赔，使用的都是保险公司自己的钱。假如一笔通融赔付，可以为保险公司换一个响亮的好名声，省下一大笔广告费，对保险公司而言，何乐而不为呢？

（六）监管机构及争议解决方式

关于监管机构及争议解决方式，相互宝与传统保险的区别如下。

1. 相互宝

相互宝属于互联网互助计划，截至目前并没有政府牵头的机构负责监管。相互宝则在其相关说明中表示，会委托调查评估机构对申请互助的案例进行调查审核，然后公示且接受用户监督。虽说我认为相互宝在打造监管公信力环节已经做到了力所能及的极致，但客观上并不能完全解决自己"既当运动员，又当裁判员"的问题。让相互宝纳入政府监管，也是网友们呼声最高的问题之一，毕竟相互宝目前参与人数已经达到了可观的 1 个多亿，已经不再是一颗可有可无的小树苗，而是许多贫困家庭转嫁重疾风险的救命稻草。

按照相互宝《互助计划》约定："如果在计划履行过程中存在争议，双方应当通过友好协商解决，协商不成的应依法向本条款签订地人民法院提起诉讼，该协议的签订地设定为杭州市西湖区。”

也就是说，如果参与者无法与相互宝达成一致意见，只有前往杭州上诉这一条救济途径，这对于许多已经因病返贫的家庭来讲，非常不现实。

2. 保险

保险行业的监管机构为中国银保监会，属于国务院直属事业单位，职责为依法依规对全国银行业和保险业实行统一监督管理，维护银行业和保险业合法、稳健运行。与此同时，我国有专门的法律规范系列——《保险法》，以保险组织、保险对象、保险当事人的权利义务等一系列保险关系作为调整对象，对常见保险事项的处理有着清楚、确定的约定，且具有法律强制力。

并且，从实务操作看，如果双方在理赔问题上发生争议，只要消费者不存在“因故意或重大过失未履行如实告知义务，足以影响保险人决定是否同意承保或者提高保费率”的情况，监管和法院都倾向于保护消费者的权益，而非保险公司。关于这部分内容，我在后面的章节有所详述，此处暂不展开。

四、我们该不该加入相互宝

看到这里，回到正题——我们该不该加入相互宝?

我的结论是：在符合健康要求的情况下，我们完全可以加入相互宝，因为按照相互宝目前运转情况看，它的确算是一种超高性价比的互助计划，且具有一定的稳定性。

但是，我们理解相互宝的正确姿态，一定是把它作为商业保险的补充或者经济紧张阶段的过渡性保障产品，而非重大疾病保险甚至整个健康险保障方案的替代品。

因为，我们即使不考虑条款随时可能调整、计划随时可能终止、费用随时可能增加、健康要求标准可能很高、赔付审核流程可能很长等问题，单从相互宝的产品形态上看，它更像是一款不含轻/中症责任，不含身故/全残责任，现金价值为 0，不含豁免条款，单次赔付且保障期限仅到 60 周岁的重大疾病保险，而这本身就并非一份完整健康保障方案的全部。

所以，我们可以选择相互宝的性价比，但同时，我们更需要按照正确的思路为自己及家人配置科学完整的风险保障，否则就犯了“以点概面”的严重错误，陷入自认为“保险”实则很“危险”的误区。

第三章
明人指路：买保险的正确姿势

比选择保险更难的是正确认识保险，哪怕是“只缘身在此行中”的从业者，也常常“不识保险真面目”。本章就是教大家正确认识保险，远观其形（意义），中闻其声（功能），近窥其面（特点），真正明白每款保险的作用，让它们能够像俄罗斯方块游戏中的道具一样，齐心协力又千变万化，帮助我们通过人生的重重关卡。

想买保险，预算不够怎么办

预算不够怎么办？记住一个原则：险种＞保额＞保障时间，即险种要配齐，保额要够用，用短期、定期型产品替代终身型产品。用一句话解释，就是先要保证“曾经拥有”的问题，再来解决“天长地久”的问题。

说到选保险的标准，每个人都有一套自己的想法，但我们最常遇到的问题是：当我们终于找到一款不错的保险，满心欢喜，可按照家庭成员情况算一算价格，瞬间觉得囊中羞涩——东西是好，可实在买不起啊！于是陷入苦恼，说不定买保险一事就此被搁置，等重新想起时已经过了许久，不仅白白耽误了时间，同时也承担了风险。

下面，我就讲一讲，在预算有限的情况下如何买保险。

一、买保险应该一步到位吗

这个问题可以等同于另外一个问题——我们购买保险的正确思维模型是什么？

关于买保险的思维模型可以被拆分为以下四个小问题。

(1)需求——我买保险是为了解决什么问题？

(2)险种——我的这些问题，分别应该用哪些险种来解决？

(3)预算——根据预算，我应该具体选择怎样的产品组合？

(4)产品——各个险种对应的具体产品，有着怎样的条款和价格？

思维模型的起点是“需求”，因为我们先要能够提出问题，才谈得上使用工具来解决问题。而它的终点同样也是“需求”，因为评价工具使用效果的唯一准绳，也是看它是否满足了需求。

总之，可以明确的是，“摸需求”是也应该是我们着手策划保险方案的第一步，后面的一系列的动作，都只是围绕这个核心目标设计的解决方案。

关于这个问题，中国保监会官网上也有类似建议（如下图所示）：一看需求；二看产品；三看收入；四看条款。

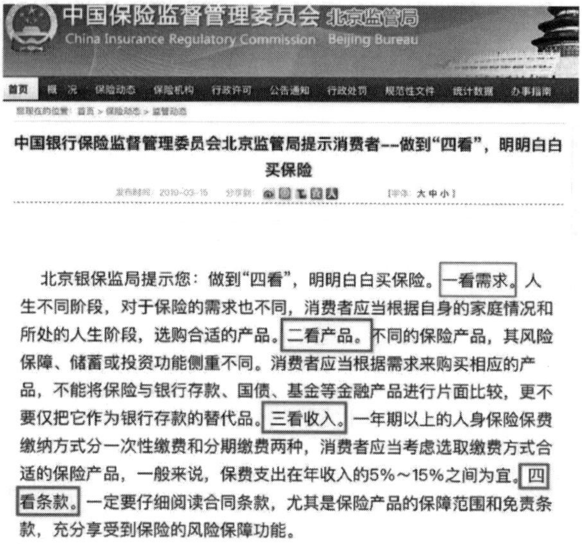

中国银行保险监督管理委员会北京监管局提示消费者——做到“四看”，明明白白买保险

发布时间：2019-03-15 分享到： 【字体：大 中 小】

北京银保监局提示您：做到“四看”，明明白白买保险。一看需求。人生不同阶段，对于保险的需求也不同，消费者应当根据自身的家庭情况和所处的人生阶段，选购合适的产品。二看产品。不同的保险产品，其风险保障、储蓄或投资功能侧重不同。消费者应当根据需求来购买相应的产品，不能将保险与银行存款、国债、基金等金融产品进行片面比较，更不要仅把它作为银行存款的替代品。三看收入。一年期以上的人身保险保费缴纳方式分一次性缴费和分期缴费两种，消费者应当考虑选取缴费方式合适的保险产品，一般来说，保费支出在年收入的5%～15%之间为宜。四看条款。一定要仔细阅读合同条款，尤其是保险产品的保障范围和免责条款，充分享受到保险的风险保障功能。

买保险“四看”建议

图片来源：中国保监会官网。

二、在人生的不同阶段，我们的保险需求是相同的吗

这个问题也可以被拆分为以下四个小问题。

（1）在人生的不同阶段，我们的年龄和健康状况是一成不变的吗？

（2）在人生的不同阶段，我们的家庭结构、家庭成员的情况是一成不变的吗？

（3）在人生的不同阶段，我们的收支情况、负债水平、承担的家庭责任是一成不变的吗？

（4）在人生的不同阶段，我们面临的风险形态、风险概率、发生风险对家庭经济的影响程度是一成不变的吗？

我相信，答案一定是否定的。

人生是一个动态变化的过程，在我们每个人的一生中，一定都会发生许多重要的人生事件（如下图所示），而这些人生事件势必导致风险和需求的变化，我们配置保险的思路也会随之改变。

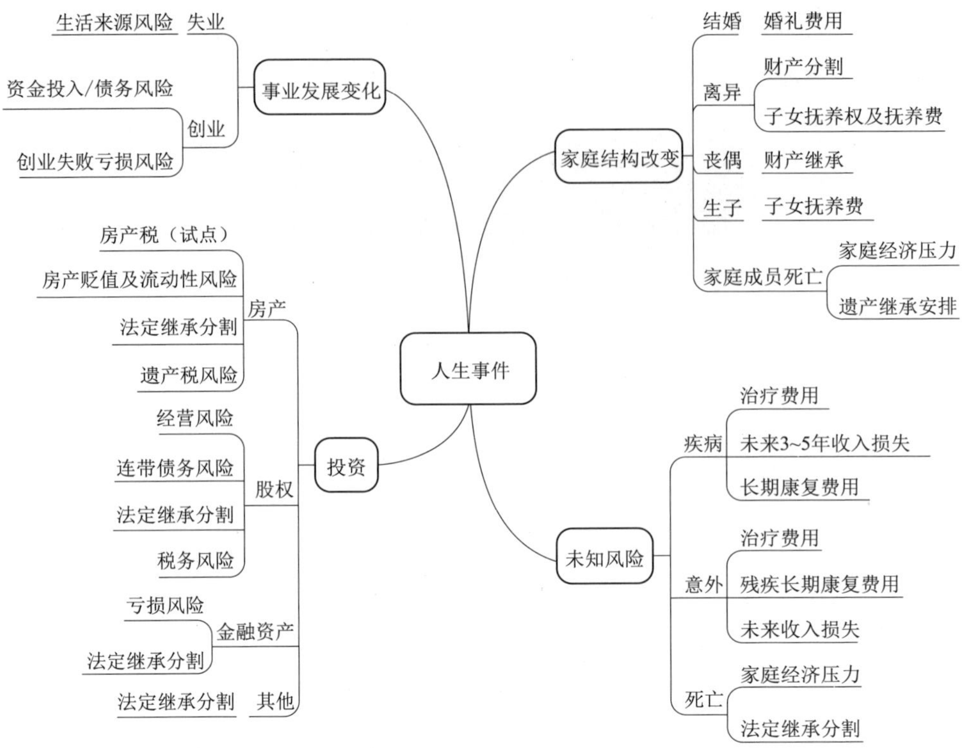

重要的人生事件

因此，一套科学的保险配置思路一定是根据我们不同人生阶段的不同特点，逐一对应着分阶段完成，这是一个适时补充、动态优化、逐步完善的过程，不可能一步到位。

而保险存在的意义，就是补足我们在不同阶段面对的风险敞口——将自己当前面对的风险总量，减去能够且愿意承担的风险金额和能够获得的其他救济后剩下的差额部分。

三、在人生的不同阶段，我们的保费预算是相同的吗

既然不同阶段的保险需求不同，对应的保费预算也一定不同，我们可以简单地理解为——保费预算与被保险人承担的家庭经济责任大小呈正相关。也就是说，作为家庭经济支柱的被保险人（一般为中青年）的保险预算一定高于没有承担经济责任的老人和小孩，这样的差异主要体现在保险责任和保额的选择，同时与保费预算相对应。

因此，我们在考虑一个人的保费预算时，需要根据其所处的人生阶段来具体

分析。这也意味着，我们在考虑家庭整体的保费预算时，并非将其中一人的预算直接乘以人数来得到家庭的总预算，而是应该参照同样的逻辑进行差异化考虑，按照“中青高，老幼低”的原则来处理。

四、预算不够怎么办？记住原则：险种＞保额＞保障时间

即使我们充分考虑了前述所有理论，依然可能出现预算不足的情况，这时我们除了“望险兴叹”，还能怎么办呢？

这时，我们需要记住一个重要的配置原则：险种＞保额＞保障时间。

这个原则的含义是，在预算不足的情况下，我们需要优先保证能够全面覆盖风险的类型（险种要配齐），其次尽量保证保额（保额要够用），最后考虑缩短保障时间（用短期、定期型替代终身型）。

用一句话解释，就是先要保证“曾经拥有”，再来解决“天长地久”。

原因也很简单：我们并不知道何种风险会在何时发生，那么，我们至少需要保证在每个当下，如果不幸遭遇风险，我们都能够妥当地应对。至于保障期限，可以在我们经济宽裕时第一时间补足。

乱花渐欲迷人眼，保险太多怎么选

买保险就是买条款，除此之外的其他“福利”，就像“蒸鱼上的葱姜”，都是相对次要的东西。

不知道大家有没有想过一个问题：“我国目前有多少家保险公司，又有多少个保险产品？”据相关资料显示，截至2019年，我国有人身保险公司91家，财产保险公司88家，其中，仅中国人寿一家公司就有600多个保险产品。整个市场算下来，有好几万个保险产品。

面对如此庞大的“保险产品库”，作为一名普通消费者，如何能够从中快速挑选到适合自己的产品呢？

一、从“学生补课”看买保险

其实对于上面的问题，我们只需要掌握一个诀窍，就可以极大地节省挑选保险的时间，我把它称为选保险的“十二字真言”，即——摸需求、定险种、卡预算、选产品。下面，我将按照这样的思路为大家详细拆解选保险的过程。

（一）摸需求——哪些学生要补课

我们假设一个班级里有10个学生，为了提升下学期的教学质量，学校建议在暑假期间安排学生补课。但是，由于不同学生各科的学习情况都有所不同，班主任（保险顾问）需要提前做一下摸排，于是问大家：“哪些同学觉得自己数学（健康保障）不好？哪些同学觉得自己语文（意外保障）不好？哪些同学觉得自己英语（寿险保障）不好？”

其中，有3个学生知道自己数学不好（健康保障不足），于是乖乖去补数学（健康险）了。另外3个学生知道自己语文不好（意外保障不足），于是乖乖去补语文（意外险）了。还有4个学生不知道自己哪科不好，于是班主任与他们进行了深入沟通（需求分析），同时查看了以前的考试成绩（保单检视），发现原来他们英语不好（寿险保障不足），于是让他们去补英语（寿险）了。

（二）定险种——找哪个培训班补课

可是补课也有很多途径，有 1 对 1 世界 TOP50 名校家教（高额终身重大疾病保险、高端医疗险、高额意外险、高额终身寿险），也有某网校（终身重大疾病保险、中端医疗险、综合意外险、终身寿险），也有退休老师开的培训班（定期重大疾病保险、普通百万医疗险、普通意外险、定期寿险）。

（三）卡预算——计划用多少钱补课

不言而喻，上述三种培训班之间的价格也是差了 N 倍，TOP50 家教最贵，某网校中间，社区培训最低。因此，家长们在选择时，需要先看看自己的钱包，思考现阶段选择哪种价位比较合适。

（四）选产品——选哪个老师补课

确定了培训班，再来选培训老师。

1. 张老师——高核保要求，高价格

张老师经验丰富脾气好，特别擅长几何题目的辅导，但对学生比较挑剔，成绩太差的不要，或者额外加收学费。

2. 王老师——主要针对成人，不含少儿特殊保障条款

王老师教学经验丰富，但性格大大咧咧，不够细心，对个别小朋友的特殊问题不会关注。

3. 李老师——短期爆款产品，续保不确定

李老师是学校的明星老师，特别擅长解决小朋友的数学问题，深受学生好评，可他的上课时间不确定，可能这学期上了，下学期就不上了。

所以说，同样都是补数学（健康险），选择不同老师（产品特点）的结果（保障权益）也大有不同。

我们在了解清楚上述全部信息之后，就知道应该如何选择补习班（保险）了。

假设我是一位数学成绩不好的学生，希望全面地一次性解决学习问题，可以接受中等水平的学费预算，找一位经验丰富的老师长期学习。那么，我可以考虑选择某网校的张老师来补习数学。如果换成保险，就意味着我可以选择终身型的重大疾病保险和中端医疗险，同时侧重选择条款好、保障全但核保要求较高的产品。

相反，如果我的预算实在有限，也可以先选择一位短期服务的老师把自己最不好的科目补上。如果换成保险，就意味着我可以选择一款性价比极高但续保稳定的短期型产品，先解决当年的问题，待经济稍微宽裕时，再将其替换为稳定的长期型产品。

二、买保险避“坑”指南

有了基本思路，我们再来看看买保险过程中常见的“坑”有哪些，具体如下。

（一）看重公司品牌大过于条款本身

前面讲过，我们不用为保险公司倒闭的问题担心，我们唯一需要关注的就是保险的条款是否够好，是否符合自己的需求。但是，在现实生活中，我发现有相当部分的投保人在选择保险时，都非常关心保险公司的品牌。如果是大家耳熟能详的大公司，内心似乎就多了一层放心；如果是曝光度不高的小公司，就一定会围绕公司背景多问几句。

下面，我就用“吃火锅”来举例再次说明这个问题。

我虽然定居成都，但其实是土生土长的重庆人。在重庆，如果你“有幸”与本地人一起去吃火锅，你会发现，他们一定不会带你去那些已经成为全国连锁知名品牌的火锅店，而是翻山越岭去一些犄角旮旯之处，找到一间虽破烂但人满为患的小店，请不耐烦的老板帮你们匀一张小桌。这样的小店可能都没有一块像样的牌匾，灯光昏黄，桌椅油腻，但与之形成鲜明对比的是门外伫停着一排小汽车，它们的主人都是资深的饕餮之客。这些食客当然有钱去光鲜亮堂的知名餐馆，不用非要来这局促之地“打拥堂”，但因为他们懂得“对于吃火锅这件事，如果缺少了舌尖上的极致体验，那块牌匾就如同一块木板，没有任何用处”这个道理，所以乐此不疲。

这个“吃火锅”的故事，应用在保险产品的选择上也是同理。

“牌匾”就好像各个保险公司的品牌，“舌尖体验”就是保险条款本身，只有体验极致（条款好）了，牌匾（品牌）才有价值，而不是反过来。

也就是说，如果一款保险产品同时具备“大品牌＋好条款”的特点，在价格合理的情况下，我认为当然可以并且应该选择；但如果是“大品牌＋差条款”，那就应该果断放弃，毕竟我们“吃的是火锅，而不是墙上的那块匾”。

（二）看重附加服务超过条款本身

在现实生活中，一些保险业务员会过于宣传自己公司有各种额外服务，企图引导客户将注意力从条款转移到别处，以掩盖其条款可能存在的“缺陷”。客观地讲，各家保险公司的服务水平的确有所差异，这样的差异也构成了各家公司的核心竞争力。

比如说，有的公司为长险客户提供免费 SOS 国际救援服务，并且不限制保额和救援费用；有的公司提供身故理赔金直付海外的服务；有的公司提供垫付住院押金和医疗险循环报销的服务；有的公司为 VIP 客户提供养老社区服务等。

不得不说，上述服务都很有特色，看着也着实让人心动，但是，如果为了得到“优秀的附加服务”，而花大价钱买了“糟糕的保障条款”，这笔买卖怎么看，都有些“买椟还珠”的味道。

这时，我们需要回顾自己的初心，想想自己当初为什么想要买保险？是为了家庭的保障，还是附加的服务？

对这件事情正确的思维方式应该是：如果我们经过评估，确认眼前是一款优秀的产品，有着优秀的合同条款，再加上优秀的附加服务，那恭喜！我们现在应该果断投保，以免夜长梦多。而如果事情并没有那么完美，这款产品只是附加服务优秀，最主要的合同条款却差强人意，甚至处处有“坑”，那就建议再回到前面的问题，重新思考一遍。

我们需要谨记，买保险就是买条款，除此之外的其他“福利”，就像“蒸鱼上的葱姜”，都是相对次要的东西。

（三）听信合同条款之外的口头承诺

一些业务员为了业绩，有时会给出一些天花乱坠的口头承诺，究其原因，既可能是专业局限，也可能是有意为之，甚至还可能是公司误导。

我听过最夸张的例子，某医院院长的太太卖保险，给她的客户承诺：“如果你在我这里买保险，以后在我老公的医院看病，医生的病历我让他怎么写就怎么写，绝对让你能理赔报销，我的客户都是这样操作的，从来没有问题。”

我在想，如果有一天，我有机会见到这位院长太太的客户，我会对 TA 说：“如果我是你，我反而不敢在她这里买保险，为什么？因为她反复运用这样的操作手法，是否违法不说，迟早东窗事发被保险公司发现，因为保险理赔都有精算概率，如果她卖的十份保单有八份都理赔，还都发生在她老公的医院，这难道不奇怪吗？说不定发展到最后，别人的理赔申请都走正常程序给快速理赔了，偏偏她的客户还要让理赔人员多看几眼呢!”

诸如此类的笑话,在保险行业里,其实屡见不鲜。比如:

有口头承诺出现理赔可以帮找关系和理赔人员沟通,保证能赔的;

有宣称“我们是大公司,都是能赔就赔,不像某些小公司,能不赔就不赔”的;

有口头承诺消费型医疗险可以终身保证续保的,理由是“上有政策,下有对策,我们公司就是会想办法让客户续保”;

还有口头承诺年金保险一定可以按最高收益分红的,理由是“我们掌握了其他公司无法获取的投资渠道”;

……

如此种种,堪称行业乱象。作为一名理性的消费者,我们需要清楚地知道,我们与保险公司发生法律关系的唯一媒介,就是那一纸保险合同,上面白纸黑字的约定,是明确双方权利义务的唯一凭证。试问,我们怎么能够抛开确定的合同内容不看,却去相信业务员虚无缥缈的口头承诺呢?

(四)不重视健康告知环节

关于健康告知的问题,我在后面的内容里会详细讲到,这里暂不展开。

(五)重理财不重保障,颠倒保障优先级

说到理财,很多人都很感兴趣,但说到风险保障,很多人就兴趣乏乏,不想去思考这个“不吉利”的话题。

我听过这样一个统计数据,即一个人在一年中花在思考保险问题上的时间不会超过7天,也就是说,在一年365天之中,只有不到2%的时间是花在思考保险上。如果我们按一个人每天花2个小时吃饭来计算,人们在一年中花在吃饭的时间都能够达到8.33%,而像保险这样对家庭举足轻重的经济决策,人们花在上面的时间却连吃饭时间的1/4都不到。

因此,在配置保险产品时,人们往往也会犯同样的错误。比如,许多人愿意为子女存教育金,为自己存养老金,而聊到健康、意外等基础保障,却提不起兴趣。他们要么是觉得自己还很健康,买了浪费;要么是觉得还可以等一等,以后再说。

其实,这样的想法是非常错误的,也很危险。我从下面三个方面来解释。

1. 普通家庭更应该关注基础风险保障

对于普通家庭而言,大部分人获取收入的主要来源是劳动性收入,比如工

资，而非财产性收入，比如投资收益。因此，他们最需要保障的风险就是人身风险，而非财产风险。

简单地说，一个普通上班族如果因重大疾病三年无法上班，则家庭经济一定会受到严重影响，如果没有保险支撑，很可能会影响其治疗方式和康复效果，车和房都有可能被卖掉。相反，如果一位高净值人士发生了同样的疾病，TA 却能很轻松地拿出百万治疗费，在家休养三年时，所投资的公司、物业等依然在不停赚钱，重疾对 TA 而言，什么都没耽误。

所以，如果用一句话来形容这种现象，那就是：钱越少，越要买保险。保险是高净值人群的锦上花，有胜于无，却是普通人的雪中炭，“性命”攸关。

2. 再“暴利”的投资也高不过赔付的杠杆

任何投资理财规划的前提，都是家庭经济不会因为家人的疾病、意外导致一夜返贫。因为，即使再“暴利”的投资理财产品，收益都不可能覆盖重疾、意外给家庭带来的损失，更不可能高过保险赔付的杠杆。所以，即使单从收益的角度来计算，在风险面前把买保障的钱用于买理财，都不是一个明智的选择。

3. 保险“反人性”，但良药才苦口

我们常说保险是“反人性”的，因为谈保险，就是和健康的人谈疾病，和活着的人谈死亡，和安全的人谈意外，聊的都是“不吉利，不爱听”的话题。

可是，如果一个人已经患病了，TA 还能买健康险吗？一个人已经去世了，TA 还能买寿险吗？一个人已经遭遇意外了，TA 还能买意外险吗？答案当然是否定的。所以，只有在晴天时备了伞，雨天时才有伞可以撑，只有在无事时买了保险，才能在有事时有钱解决问题。

（六）买错险种保错人，钱没用到刀刃上

与（五）类似，人们不仅容易犯“重理财，不重保障”的错误，还容易犯“保小孩，不保大人”“保小孩，但保错险种”的错误。

1. 保小孩，不保大人

“保小不保大”是人们在保险配置中常犯的错误，比如给孩子买了保险“满汉全席”，应有尽有，保额足够，可作为家庭经济支柱的父母，要么不买，要么只买了“KFC 汉堡不带配料包”——在支付宝上随便买一个百万医疗草草了事。

2. 保小孩，但保错险种

现实生活中，常常发生这样一种情况：

新手爸爸妈妈因为爱子情深，非常喜欢在孩子出生时为其存上一大笔钱，这样的现象，在老来得子的家庭更为突出。这笔钱往往被用于购买年金保险或者终身寿险，作为孩子日后教育和生活开支的保障，而更加迫切的健康险和意外险却反而没有配置。

父母的爱子之情，我们当然可以理解，但从专业规划的角度，我们先姑且不论保障"偏科"的问题，单看这思路本身，从法律角度就存在问题。

2015 年 9 月，中国保监会发布了《关于父母为其未成年子女投保以死亡为给付保险金条件人身保险有关问题的通知》，里面做出了如下规定："针对不满 10 周岁的，累计身故保额不超过 20 万元；已满 10 周岁但未满 18 周岁的，累计赔付不得超过 50 万元。"

监管条款如此规定，我想也是为了防范父母的道德风险，毕竟孩子太小，凡事都需要父母照顾，如果孩子身故可以获得高额赔偿金，不排除可能会有一些逆向选择的事情发生。但无论如何，根据规定，即使父母给刚出生的孩子投保了 100 万元保额的寿险，如果孩子真身故了，保险公司最多也只赔 20 万元。

其实，对于孩子而言，为其配置足额的健康险和意外险是远比配置寿险更为重要且紧急的事项，因为孩子虽然更加年轻、健康，但同时也更加脆弱，抵抗力差，非常容易受到疾病和意外的伤害，至于其他以储蓄理财功能为亮点的险种，完全可以后一步再配置。

（七）喜欢返还型，掉进产品定价的"陷阱"里

什么是返还型保险？简单地讲，对于一款基础保障型的保险产品，如重大疾病保险、意外险等，如果保险条款承诺未来某一时间将返还保费，形成类似"用利息买保障"的效果，那么它就是一款返还型保险。具体而言，名称里带有"两全"二字的保险一定是返还型保险，但并非全部的返还型保险名称都带有"两全"二字，比如一些价格动辄千元以上，交费期 5～10 年，保障期 20～30 年，期满若未出险则返还已交保费的 105%～110%的意外险等，也是典型的返还险。

关于返还型保险，我在这里先说一个结论：对于经济条件普通，连基础风险保障体系都未完全建立的家庭，我并不建议优先购买返还型保险。

原因主要有以下两点。

1. 保险的首要功能是风险保障，而不是投资赚钱

对于普通家庭而言，购买保险的首要目的是风险保障，而不是投资赚钱。所

以，我们挑选保险的第一核心，就是匡算出自己的各类风险敞口，然后用最少的保费去填补它。如果保障完成之后还有余钱，我们再考虑使用具有投资理财功能的金融工具（保险也是其一，但不是唯一），实现资产的保值增值。

2. 在买保险这个问题上，点“套餐”远不如“单点”划算

返还型保险，本质上兼具了保障和理财的双重功能。我们交的保费，一部分被用于风险保障，另一部分被用于投资理财。看似一举两得，但事实上，如果我们将两者具体保障责任拆开评估，往往会发现并不划算。因为返还险价格往往比普通险贵一倍，最后返还的钱，很大程度上就是自己当初多交出去的钱，这个收益率算一算，还不如把钱省下来，单独购买一份理财型保险。

简单地说，如果我花大价钱买了个套餐，结果发现远远不如单点划算，那我为什么还要买套餐呢？

案例

我们去超市买苹果，标价 10 元/斤，然后我们发现隔壁摊位的梨也不错，标价 8 元/斤。于是，我们买了一斤苹果再加一斤梨，一共花掉了 18 元。在准备结账时，我们发现收银台旁的礼盒车上有卖苹果和梨的花篮组合，同样是一斤苹果和一斤梨，但被打包装进花篮组合售卖后，价格就成了 36 元，比单买的价格整整贵了一倍。

所以，这时我们应该怎么买呢？

不用说，我们一定会选择单买苹果和梨，而不是花篮组合。而这个花篮组合，就是前面的返还险；单买的苹果和梨，就是单独的风险保障险和投资理财险。

说了那么多返还型保险的“槽点”，那么它有没有优点呢？

返还型保险也是有优点的，以意外险举例，普通意外险都是 1 年期，交一年保一年，但到了第二年续保时，我们有可能忘了交费，说不定都等到出现意外需要理赔了，这时才发现自己已经是脱保状态，后悔不已。这样的情况，在现实生活中常常会发生。

我们需要知道，对于一年期短期型保险产品，如果合同里没有保证续保条款，则不存在 60 天交费宽限期的概念，一旦到了续保扣款日没有足额交费，则保障于次日终止，被保险人即处于无保障状态，如果此时发生了保险事故，保险公司也不会进行赔付。

而返还型的意外险均为长期险，交费期5～10年，保障期20～30年，加之金额较高，我们一般不会忘记，即使忘记交费或因各种原因未第一时间扣款成功，也会适用60天宽限期的规定。在具体操作上，保险公司会在连续60天内每日进行一次扣款操作，只要我们在这60天内足额完款即可连续享受保障，因此，并不容易发生因为疏忽大意导致脱保的情况。

当然，如果我们每个人的身边都有一位专业靠谱的保险业务员，在我们需要交费时可以起到提前告知和事后提醒的作用，这个问题就解决了。

总之，对于如何选保险，我们需要遵循的原则就是“十二字真言”，即摸需求、定险种、卡预算、选产品。这样的思考方式可以让我们很容易地知道如何从庞大的保险产品库中检索出适合自己的方案，即解决“怎么买”，之后再用产品条款的一一匹配来确定“买什么”。

教你三分钟看清保险主要条款

保险合同虽然内容繁复，但都有基础框架，就好像每一棵树虽说都有自己的种类和形状，但都由树根、树干、树枝、树叶组成，都符合作为一棵树的基本结构，区别只在于树干有高矮粗细，树叶有大小尖圆，有的树会开花，有的树能结果，仅此而已。

对于许多刚接触保险的“小白”，常常遇到看不懂保险合同的问题。的确，保险合同文字繁多，随便一份就有好几十页，加上各种数字、表格和专业名词，常常让人读得云里雾里，脑瓜生疼，不禁发出这样的疑问：“保险合同里的每一个字我都认识，可为什么它们连在一起就成了天书？”

可是，如果换作一位保险专业人士，拿到合同可能只需要两三分钟就能看明白里面到底讲了什么，并且还能详细地讲出来，这里面是有什么“秘诀”吗？

别说，这里面还真有“秘诀”，那就是“四看法”：看概览、看保障、看除外、看时间。

一、看概览——保险前页写明保单基本框架

对于一份保险合同，我们只需要翻到最前面的几页——保单基础信息页，就可以看到这份保险合同的基础框架，也就是每份保险合同基本都涉及的四个方面的内容。下面我们具体讲一讲。

（一）三方关系

三方关系也就是保险合同的投保人、被保险人、受益人分别是谁，以及他们之间的关系如何。

1. 谁在交纳保费

在一份保险合同中，负责交纳保费的对象是投保人，同时，投保人也是保单的持有人。那么，投保人一定是享受保障和领取赔款的人吗？不一定。

例如，如果我们把一份保险比喻为一套房子，那么房主就是这张保险合同的

投保人。房子虽然为房主所有，但房主一定住在这套房子里吗？不一定。保单同理，虽然投保人是保单权利的所有人，但保单保障和受益的对象不一定是投保人。

2. 谁在享受保障

在一份保险合同中，负责享受保障的对象是被保险人。准确地说，这里的"享受"应该加个引号，因为被保险人也是"负责发生保险事故的人"，一份保单想要得到赔付，必然是被保险人发生了保险合同约定的保险事故，这一定谈不上是"享受"的过程。

3. 谁来领取赔款

在被保险人发生了合同约定的保险事故之后，保单的保险金应该支付给谁呢？这时就有了受益人。

根据领取赔款性质的不同，受益人可以再细分为生存受益人和身故受益人。

生存受益人是指接收养老生存金、健康险赔款、意外伤害赔款的权利人，一般默认为被保险人。而身故受益人为被保险人身故后有权领取死亡理赔金的人。

（二）保费金额和保障期限

保费金额就是我们购买这份保险期权所需要支付的金钱对价。保障期限就是保险公司为我们提供合同约定的风险保障的时间范围。

（三）保单价值

我们应该从两个方面来理解保单价值的概念。一方面是保险金额，即如果发生了合同约定的保险事故，这份保单能赔付我们多少钱。另一方面是现金价值，即如果没有发生合同约定的保险事故，我们退保又能得到多少钱。具体分析如下。

1. 保险金额

根据《保险法》第十八条的规定，保险金额是指保险人承担赔偿或给付保险金责任的最高限额。

具体而言，终身寿险、年金保险、重大疾病保险等保险合同的保险金额查看起来比较简单，基础信息页里的"基本保险金额"里就会写明。比较特殊的是医疗险和意外险，一般"基本保险金额"里不会是明确的数字，而是"计划×"，因为这两类保险一般有多种保险计划可供选择，不同计划对应不同保额，那我们就需要翻到后面对应的合同附表查看了。

对于多次赔付的重大疾病保险，"基本保险金额"里只会写明基础保额，即第一次重疾赔付的金额。但在现实中，有的重大疾病保险可以做到四到六次赔付，每次赔付金额还可能按照110%～150%的方式递增。因此，仅看第一次赔付的基础保额是不全面的，这也需要翻看后面具体的合同条款来确定。

2. 现金价值

根据保险合同约定，现金价值一般指保单所具有的价值。通常体现为解除合同时，根据精算原理计算的，由保险公司退还的那部分金额。

根据保险原理，在保险事故发生前，现金价值归属于投保人，投保人有权解除合同取得现金价值；但在保险事故发生后，现金价值则全部转化为保险金赔付给受益人，投保人不再享有现金价值。换句话说，现金价值和保险金之间存在转换关系，在同一份保险合同里，只能由权利人任得其一。

保险合同的现金价值一般位于合同末尾，会用表格形式详细列明每一保单年度末退保可以拿回的金额。对于这张稍显复杂的表，我们不用每个数字都看，只需要大致估算自己到了某个年龄可能需要使用现金价值的资金；或者不再需要这份保障时，只需要看那个年龄对应的现金价值金额，这样就心里有数了。

（四）保险人

保险人信息一般位于基础信息页的下方，会写明业务来源（中介渠道）、服务机构（保险公司）名称、热线电话及地址、销售人员姓名及工号等。这些信息可以让我们遇到问题时，第一时间知道应该向谁咨询。

二、看保障——承诺不要信，一切看条款

保险合同是一份严肃的法律合同，只有写进合同里的权益才有法律效力。

（一）除条款外的一切承诺都是"耍流氓"

在现实生活中，常常有业务员为了业绩对自己公司的福利进行"花式宣传"。最典型的例子就是关于短期医疗险的保证续保问题。

目前，市场上所有的综合医疗险都无法承诺终身保证续保，这也是由产品定价方式决定的。短期医疗险采用自然保费定价，用数百元保费撬动数百万元保额，可谁都无法预测数十年后的医疗市场、通货膨胀以及人的寿命和体质会是什

么状况，因此无法用今天的标准来锁定终身的风险。

2020年1月6日，中国银保监会发布了《关于规范短期健康保险业务有关问题的通知（征求意见稿）》，相关要求如下。

……

三、（规范续保）保险公司开发的短期健康保险产品中包含续保责任的，应当在保险条款中明确表述为“非保证续保”条款。非保证续保条款中应当包含以下表述。

本产品保险期间为一年（或不超过一年）。保险期间届满，投保人需要重新向保险公司申请投保本产品，交纳保险费，并获得新的保险合同。

保险公司不得在短期健康保险产品条款、宣传材料中使用“连续投保”“自动续保”“承诺续保”“终身限额”等易与长期健康保险混淆的词句。

尽管如此，总有部分业务员会口头宣称自家公司的医疗险可以做到终身保证续保。对于这类“谗言”，我们千万不要听信。并且，如果我们听信了不实之言，之后遇到不能续保的情况，也是“哑巴吃黄连，有苦说不出”。因为，唯一能够保护我们保险权益的武器就是合同条款。如果我们被拒绝续保时再去追问保司，对方一定会回答：“保险合同没有约定的事项，怎么可能保证呢？”

（二）重大疾病保险合同解读示例

为了帮助大家理解，我以某款重大疾病保险为例，为大家解读一下主要条款。

该份重大疾病保险保险责任分为了三个部分：重大疾病保险责任；特定疾病保险责任；身故责任。

1. 重大疾病保险责任

原文

（1）如果被保险人因意外伤害事故或等待期后因意外伤害事故以外的原因导致被保险人经医院初次确诊患上一种或多种本合同第三十三条所定义的重大疾病，我们按本合同的基本保险金额给付重大疾病保险金，同时本合同终止。

（2）如果被保险人因意外伤害事故以外的原因经医院初次确诊患上一种或多种本合同第三十三条所定义的重大疾病，并且初次确诊时间在等待期内，我们按本合同的已交保费给付重大疾病保险金，同时本合同终止。

解读

（1）这是一份单次赔付的重大疾病保险，给付基本保险金额后，合同即终止。

(2)被保险人因意外伤害事故导致罹患合同约定重疾的，可全额赔付。

(3)在等待期后，被保险人因意外伤害事故之外的原因(如自然患病)导致初次罹患合同约定重疾的，可全额赔付，之后合同终止。

(4)在等待期内，被保险人因意外伤害事故之外的原因(如自然患病)导致初次罹患合同约定重疾的，则返还保费，之后合同终止(防止带病投保)。

2. 特定疾病(俗称“轻症”)保险责任

原文

(1)如果被保险人因意外伤害事故或等待期后因意外伤害事故以外的原因导致被保险人经医院初次确诊患上本合同第三十二条所定义的特定疾病，我们按本合同基本保险金额的20%额外给付特定疾病保险金。每种特定疾病限给付一次，给付后该种特定疾病保险金保险责任终止。不同特定疾病可以多次给付，但本合同的特定疾病保险金累计给付以六次为限。当累计给付的特定疾病保险金达到六次时，本项责任终止，但本合同继续有效。

如果被保险人因同一原因导致其罹患本合同第三十二条所定义的两种或者两种以上的特定疾病，我们仅按一种特定疾病给付特定疾病保险金。

如果被保险人符合特定疾病保险金给付条件，我们在给付第一次特定疾病保险金的同时，将豁免本合同在第一次特定疾病确诊日后的首个保费约定支付日至交费期满之间本合同剩余的各期保费，但不包括第一次特定疾病确诊日之前所欠交的保费及利息。

(2)如果被保险人因意外伤害事故以外的原因经医院初次确诊患上本合同第三十二条所定义的特定疾病，并且初次确诊时间在等待期内，我们不承担本项责任，同时本项责任终止。

解读

(1)被保险人因意外伤害事故导致罹患合同约定轻症的，以及等待期后，被保险人因意外伤害事故之外的原因(如自然患病)导致初次罹患合同约定轻症的，按约定赔付。

(2)轻症保额为合同基本保险金额的20%，合计可赔付六次，但同一种轻症仅赔付一次(不能一病多赔)，因同一原因导致的多种轻症也仅赔付一次(看病因)，合计赔付满六次后轻症责任终止。

(3)在等待期内,被保险人因意外伤害事故之外的原因(如自然患病)导致初次罹患合同约定轻症的不赔付(注意:此处与前述重疾责任不同,重疾可返还保费,轻症无此约定),且轻症责任终止(防止带病投保)。

(4)符合轻症赔付条件的,将豁免后续全部未交保费,但如果之前有欠费需补齐。

3. 身故责任

原文

(1)如果被保险人因意外伤害事故或等待期后因意外伤害事故以外的原因导致身故,我们按以下方式给付身故保险金,同时本合同终止。

①如果被保险人在18周岁的保险单周年零日时之前身故,身故保险金=本合同的年交保费×被保险人身故时本合同的保单年度数或交费年期数(以较小者为准)。

②如果被保险人在18周岁的保险单周年日零时之后身故,或被保险人投保时年龄已满18周岁且在本合同保险期间内身故,我们按被保险人身故时本合同的基本保险金额给付身故保险金。

上述年交保费以被保险人身故时的交费方式为基础计算,如果为趸交则对应趸交保费率,如果为分期支付则对应年交保费率,以被保险人身故时的基本保险金额对应的年交保费率为基础,按投保时被保险人的年龄计算。

(2)如果被保险人在等待期内因意外伤害事故以外的原因导致身故,我们按本合同已交保费给付身故保险金,同时本合同终止。

我们只给付本合同保险责任中约定的重大疾病保险金及身故保险金的其中一项保险金。

解读

合同对身故责任的表述比较清楚,我们按照字面意思理解即可,首先可以明确的是该份保险含身故责任,即被保险人不管因任何原因、在任何时间身故,保险公司都会给付一笔钱,即使因疾病在等待期内身故,保险公司也会返还已交保费。

既然明确了含身故责任,其他就是关于身故金如何计算的细节,比如被保险人在18周岁之前身故,身故金就是年交保费×被保险人身故时本合同的保单年度数或交费年期数的小者；比如被保险人在18周岁之后身故或者投保时已满18周岁，则给付基本保额等。

综上，这就是一份标准、简单的重大疾病保险合同的责任条款，完整的保险合同里还会有重大疾病、特定疾病、中症的具体清单以及每种疾病的定义和理赔条件，方便我们查询。另外，对于多次赔付的重大疾病保险，还会涉及重疾是否分组以及间隔期长短等问题；对于含有中症责任的产品，还需要看清中症赔付是独立保额还是共享保额。这些细节，我在本书关于重大疾病保险的章节有所详述，此处暂不展开。

三、看除外——保险千般好，哪些赔不了

在一份保险合同里，与保障内容同等重要的部分是责任免除，前者讲哪些赔，后者讲哪些不赔。以上款重大疾病保险为例，其除外责任部分约定如下。

第八条　责任免除

一、因下列情形之一导致被保险人患上本合同所定义的重大疾病或特定疾病的，我们不承担给付相应保险金的责任：

1. 投保人对被保险人的故意杀害、故意伤害；

2. 被保险人故意自伤、故意犯罪或者抗拒依法采取的刑事强制措施；

3. 被保险人主动吸食或注射毒品；

4. 被保险人酒后驾驶，无合法有效驾驶证驾驶，或驾驶无有效行驶证的机动车；

5. 被保险人感染艾滋病病毒或患艾滋病；

6. 战争、军事冲突、暴乱或武装叛乱；

7. 核爆炸、核辐射或核污染；

8. 遗传性疾病，先天性畸形、变形或染色体异常。

发生上述第1项情形导致被保险人患上本合同所定义的重大疾病的，本合同终止，您已交足2年以上保费的，我们向其他权利人退还保险单的现金价值。

发生上述其他情形导致被保险人患上本合同所定义的重大疾病的，本合同终止，我们向您退还保险单的现金价值。

二、因下列情形之一导致被保险人身故的，我们不承担给付身故保险金的责任：

1. 投保人对被保险人的故意杀害、故意伤害；

2. 被保险人故意犯罪或者抗拒依法采取的刑事强制措施；

3. 被保险人自本合同成立或者合同效力恢复之日起 2 年内自杀，但被保险人自杀时为无民事行为能力人的除外；

4. 被保险人主动吸食或注射毒品；

5. 被保险人酒后驾驶，无合法有效驾驶证驾驶，或驾驶无有效行驶证的机动车；

6. 战争、军事冲突、暴乱或武装叛乱；

7. 核爆炸、核辐射或核污染。

发生上述第 1 项情形导致被保险人身故的，本合同终止，您已交足 2 年以上保费的，我们向其他权利人退还保险单的现金价值。

发生上述其他情形导致被保险人身故的，本合同终止，我们向您退还保险单的现金价值。

我们可以看到，保险公司对故意违法行为（故意杀害/伤害/2 年内自杀/犯罪/吸毒/酒驾/无证驾驶等）、感染特定疾病、危及国家安全的不可抗力事件、遗传性疾病等事项是免责的。

这里需要格外注意的有三点：酒驾；驾驶无有效行驶证的机动车；合同成立 2 年内自杀。

1. 酒驾

虽说现在严格的核查及严厉处罚已经极大地遏制了人们的酒驾行为，但人性中总是难免藏着侥幸心理，如果被保险人突然心血来潮酒后驾车了，却不巧发生了保险事故，那么此时保险公司是不予理赔的。

2. 驾驶无有效行驶证的机动车

这个问题比较容易被忽视，特别是经常借用别人的车的朋友，往往也不会注意去查看车辆行驶证上的检验有效期。所以，我们首先需要保证自己的车会按照法律规定进行定期检验。其次，也尽量不要借用不熟悉情况的别人的车，避免将自己置身于不能理赔的风险之中。

3. 合同成立 2 年内自杀

大家需要注意，该款保险合同不是自杀均不理赔，而是在 2 年内自杀才不予理赔。开个不恰当的玩笑，如果一个人购买保险之后想要自杀，最好的时间点就在保险合同成立2年后的某一天，这样TA既能得偿所愿，还能给受益人留下一笔钱。

四、看时间——牢牢抓住四个时间点

对于一份保险合同而言，有四个时间点是非常重要的，即犹豫期、等待期、宽限期和中止期。

1. 犹豫期

犹豫期是指投保人根据保险合同的约定，可以无条件退保并拿回已交保费的时间，从投保人收到保险合同之日起计算，在业务实践中一般为10～20天，具体以合同约定为准。

关于犹豫期，在我国监管层面有延长的趋势。国务院法制办于2015年发布的《关于修改〈中华人民共和国保险法〉的决定（征求意见稿）》里有这样的表述：……建立人身保险合同犹豫期法律制度。将业务实践中有关犹豫期约定的做法上升为法律规定，明确规定保险期间超过1年的人身保险合同应当约定犹豫期，期限不少于20日。

监管层之所以如此重视犹豫期，是因为如果我们超出了犹豫期退保，哪怕只超了1天，就无法全额退回保费，而只能退回现金价值，这会对投保人造成很大比例的损失。所以，我们一定要好好把握犹豫期内可以全额退保的权利，在期限内做出保单去留的最终决定。

2. 等待期

等待期是指保险合同在生效的指定时期内，即使发生保险事故，受益人也不能获得保险赔偿。设置等待期的目的是防止投保人明知道即将发生保险事故而马上投保的行为。

一般情况下，重大疾病保险的等待期为90～180天，医疗险的等待期为30天。等待期从合同生效日或复效日算起，一般只适用于第一个保险年度，续保年度不再有等待期。

3. 宽限期

在分期交纳保费的保险合同中，如果投保人在交款日之后没有交纳保费，保险公司将给予60天的宽限期，在宽限期间保单继续有效。如果被保险人在该期限内发生保险事故，保险公司仍然需要承担赔偿责任。但如果超过宽限期仍未交费，则保险责任中止。需要注意的是，短期型的保险产品不一定有宽限期，具体以保险合同约定为准。

4. 中止期

如果投保人在宽限期后仍然未能足额交纳保费，则保险责任中止。注意，这里是中止不是终止，只是把保险责任的履行按下了暂停键，投保人依然可以在一定时间内向保险公司申请复效，经保险公司同意和交费后，则可以恢复该保险合同的效力。根据《保险法》的相关规定，被中止的保险合同可以在合同中止后的两年内申请复效，具体如下图所示。复效后的合同与原合同具有同样的效力，可以继续履行。

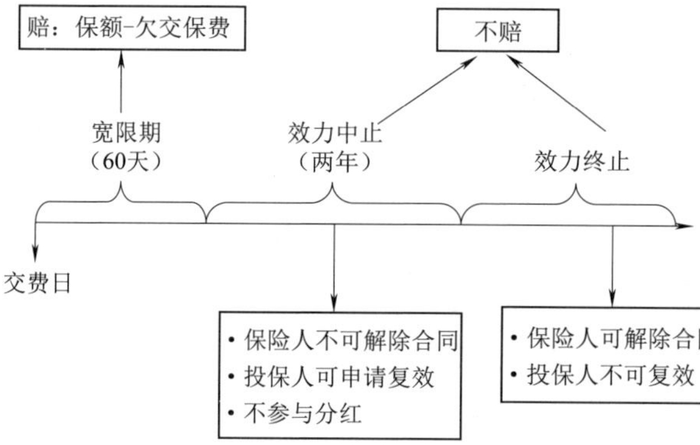

保险时效整理图

法条援引

《保险法》第三十六条　合同约定分期支付保险费，投保人支付首期保险费后，除合同另有约定外，投保人自保险人催告之日起超过三十日未支付当期保险费，或者超过约定的期限六十日未支付当期保险费的，合同效力中止，或者由保险人按照合同约定的条件减少保险金额。

被保险人在前款规定期限内发生保险事故的，保险人应当按照合同约定给付保险金，但可以扣减欠交的保险费。

《保险法》第三十七条　合同效力依照本法第三十六条规定中止的，经保险人与投保人协商并达成协议，在投保人补交保险费后，合同效力恢复。但是，自合同效力中止之日起满二年双方未达成协议的，保险人有权解除合同。

五、终极懒人秘籍

以上四点，就是三分钟看懂保险合同的全部“秘诀”。保险合同虽然内容繁复，但都有基础框架，就好像每一棵树虽说都有自己的种类和形状，但都由树根、树干、树枝、树叶组成，都符合作为一棵树的基本结构，区别只在于树干有高矮粗细，树叶有大小尖圆，有的树会开花，有的树能结果，仅此而已。

但是，在现实生活中，还是有人会说：“即使这样，我也觉得很复杂啊，我看到那么多字就头疼，还有更简单的方法吗？”

好吧，对于这样连合同都不想翻的“终极懒人”，我再奉上一款“终极懒人秘诀”——借助免费的保险条款查询 App。

1. 善用保险条款查询工具

目前，市场上有不少保险类 App 有快速查阅保险条款的功能，比如保险师、随身保典等，我们只需要把想要了解的保险产品的关键字输入搜索栏，它的模糊查找功能就能进行自动匹配。因此，我们可以通过这样的 App 为自己制作保险计划书。

比如，我们在选好了保险产品之后，输入年龄、性别、地区、是否有社保等信息，系统即可生成一份量身定制的计划书，而这份计划书已经将该产品的主要条款整理成了图片和表格，非常便于阅读和直观理解。部分 App 还支持保险产品条款 PK 功能，即我们可以将想要比较的几款保险放在一起横向对比，形成一张清楚直观的表格，这时产品条款的异同就会一目了然。

2. 工具的局限性

上述保险类 App 在我们想要速览产品条款时的确很方便，但方便归方便，一些合同的细节在概览上往往是没有的，比如除外责任、等待期、间隔期、重疾分组情况等。同时，在保险产品的横向 PK 功能上，系统提供的比较维度也非常有限。

所以，如果我们想要仔细了解一款保险产品，或者想要直接做出投保决定，这个时候，仅靠查阅 App 信息就非常局限了，我们还是应该仔细阅读合同条款后才能做出判断。

3. 一份保险合同的正确打开方式

综上所述，如果想要快速了解一款保险产品，我建议大家按照以下步骤操作。

首先，打开某款保险 App，搜索该保险产品，看条款概要。

其次，如果想了解多款产品，可以通过保险 App 进行条款横向对比，再从中选出更有意向的一两款。

最后，在保险 App 上找到意向产品的保险条款(一般可下载)，按照本节中“四看”方法详细阅读关键条款，并且做好笔记。这里介绍两个小技巧。

(1)将条款打印出来，用荧光笔把关键条款涂上颜色，方便多款产品一起对比查阅。

(2)整理关键条款表格，用 Excel 把关键条款整理进表格，自己手动制作产品对比表，各项责任一目了然，择优做出投保决定。

互联网保险虽好，可千万不要踩“坑”

互联网保险与传统保险，更应该是互相学习、共同发展的关系，而非“你死我活”的对立。互联网保险当然能买，但更适合具有一定保险专业度的人。如果你是对保险迷迷糊糊的“小白”，建议不要“挑战”自己的短板，一旦入“坑”，后患可不是损失一点钱那么简单。

如今，通过互联网进行消费已经成为国人生活的一种常态，可以说，互联网的兴起已经在很大程度上改变了人们的生活方式，美团、淘宝、爱彼迎、滴滴、微信、抖音等各种 App，使我们的吃、穿、住、行乃至交流、娱乐变得触手可及，而突如其来的疫情封锁，又为人们生活的“互联网＋”加了一把火。

因此，有一种说法叫作“互联网所到之处，哀鸿遍野”，描述的就是传统消费模式下的人群一旦品尝到了互联网的便捷和经济，就很容易转身投向线上服务的怀抱，这对于线下传统企业及其生存依赖者而言，颇有些《三体》里“我消灭你，与你无关”的味道。

那么，在保险行业里，传统保险是否也会像被互联网“碾压”的小超市一样，被互联网保险颠覆呢？

一、什么是互联网保险

根据《互联网保险业务监管暂行办法》相关规定，互联网保险是指保险机构依托互联网和移动通信等技术，通过自营网络平台、第三方网络平台等订立保险合同、提供保险服务的业务。

简单地讲，互联网保险就是根据互联网消费者的消费习惯和共性需求所设计的专门在互联网渠道进行销售的保险产品，它在险种、价格、保障期限、现金价值等方面显著区别于线下主流保险产品，主要解决有自主购买能力（懂保险，会支付）的消费者的选择问题，就像一个无人售货的保险超市。

互联网保险有别于“通过互联网卖的保险”，大家细心一点就会发现，在各个

App上能够买到的产品与传统保险公司、保险经纪渠道、银行等兼业渠道出售的产品基本不同，主要有以下两个原因。

(1)最“正宗”的互联网保险产品应该由持牌的互联网保险公司开发。目前我国只有三家持牌的互联网保险公司，即安心财险、众安财险和易安财险，而它们的产品不会通过线下渠道进行售卖。

(2)具有网销保险资质的互联网平台(如支付宝里的蚂蚁保险)可以与保险公司合作推出适合用户特点的保险产品，而这部分产品一定是抓住了人群需求的“最大公约数”，往往符合产品简单、价格便宜、同质性高、消费者心理接受度高等特点。因此，并非全部的保险产品都适合在互联网售卖，互联网保险超市更像是一个经过了精心选品的“屈臣氏”，而非无所不包的“麦德龙”，毕竟互联网的精髓就是“精准定位，准确推送，流量珍贵，绝不浪费”。

二、互联网保险有哪些优点

互联网保险主要有以下两大优点。

1. 极致性价比

需要肯定的是，总体而言，现行的互联网保险产品的性价比的确非常高，特别是以百万医疗险为代表的短期险种，价格便宜，保障足够，PK同类线下产品相当能打，用极致性价比来形容也不过分。

2. 极致用户体验

这里的用户体验主要包括以下两方面内容。

(1)操作方便快捷，省去了线下投保的冗杂环节

我曾经操作过，如果我想在支付宝App上为自己购买一份重大疾病保险，只需要点六下就可以完成全部投保流程，包括支付。

是的，你没有看错，我甚至不需要提供任何资料，因为支付宝在登录状态时已经获取了需要的全部资料，我只需要用手指头在手机屏幕上点六下，一份重大疾病保险保单就生效了，并且还可以使用花呗付款，便捷到令人惊叹。

(2)没有了中介人和人情关，整个购买过程更加简单自在

网上投保不用担心被骚扰或者误导，也不会因为人情磨不开情面，买不买，买什么，在什么时间买，都很随意，甚至可以一边刷剧一边下单，整个购买过程更有一种简单自在的掌控感。

三、互联网保险有哪些槽点

互联网保险主要有以下四大槽点。

1. 当低价成为一种口号，消费者就容易被带进“坑”里

大家想到互联网保险时的第一印象就是便宜，这种心理就好像逛街时不忘拍照上淘宝搜图比价一样，在消费者心中，网购似乎成为便宜的代名词，而线下产品似乎都是“坑”。再加上一些别有用心的所谓“大 V”的误导式营销，比如某音常见的惊悚言论——“重大疾病保险保费超过 1 000 元就是‘坑’”，真是让人叹为观止。

而事实真相是，几百元一年的重大疾病保险都是短期型重大疾病保险，且保障期限仅为 1 年，1 年之后，这款产品还在不在，或者消费者的身体条件还能不能买，都是未知数。

同时，短期险产品的定价都是采用自然费率，那么随着被保险人的年龄增加和身体条件变差，保费必然大幅增加，以至于后期保费大概率会高到完全吞噬掉前期的低价优势，总保费算下来甚至比固定费率的长期险更多。

在这里，我用一组对比数据来说明问题，见下表。

某热销一年期互联网重大疾病保险与某传统长期重大疾病保险对比数据

	某热销一年期互联网重大疾病保险			某传统长期重大疾病保险		
年龄	年交保费	累计保费	保障范围	年交保费	累计保费	保障范围
30 周岁	285 元	285 元	重疾赔付 1 次，无轻/中症责任，无身故/全残责任，无投/被保人豁免	2 790 元	2 790 元	重疾赔付 1 次，含 40 种轻症赔付 3 次，每次 30%/40%/50%保额，含 25 种中症赔付 2 次，每次 50%保额，身故赔付保额
40 周岁	735 元	6 075 元		2 790 元	27 900 元	
50 周岁	1 812 元	21 135 元		2 790 元	55 800 元	
60 周岁	3 366 元	50 280 元		2 790 元	83 700 元	
70 周岁	9 321 元	122 385 元		0	83 700 元	

注：投/被保人性别男，保额 30 万元。

另外，几百元保费的短期重大疾病保险基本没有身故/全残保额，也不存在重疾多次赔付、轻/中症保额以及保费豁免等权益，综合来看，会显得比较“偏单”。

所以，用一位年纪轻身体优的年轻人购买一年期重大疾病保险的单年价格去 PK 长年期且涵盖多项责任的重大疾病保险的单年价格，完全是一件“牛头不对马嘴”的事情，可这样的 PK 大戏却每天都在互联网上演。所以说，消费者越

是脱离保险的核心(条款)去评价一款产品，把低价当作一种口号，就越容易被别有用心的人带进“坑”里。作为观众，我们可以把这看作“百花齐放的言论自由”一笑而过；但作为消费者，我们一定要擦亮眼睛，兼听则明，用头脑和理性去做出判断。

2. 健康告知无比重要，可消费者大多并不知道

互联网保险由于投保非常(过于)便捷，消费者很容易稀里糊涂点几下就完成投保，可能自始至终连健康告知在哪里都没注意到。据一位知名保险自媒体在文章里爆料，某头部互联网保险巨头曾一度在百万医疗险的投保流程中把健康告知的提示彻底“优化”掉了。也就是说，消费者投保该份医疗险时，除非专门去点击藏在角落里的链接提示，否则根本不会知道还有健康告知这件事情，真是让人“细思极恐”。不过，就我操作投保该平台医疗险的情况看，健康告知已经被平台“优化”了回来，并且还反复提示了两次。“知错就改，善莫大焉”，不管其背后原因是主动还是无奈，这样的改变都是一件好事，至少说明互联网平台也在朝着正轨进步迭代。

不过，如果站在全世界各国横向比较的角度，我国互联网的影响力极广，可谓是“博士生”水平，而我国保险业的发展还比较滞后，差不多是刚毕业的“本科生”，所以，互联网上的“小白”消费者居多。那么，如何引导这些“小白”消费者明白健康告知的重要性并正确回答，而非仅仅局限于“完成告知作业”呢？我认为这是互联网平台需要认真思考的问题。毕竟，因为未如实告知造成的理赔纠纷实在是太多了。

3. 抛开“门槛”去谈互联网都是不切实际的事情

可能许多人不知道，互联网保险的健康告知要求比传统保险会高出许多，并且因为没有人工核保功能，基本都是采用“一刀切”的模式，即申请人一旦不符合某一条要求，直接就 pass 掉了，甚至不会有申诉的机会。

所以，当人们在纠结到底是买 A 网红险还是 B 网红险的时候，不如先仔细阅读健康告知要求，确认自己是否具备购买资格。说不定两款保险对你而言，都是“有缘无分的过客”。

比如说，某热销互联网重大疾病保险的健康告知要求如下图所示。

某互联网重大疾病保险的健康告知要求

通过上图我们可以看到，该款保险的申请人如果“目前及过去 1 年内因疾病住院治疗或手术”，或者“过去 2 年内，被医生建议需要住院、或手术、或药物治疗 30 天以上、或定期复查”，或者“过去 2 年曾被保险公司拒保、延期、加费或者附加相关条件承保”，就会直接被 pass 掉投保资格，甚至完全没有机会提供资料补充说明原因。

而在现实生活中，发生这样的情况很常见。对于女性而言，最为常见的乳腺结节 2 级就会被医生建议定期复查。而对于一些需要中医调理的患者，比如肠胃不适或者内分泌失调者，哪怕只是到中医院看门诊也常常会发生被“药物治疗 30 天”的情况，因为在讲究“治本”的中医领域，30 天不过是许多普通病症的一个正常疗程而已。而这样一些在传统重大疾病保险核保标准里基本可以标体承保的问题，却成了互联网保险中的拒保因素，不可谓不苛刻。

我们再看一下某款传统重大疾病保险的健康告知要求。首先，该款保险对既往就诊情况的要求比较宽松，只询问了“最近 2 年内是否因健康异常发生过住院或手术，或由体检医师或医生给您提出住院或手术的建议”，把问题重点聚焦在了“2 年内的住院或手术及相关建议”，而这个标准就比前面的“连门诊就诊都可能拒保"要宽松许多，具体如下图所示。

被保险人健康告知

1、您最近2年内是否因健康异常发生过住院或手术，或由体检医师或医生给您提 出住院或手术的建议?

2、您是否抽烟大于400支年（支年=每日吸烟支数*烟龄），或被医生提出吸烟、饮酒的建议或警告?

3、过去2年中，您是否在3个月内因不明原因导致的体重增加或减少超过5公斤 （因未成年人正常生长发育或健身运动、分娩导致的除外）？

4、您是否在投保或复效其他人身险产品时被拒保、延期、加费或除外责任承保， 或曾经申请过寿险、重疾险理赔，或最近1年累计投保重疾险产品保额超过100万?

5、您是否从事或经常参与任何危险的运动或赛事（如跑酷、赛车、海拔3000米以 上登山、室外攀岩、滑雪、潜水、跳伞、蹦极、驾驶航空机具以及其它危险运动或赛 事），或计划前往战乱、政局动荡国家或地区?

某传统重大疾病保险的健康告知要求

另外，即使申请人不符合上图的情况，保险公司也没有采取"一刀切"的方式果断拒绝，而是提供了更体贴、更人性化的备选方案——请申请人自行填报不符合规定的具体原因并提供资料，由保司核保人员人工二次判定是否符合承保标准，给了申请人一次"申诉"的机会。

其实，通过健康告知这件小事，也能看出互联网保险与传统保险之间迥异的价值观：互联网因为脱离了"人"的链接，用规则筛选数据（人群）成为一种提高效率的必然手段，哪怕冰冷的规则会"误杀"掉部分合格用户，从总体效益的角度也不会有影响，毕竟互联网的价值观是用数量弥补亏损，不会去追求个体层面的精细化成功。

而传统保险因为重视"人"的链接，所以会显得比较"拖泥带水"。当然，这也有客观原因，就是传统企业不会像阿里、京东、腾讯那样拥有海量的数据（潜在客户）可供转化，所以它们对仅有的资源（客户、渠道等）会更加珍惜，愿意提供差异化的服务，从而提高黏性和转化。再加上作为传统保险公司，核保本身就是驾轻就熟的基本技能，因此额外提供"二次人工核保"也是非常正常的事情。

综上，作为消费者，我们需要清楚的是，抛开"门槛"去谈互联网的"极致性价比""极致用户体验"都是不切实际的事情。相对而言，传统保险企业的人性化程度更高。

4. 投诉量三年增 7 倍，“投保容易，理赔难”何时休

某些主流财经媒体曾发布过类似的文章，吐槽互联网保险的“投保容易，理赔难”现象。文章指出，尽管互联网技术提高了投保的便利性，但互联网保险销售时强调“消费体验”，忽略保险产品信息披露和条款提示说明义务，导致“投保容易，理赔难”“强制搭售”“被投保”等行业痼疾在互联网保险领域屡禁不止。2019 年，中国银保监会接到互联网保险消费投诉共 1.99 万件，是 2016 年投诉量的 7 倍。消费者普遍反映，百万医疗险投保容易，理赔难，宽进严出，与投保时反差明显。

其实出现这样的情况也非常正常，因为互联网平台是一个网销渠道，属于销售前端，互联网背景人士的强项在于获取和运营流量，分析、挖掘用户需求，制作、推送精准内容，然后通过不断调整上述过程而提高转化。对于互联网企业而言，庆功的凯歌奏响在一轮轮的转化浪潮中，至于理赔这样的售后服务，既不属于它们的业务范围，也不是它们的强项。

但是，哪怕是通过便捷甚至好玩的互联网平台购买的保险，它也是一款保险，它也与传统线下保险一样，是一款具有法律属性的严肃的金融产品，同样经过了保险公司精算师们的精心计算，同样存在核保、理赔等步骤，同样接受中国银保监会的监管。所以，当消费者真正到了需要售后服务的时候，比如理赔或者出现争议，互联网平台这样的售前渠道能够起到的作用就非常有限，因为这根本不是客服小二能够处理的事情。

试想一下，目前有哪个互联网平台高薪聘请了一群精通保险且经验丰富的律师、医生、专家顾问专门处理理赔工作呢？这样的事情只有有实力的经纪渠道或者高水准的专业团队才能做到。

四、互联网保险未来会颠覆传统保险吗

当我们在讨论这个问题时，其实核心是另外一个问题——买保险到底需不需要中介[①]？

---

① 本节的中介是指除了互联网平台直接销售保险产品给消费者的“无中介”模式，还有保险顾问对消费者进行购买引导和产品推介的“有中介”模式，涵盖了保险代理人、保险经纪人等全部关于“人”的中介群体，而非指传统意义上的保险中介机构。

对于互联网保险而言，其最大的特点就是“去中介化”。

所有消费者都在网上自行购买保险，消费者独立读懂条款，确定险种、产品、金额、期限、权利人等要素，完成健康告知和投保操作，以及处理后续可能的理赔工作。在整个过程中，没有任何咨询顾问的影子，不管是在投前的咨询，还是在投后的服务，不管是隶属于保险公司的代理人，还是属于渠道的经纪人，还是兼业渠道的咨询顾问，统统都不存在。如果出现任何纠纷争议，也需要消费者与网销平台或保险公司自行解决。

如果互联网“去中介化”成功，那么拥有海量用户的平台无疑会成为最大赢家，因为它们只需要在醒目位置开通投保入口，放上几款网红产品，消费者就会自动自发地完成投保和处理理赔，就好像上网买一件衣服那么简单。

可是，这样的情况现实吗?

我觉得无论怎么看，目前都不太现实，主要有以下四个理由。

1. 互联网的运营特点决定了提供的保险产品具有局限性

互联网的优势是追求效率和提供便捷，在互联网保险的运营策略上，会考虑平台特定人群的需求普适性，因为需求决定了搜索行为，搜索行为决定了触达率，触达率决定了转化的上限，而只有最终的转化率才会形成真正的销售。

案例

某互联网平台上有1亿个用户，通过第一轮分析和测试，平台初步判断其中3 000万用户有购买保险需求，但并不清楚具体是哪一类需求。于是，平台通过第二轮分析和测试，判断这3 000万用户中大部分会有医疗险的需求，于是平台会大量上架医疗险，少量上架其他险来考察转化效率。假如上架医疗险之后，这3 000万用户中的30%都产生了购买，那说明效果很好，路子很对，平台则会进一步优化原来出单的产品和上架更多的医疗险，再根据结果进行调整，进入第三、四、五……轮分析、测试、改进，如此循环往复。而如果这3 000万用户中产生的购买不到1%，甚至80%的用户压根就没有点击(互联网平台会追踪消费者点击情况及页面停留时间等操作轨迹作为分析依据)，那么该平台会分析原因，然后根据判断进行调整和新的测试。

所以，在互联网平台的运营策略中，一定会考虑人群需求的“最大公约数”，它会通过一轮轮的测试，最终将最大程度符合“客户需求公约数”的产品系列筛选出来作为拳头产品给予最大的流量扶持。

这样筛选出来的产品，往往符合产品简单、价格便宜、同质性高、消费者心理接受度高这几个特点。而在保险世界里，这样的产品特点也意味着必然只能是一些提供短期基础保障的简单产品，比如普通百万医疗险、消费型重大疾病保险、旅游意外险、定期寿险等。我们先抛开短期产品无法保证续保的天然“硬伤”不看，仅从险种的覆盖面上，就能看出它们显然不能满足全部消费者的保障需求。

2. 被忽视的中介价值——引导和发现客户的保险需求

我在前面的内容里已经提到，保险是一种很难让人主动产生购买欲望的商品。保险产品本身的复杂性、重要性和缺乏体验感，决定了不管它的展示图做得再精美，文字再吸睛，也很难吸引到一个内心没有明确保险需求的人去关注。哪怕是对于客观上有保险需求（比如单经济支柱家庭，0保障，负债高），但主观上没有保险意识（不知道保险或者认为自己不需要保险）的消费者，就算是小弹窗每天给他们推送一款全网最高性价比的刚需保险，他们也只会觉得烦。而这样的群体，很容易被崇尚“精准定位，准确推送”的互联网平台排除在销售名单之外，这部分人的保险需求，只有靠保险中介去引导产生。

3. 专业中介的独门绝技——量体裁衣

专业的保险中介可以运用丰富的金融、保险、法律、核保等专业知识，协助消费者梳理家庭风险缺口和核心需求，为其量身定制合适的全套风险保障方案，并且尽可能平衡需求与价格，充分考虑产品的性价比，同时在后续理赔时提供终身咨询服务。部分中介甚至可以做到，在消费者遇到理赔纠纷时提供免费但有力的法律援助，而这本身就是一件有着极高门槛的事情。

所以，如果缺少了专业中介的指导，消费者最终能否找到合适的产品方案，我不敢妄言。但可以确定的是，脱离了专业的咨询顾问，消费者一定会在买保险这件事情上花费大量的时间和精力，并且中途很可能因为一知半解而被各种“洗脑”，走上不少弯路。

4. 互联网保险 VS 传统保险，不是对立而是共生

在很多人的思维里，往往把“互联网＋”看作一个挑战者的角色，似乎它的出现就是为了对传统行业进行颠覆，是一场以新换旧的行业革命。

在互联网保险这个词出现之前，其实还出现过一个近似的词叫“互联网金融”。其中，一个被称为“互联网金融冲击传统金融”的标志性事件，就是天弘基金自从 2013 年 6 月与流量巨头支付宝合作，改头换面成为余额宝之后，从此进入了“开挂模式”，半年时间即跻身“千亿俱乐部”，从一位无名小辈摇身变为行业巨无霸的故事。

但即便如此，时至今日，距离余额宝的横空出世已经过去了 7 年，以银行为代表的传统金融机构遭到互联网的“颠覆”了吗？

并没有。

对于传统金融而言，互联网金融的出现更像是制造了一股强劲的“鲶鱼效应”，把常年躺在“甲方宝座”上的传统金融机构拉下来，迫使它们认真对待用户的需求，重新思考自己的服务方式。而这对于市场和消费者而言，无疑是一件好事。

所以，有时候遇到“神仙打架”，百姓反而可能是受益者。而“神仙们”偶尔切磋一下武艺，磨炼一下筋骨，让双方都更加强大，也未尝是件坏事。

与此同时，我们也需要看到传统金融的核心——耐力好。

这是什么意思呢？

就是一直以来，我国对金融业采取的都是强监管模式，不管是中国人民银行、中国银保监会、中国证监会，还是地方的金融办（现在升级为金融局）、行业协会等，各个机构都把旗下的银行、保险、证券、信托、担保等管得“密不透风”。因此，除了重大且罕见的技术性失误，否则基本没有出大事的可能。

所以，传统金融虽慢但稳，互联网金融虽快但不确定，这是一个不用怀疑的观点，我们通过 P2P 行业曾经飞速发展但在几年内全军覆没的事件也能窥见一斑。

因此，互联网保险与传统保险，同样应该是互相学习、共同发展的关系，而非“你死我活”的对立。

具体而言，专业保险中介的价值在于因人而异的需求引导，量体裁衣的方案设计，八仙过海的非标体协助投保，以及各显神通的理赔服务。同时，专业中介以代理人、经纪人等身份存在于保险公司或保险渠道，并且在中国银保监会进行执业备案，其销售行为更容易被质控和追溯。

而互联网保险在泛保险知识科普、低成本高效率的海量人群触达、精准人群筛选、用户行为分析、操作的便捷性和体验感等方面，又具有传统线下服务不可企及的优势。

所以，既然互联网保险与传统保险各有所长，那么两者应该如何和谐共生和取长补短，才是一个值得研究的课题。

五、互联网保险到底能不能买

基于本节的分析，我们可以直接看出结论：

互联网保险当然能买，并且一些产品还非常不错，但它更适合具有一定保险专业度的人。如果你是对保险迷迷糊糊的"小白"，建议不要"挑战"自己的短板，一旦入"坑"，后患可不是损失一点钱那么简单。毕竟，买保险是一件专业的事情，需要我们用专业的态度去对待。如果没有把握，找到一位"能够让自己在知识盲区里放心"的专业人士协助，才是一件更靠谱的事情。

藏在身故受益人里的大学问

保险如何能够实现多个利益方的共赢呢？其中最关键的因素，即保险是所有资产当中“唯二”可以做到“三权分立”的资产，而其他比如股权、金融投资等资产，都只是“三权合一”。

我常说保险是一种比较复杂的金融工具。为什么是“比较复杂”呢？因为，如果我们不需要如精算师一般去设计保险产品，那么它的难度当然谈不上高深莫测，但凡有一点阅读理解能力的人都能学会，如果再加上金融、医学、法律等相关背景，那简直就会变得像“吃豆腐”一样简单。

但是，如果我们完全不想花功夫去了解和学习保险，比如，一不看合同条款，二不学核保常识，三不读理赔案例，四不关心行业发展和监管要求，甚至连“银保监微课堂”这样的科普公众号都不想翻一翻……那么，如果我们希望靠“常识”，靠“想象”，靠“朋友之间的口口相传”，靠“抖音或公众号上的零碎科普”，或者靠“保险公司及业务员在朋友圈的花式宣传”来正确理解保险，那就真是“too young，too simple，sometimes naive”了。

总而言之，保险是一种不算太复杂，也不算太简单的金融工具，如果用得好，解决疾病、意外等基本保障都是小事，在资产传承、婚内财产保全、家企风险隔离、税务筹划等方面也能发挥大作用，能够实现多个利益方的共赢。比如本节的身故受益人，就是一位能够在多种保险安排中发挥重要作用的“大功臣”。

一、保险与其他资产的核心区别——“三权分立”

在实际操作中，保险如何能够实现多个利益方的共赢呢？其中最关键的因素，还要从保险与其他资产的核心区别说起，那就是——保险是所有资产当中“唯二”可以做到“三权分立”的资产，而其他比如股权、金融投资等资产，都只是“三权合一”，如下图所示。

资产权益结构对比图

为什么说保险是“唯二”而不是唯一呢？

因为还有一个工具可以实现这样的功能，它的名字是信托，这里暂不展开。

那么，这里的“三权”分别是指什么呢？就是所有权、控制权和受益权。

也就是说，这个世界上的资产除了保险和信托能够实现所有权、控制权和受益权的分离之外，其他全部资产的相关权益都附着于所有权之上，只有拥有了资产的所有权，才能对其进行控制和受益。

二、案例分析：房产 VS 保险

上面的概念可能有些抽象，我们用房产和保险举例来理解一下这个问题。

（一）当有形的房产遇到无形的保险

我们最常见到的资产是房产。房产作为一种实物资产，看得见，摸得着，能够给人带来实实在在的获得感。

相对来讲，如果是一纸保单拿在手上，轻若鸿毛，哪怕里面白纸黑字承诺未来会交付几十上百万元的权益，但在许多人的心中，似乎总感觉有一些不踏实：这里面看起来好像什么都有，又好像什么都没有，我真的要花这么一笔钱去买这一张纸吗？

一边畏惧风险，一边怀疑眼前，这样的矛盾心理非常普遍。

（二）房产和保险的核心区别——权属

那么，我们抛开实物资产和合同权益的差异不看，在房产和保险之间，还有哪些本质区别呢？

如果要深刻理解这个问题，我们需要先引入一个重要的概念——权属。

什么叫权属？权属是一种抽象了的物权，简单地讲，就是针对一项资产的所有权、控制权、受益权等一系列权利。

1.房产的权属安排——“三权合一”

那么，对于一套房子来讲，我们拥有哪些权利呢？具体如下。

（1）房产的核心权利——所有权

假如我们拥有一套自己的房子，首先，我们可以自己居住、出租、转卖，这是所有权；其次，我们还可以防止隔壁老王对自己的房子进行居住、出租、转卖，这是控制权；再次，我们还可以决定谁有权利对房子进行居住、出租、转卖，比如隔壁老王不行，但是老王的女儿可以，那我们可以把这个权利让渡给她，这是受益权。

对于这样的安排，我们可以发现，关于房子的所有权、控制权、受益权这三项权利，其实都是围绕这个房子的所有权而展开的。

也就是说，所谓的控制权和受益权，其实也是依托于所有权的有效性才能存在，如果这个房子的所有权不是我们的，比如我们把房子的所有权转移给了别人，一旦转移之后，我们就不再有权利作出控制和受益的安排。

（2）“三权合一”的影响

由此，我们可以看到，对于一套房子而言，所有权、控制权、受益权这三权是合一的。准确地讲，控制权、受益权只是所有权的派生权利，它们不能“独立生存”，三权之间，要么全都有，要么全没有。

这时可能有人会问：“三权分不分离，合不合一，这个问题很重要吗？”

其实，这个问题还真挺重要的，因为这会给家庭财富的传承带来巨大的影响。

案例

王大帅和张美丽是一对夫妻，两人育有一个儿子王小帅。王小帅从小娇生惯养，还染上了赌博的恶习，屡教不改。王大帅想着儿子老大不小了，希望他能够早点结婚，过上踏实的生活。王小帅正好谈了一个姑娘让两位老人都很满意，已经进入谈婚论嫁的阶段。王大帅夫妇除了自住房之外，名下还有一套别墅价值500万元，本来是准备留给儿子结婚用的，但他们依然担心如果把别墅过户给儿子，如果儿子继续赌博，房产很快就会被卖掉败光，而如果儿子的婚姻出现问题，他们也担心这套房产可能会被分割，于是陷入了苦恼。

在这个案例中，如果别墅直接通过赠送的方式过户到王小帅名下，结果可想而知，的确是有可能被王小帅败光的，可如果不过户，儿子结婚后还居住在父母名下的房子里，对新婚妻子而言可能难以交代，这样在双方后续的日子中可能也会埋下矛盾隐患。

所以，我们可以看到，对于房产这样的资产，就只存在过户或者不过户这两种选择，没有第三种，房子在谁的名下，就是谁的财产，谁就拥有所有权、控制权和受益权，这在按份共有的情况下也不例外。所以，对于王大帅而言，对于这个不省心的儿子，房子给也不是，不给也不是，的确让人犯愁。

2. 保险的权属安排——“三权分立”

人寿保险合同有个特点很有意思，那就是当事人被分为了投保人、被保险人、受益人，这三个角色不仅仅是名称不同，而是对应着不同的权利和义务：有负责出钱的人，比如投保人；有以自己的身体或生命作为保险标的的人，比如被保险人；还有什么都不用做，只需要“躺赚”受益的人。

大家看，在上面的三大角色中，出现了一个只享有权利而不承担义务的“躺赚”角色，它的名字就是受益人。

看到这里，大家可能会觉得惊讶：“天下竟然有这么好的事情?”

别急，听我慢慢给你们讲明白，先说结论：天下还真有这么好的事情，并且还白纸黑字落到合同里，受到法律的保障。

三、“躺赚”的受益人

什么是受益人?《保险法》第十八条规定，受益人是指人身保险合同中由被保险人或者投保人指定的享有保险金请求权的人。投保人、被保险人可以为受益人。

具体而言，根据保险金性质的不同，受益人又细分为生存受益人和身故受益人。

1. “躺赚”受益人之生存受益人

具体来讲，生存受益人是指在被保险人生存的情况下，有权利获得如生存年金、健康险理赔金、意外伤残和医疗理赔金、返还型保险的满期生存金等保险金的权利人。生存受益人既可以是投保人，也可以是被保险人，但一般不可为此二人之外的其他人。在实务操作中，如果没有特别说明，一般默认被保险人为生存受益人。

这段话怎么理解呢?

我们要知道,不是每一份保险都是以被保险人死亡为赔付条件的,还有很多保险比如重大疾病保险,其设计目的是解决被保险人罹患重疾之后的医疗费、营养费、护理费、收入损失补偿等费用,又比如年金险,其目的是解决投保人或被保险人退休后需要保险年金作为补充养老金的问题。因此,法律及合同设计出生存受益人这个概念,并且一般仅限投保人或者被保险人担任,就是为了能把保险金送到真正需要的生存者手中。

2.“躺赚”受益人之身故受益人

身故受益人是指被保险人死亡后,有权利获得死亡赔偿金的人。

身故受益人往往是投保人指定的,但《保险法》出于对被保险人生命权的尊重,要求投保人在指定身故受益人时,应当经过被保险人的同意,未经同意的,合同无效。

当然,在保险实务中,经常会出现投保人没有做出任何指定动作就完成投保的情况,这个时候,系统就会将身故受益人默认为“法定”,即被保险人的法定继承人。

四、藏在身故受益人里的大学问

关于身故受益人,有三个非常细节却又重要的问题需要提醒大家注意,具体如下。

(一)三大问题定乾坤

问题一

假设王大帅是一份终身寿险的投保人,但他投保时没有注意到受益人这个选项,于是被系统默认受益人为“法定”。请问从法律的角度,此时王大帅的受益人是指定了还是未指定?

问题二

假设王大帅和张美丽是一对夫妻,王大帅在为自己投保终身寿险时,指定受益人为“配偶”,但未写上张美丽的名字。不久,王大帅和张美丽离婚,王大帅和李天仙再婚,之后王大帅身故。请问此时保险合同的受益人是张美丽还是李天仙?另外,假设王大帅不是给自己投保,而是给儿子王小帅投保。请问此时保险合同的受益人是张美丽还是李天仙?

问题三

假设王大帅和张美丽是一对夫妻，王大帅在为自己投保终身寿险时，指定受益人为“配偶”，同时写上了张美丽的名字。不久，王大帅和张美丽离婚，之后王大帅身故。请问此时保险合同的受益人是否还是张美丽？

答案

问题一，站在法律的角度，会判定王大帅已经指定了受益人，即受益人就是他的法定继承人。

问题二，针对王大帅给自己投保的情况（投保人和被保险人都是王大帅），此时保险合同的受益人为李天仙。针对王大帅给儿子王小帅投保的情况（投保人为王大帅，被保险人为王小帅），此时保险合同的受益人为张美丽。

问题三，此时保险合同的受益人不是张美丽，而是作为王大帅的遗产，由他的法定继承人按照《继承法》有关规定继承。

（二）离婚忘做受益人变更，当心保单变遗产

通过上面的三问，我们可以看到，根据我国法律的相关规定，小小一个受益人，背后却有大学问。受影响最大的一种情形，就是投保人先行指定了配偶作为受益人，而后来两人又离婚的情况。

在实际操作中，已婚人士投保往往会将配偶指定为身故受益人，而在保险事故发生之时，如果两人已经离婚，因为受益人身份已经发生变化，则会被法律认定为未指定受益人，保险理赔金就会变成被保险人的遗产，将按照《继承法》的要求进入法定继承的程序，这时有权参与继承的人可就多了，也一定违背了投保人的初衷。

所以，保险作为资产传承的一种有效工具，本来完全可以实现私密传承、精准传承、杠杆传承、免税传承的功能，可偏偏因为受益人指定的问题导致重新回到法定继承程序，那可真是白忙活一场了。

因此，在现实生活中，如果人们出现了离婚的情况，一定记得将名下受益人为前配偶的保单进行受益人变更，可以将其重新指定为自己亲近的家人，避免保单权益因受益人落空而不得不成为遗产。

法条援引

《最高人民法院关于适用〈中华人民共和国保险法〉若干问题的解释（三）》第九

条　投保人指定受益人未经被保险人同意的，人民法院应认定指定行为无效。

当事人对保险合同约定的受益人存在争议，除投保人、被保险人在保险合同之外另有约定外，按照以下情形分别处理：

（一）受益人约定为“法定”或者“法定继承人”的，以继承法规定的法定继承人为受益人；

（二）受益人仅约定为身份关系，投保人与被保险人为同一主体的，根据保险事故发生时与被保险人的身份关系确定受益人；投保人与被保险人为不同主体的，根据保险合同成立时与被保险人的身份关系确定受益人；

（三）受益人的约定包括姓名和身份关系，保险事故发生时身份关系发生变化的，认定为未指定受益人。

（三）如何用保险解决房产继承难题

回到之前王大帅夫妇不放心把房产传承给王小帅的难题，如果我们使用保险这个工具来解决，可以怎么操作呢？

我们已经知道了，在保险的三大关系中，有一个“躺赚”角色是可以只享受权利而不承担义务的，那就是受益人。那么，对王大帅夫妇来讲，他们知道儿子这辈子不会有什么出息，只希望给他留一笔生活费保障他余生衣食无忧，婚后过上踏实的日子。这时，为王小帅创造一笔源源不断、与生命等长的现金流用于生活所需，但是却并不转移这笔资金的控制权就显得尤为重要了。

所以，我们可以建议王大帅夫妇按照以下思路进行操作。

第一步：卖全款别墅，买按揭婚房。

王大帅夫妇可以将那套原本计划传承给王小帅的价值 500 万元的别墅卖掉，之后拿其中的 100 万元作为首付款为王小帅按揭一套新别墅，这套别墅可以写在王小帅夫妻两人的名下，作为他们结婚的赠礼。

这也非常符合中国家庭男方父母承担子女婚房的传统，不至于让女方家人心有不快。

第二步：购买年金保险，用生存金覆盖按揭贷款和生活开支。

剩下的 400 万元，以王大帅作为第一投保人，王小帅作为被保险人，王大帅作为身故受益人，购买一份年金保险。年金保险每年派发的生存金用于支付夫妻俩别墅按揭的贷款以及他们生活的基本开支。

方案设计理由具体如下。

1. 规避婚姻风险

如果王大帅直接将别墅赠与王小帅作为婚房，如果在婚前赠与，虽说不会导致婚姻财产混同，但势必造成女方及家人的不快，不利于婚姻的稳定与幸福；而如果在婚后赠与，则无法规避万一婚姻失败所必然导致的财产分割风险，可能损失极大。因此，建议采取王大帅夫妇赠与王小帅按揭婚房且写上王小帅妻子姓名的方式。这样做一方面非常符合中国家庭男婚女嫁的传统，并且显得比较大方，女方及家人都会易于接受。

另一方面即使后来两人婚姻出现问题，王大帅夫妇除了损失最初赠予的100万元房产首付中的50%之外，并没有更多财产需要分割。因为保单的所有权属于王大帅，王小帅只是有资格领取生存金而已。

2. 规避财产挥霍风险

如此安排，王小帅夫妻手上并没有一笔大钱可供挥霍，但是又能够保证此生衣食无忧。并且，两人住的房子有贷款，更可以激发小两口为了美好生活共同奋斗的动力。

3. 规避子女身故导致财产外流的风险

即使王小帅在婚姻中不幸身故了，因为身故受益人是王大帅，这笔保险身故赔偿金也依然会回归到王大帅手中，不会被外人分走。不过，从人性关怀的角度，如果王小帅真的身故了，此时王大帅也可以拿一部分身故金给王小帅的妻子，包括协助抚养他们的小孩，或者也可以在身故受益人的安排中，指定其妻子也有权获得一部分的身故金。

以上就是该方案的核心步骤。

当然，在现实生活中，因为王大帅的年龄远大于王小帅，所以王大帅先于王小帅身故的概率会更高，那么王大帅在投保时也可以指定第二投保人比如张美丽，如此一来，在王大帅身故时，这笔保单的投保人就不至于落空，其保单的现金价值也不至于成为投保人的遗产。或者，如果王大帅看着儿子日渐懂事，也可以把第二投保人设为王小帅，这样王大帅身故后，这份保单的所有权就归于王小帅。

如果说这样安排，王大帅还是不放心，觉得把一整年的生活费以及别墅的按揭款一次性给到王小帅，都还有可能会被他提前花掉，前半年喝酒吃肉，后半年喝糠吃粥，那么王大帅也可以把这400万元平均分成12份，每一个月购买一份保单，这样保单的年金就会按月发放到王小帅的手里了。经过这样的化整为零，就更没有什么可供挥霍的资本了。

看到这里，可能有人会恍然大悟：在前面的例子里，表面上王大帅夫妇已经把财产转移给了王小帅，但实际上，财产的控制权和受益权一直都没有真正转移，还牢牢攥在王大帅夫妇的手里，王小帅不仅没有挥霍的资本，而且，如果他自身或婚姻未来发生了任何风险，财产都会重新回到王家，损失的只是一点皮毛而已。

回到本节内容的开始，我曾经说过，保险是所有资产当中“唯二”可以做到“三权分立”的资产，这样的“三权分立”，决定了保险能够成为一种“风筝型的资产”——不管谁在受益，风筝线（控制权）都牢牢攥在投保人的手里（如下图所示）。这种“既给又不给”的资产传承效果，也只有保险和私人信托能够做到了。

“风筝型的资产”示意图

第四章
按图索骥：量身定制属于自己的保险

保险不是萝卜白菜，想要买对并不简单。买保险的过程更像是“量体裁衣”，适合的才是最好的。因此，我们不仅要看清衣服的款式（险种）和材质（产品），还要了解自己的预算和风格（需求），多方面匹配才能得到答案。

本章就是告诉大家如何按图索骥，量身定制适合自己的保险方案。

全面解析家庭必备四大保险之医疗险

作为一个健康者，我们很难模拟一场真实疾病会给人带来怎样的经济负担，正如我们很难躺在家里沙发上，听着音乐，喝着咖啡，仅靠阅读一款医疗险的责任条款，而去感同身受它对于一个躺在病床上的人有多么重要。

世上保险千百种，最重要的是哪几种？

下面我就给大家全面解析一下我们每个家庭都必须配置的四大保险，首先讲医疗险。

一、什么是医疗险

根据中国银保监会于2019年发布的《健康保险管理办法》的定义："本办法所称健康保险，是指由保险公司对被保险人因健康原因或者医疗行为的发生给付保险金的保险，主要包括医疗保险、疾病保险、失能收入损失保险、护理保险以及医疗意外保险等。"

由此可见，医疗险属于健康险的范畴，是一种针对被保险人因意外事故或疾病接受治疗而支出的各项费用，保险公司按约定规则进行费用报销、垫付或者给付津贴的保险。

二、医疗险的特点

整体而言，医疗险有以下六大特点。

1. 高杠杆

医疗险费率低，杠杆高，用小保费撬动大保额，能够轻松覆盖社保外的合理治疗费用，减轻被保险人的治疗负担。

2. 报销型

医疗险是报销制，采取的是有限贴补原则，以实际发生的治疗费用作为上限进行报销或者医院直付，虽说也可能附加住院津贴等小额给付型保险金，但总体而言，医疗险的原则为贴补被保险人的治疗损失，而非直接给付保额。也就是说，医疗险可以让我们的治疗"不花钱"或者"少花钱"，但一定无法让我们通过治疗来"赚钱"。

同时，治疗费用以外的营养费、护理费、收入损失等，或者医疗资源费（比如预约专家号，私人渠道的进口药，器官移植手术中的供体费用）及研究性的治疗项目等，都不在医疗险的保障范围。

3. 投保门槛较高

相对于其他险种而言，医疗险的健康告知标准相对严格，除防癌医疗险之外，其他医疗险的承保年龄上限一般为60周岁，投保门槛较高。

4. 基本为1年期短期险

医疗险又可以细分为综合医疗险和特定医疗险，其中综合医疗险均为1年期短期险，无法终身保障续保，但有支持阶段性（如5～20年）保证续保的综合医疗险。关于这个问题，本节后面会详细展开。

5. 定价为自然保费

医疗险采取自然保费定价法，即保费与被保险人年龄相匹配，年龄越大则保费越贵。

比如，对于同一款医疗险，按照同样的投保条件，60周岁的王大帅保费为1 456元/年，而30周岁的王大帅保费则为293元/年，相差5倍之多。

6. 不限制治疗发生原因

与意外险中的医疗责任需要限制发生事由必须为意外不同，医疗险不会对治疗发生的原因做出限制，疾病或意外导致的治疗事项均可按规则报销。

三、医疗险的分类——医疗险家族"四兄弟"

根据报销范围和价格区间的不同，医疗险家族又可以分为"四兄弟"。

（一）四弟——小额住院医疗险

1. 基本概念

小额住院医疗险，顾名思义，就是报销住院时发生的小额医疗费用的保险。这里有两个限定词。

（1）住院

小额住院医疗险的报销范围仅限住院费用，不包括门诊，也不包括院外继续治疗（如各种理疗、中药调理、长期服药等）的费用。

(2)小额

小额住院医疗险的保额一般为 5 000 元至 1 万元,部分产品可以选择保额为 2 万元至 5 万元,免赔额为 0 或者数百,或者直接约定按比例报销,比如报销社保后剩余部分的 70%～100%,又或者将两者结合起来,在免赔的基础上再按比例报销。

2. 主要特点

小额住院医疗险有着显著的三大特点:低保费、低免赔和低保额。

(1)低保费

许多小额住院医疗险以附加险的形式存在,需要在购买主险(一般为重大疾病保险)的基础上附加购买,价格一般比较便宜。

以 30 周岁的王大帅为例,如果在购买主险的同时为自己附加某款保额 1 万元的住院医疗险,价格为 157 元/年,而如果是 0 岁的小小帅,价格就为 499 元/年。

如果是单独售卖的小额住院医疗险,价格会比附加险略贵一些。

同样以 30 周岁的王大帅为例,如果购买一份同样 1 万元保额的单独售卖的小额住院医疗险,价格为 298 元/年,而如果是 0 岁的小小帅,价格则为 580 元/年。

看到这里,可能有人会问:“为什么 30 周岁的王大帅保费会比 0 岁的小小帅还要便宜呢?”

这其实是因为保险公司对不同年龄发生住院的概率有着不同的预判。一般而言,5 周岁以内的幼儿和 50 周岁以上的中老年人往往是住院医疗险理赔的高发人群。因此,这样的差异体现在产品定价上,就会呈现“两头高,中间低”的状态,如下图所示。

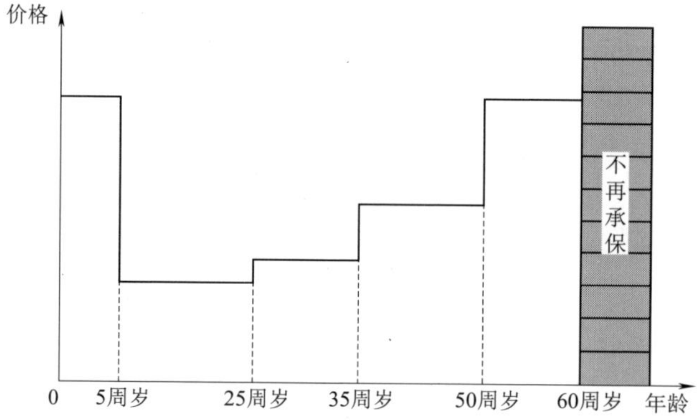

一般医疗险产品定价规律

(2)低免赔

说到报销型保险，免赔额都是一个需要关注的问题。与百万医疗险动辄1万元免赔不同，小额住院医疗险的免赔额非常友好，一般为0或者数百元，保险公司会在扣除免赔额后，再按约定比例进行报销。

(3)低保额

前面讲过了，小额住院医疗险的定位决定了它只能解决较低保额的住院费用问题。

3. 特殊情况——仅赔付医保范围

部分医疗险的报销范围随社会医疗保险目录而定，即：医保赔的它才赔，医保不赔的它也不赔。

具体而言，我们来看看某款小额住院医疗险的免责条款。

被保险人发生的下列医疗费用，本公司不承担保险责任：

(1)护理(陪住)费、取暖费、伙食费、误工费、停尸费、救护车费等；

(2)在中国台湾地区、中国香港和中国澳门特别行政区，以及国外地区发生的医疗费用；

(3)社会基本医疗保险(含公费)管理机构规定不予支付费用的药品、检查项目、治疗项目、手术项目和其他项目。

从第(3)条我们可以看到，这款住院医疗险只负责报销医保范围内的项目。

那么，这时可能有人会问："既然医保都已经报销了，那我还要住院医疗险干嘛？"

答案：我国的医保制度是根据医院的等级来按比例报销的，即使都在医保报销清单内，也不能100%报销。

案例

王大帅参加了医保，同时购买了一款小额住院医疗险，保额1万元，免赔0元，报销比例为社保后90%。一次，王大帅因病在某三甲公立医院住院花费了2万元，其中1万元符合医保报销标准，但医保只报销了7 000元。问：王大帅的小额住院医疗险能够报销多少钱？

答案：10 000元×90%－7 000元＝2 000元。

所以，我们在选择医疗险时，不仅需要关注保额、免赔额、报销比例，还需要关注是否限制了报销范围。

4. 什么人适合小额住院医疗险

根据前述情况，我认为5周岁以下儿童以及没有参加医保的人群，特别适合购买小额住院医疗险。儿童因为免疫力低下，非常容易生病，再加上对吃药不那么配合，一旦生病则可能发展到需要靠住院输液才能解决问题。而无医保人群则需要把它作为医保的替代。

（二）三弟——普通百万医疗险

1. 基本概念

如果你现在30周岁，手上只有300元，但你想要一份保险为自己解决最基础的风险问题，最好的建议就是购买一份普通百万医疗险。因为，普通百万医疗险就应该是“人手一份”的必备保险。

那么，普通百万医疗险到底能解决什么问题呢？

简单地讲，普通百万医疗险解决的就是罹患严重疾病后的高额住院费用的问题。

这里也有两个限定词。

(1)罹患严重疾病

为什么是严重疾病呢？其实，在任何一份普通百万医疗险的条款里，都没有对罹患疾病的种类或者严重程度进行限制，也就是说，理论上如果发生了感冒、发烧、肺炎等普通疾病，只要符合赔付条件都可以得到理赔。

但事实上，市场上几乎全部的普通百万医疗险都有1万元的免赔额（一般重疾或癌症无免赔额）。而据统计，90%以上的普通疾病的年治疗费用都在1万元以下。由此可见，普通疾病很难用上百万医疗险，而真正用上的疾病基本都较为严重。因此，我们对这款产品的功能认知也可定义为——主要解决严重疾病的高额住院治疗费用。

(2)住院费用

与小额住院医疗险一样，普通百万医疗险的报销范围也仅限住院费用，不包括门诊，也不包括院外继续治疗（如各种理疗、中药调理、长期服药等）的费用。

2. 主要特点

普通百万医疗险主要有三大特点，具体如下。

(1)低保费与高保额并存

普通百万医疗险是健康险家族中杠杆率最高的产品之一。

以30周岁的王大帅为例，只需要花300元的保费，就能获得200万至600万元的保额。

用极低的保费撬动极高的保额，用以解决99%的普通家庭因病返贫的重疾噩梦，这正是一份普通百万医疗险最大的价值所在。

可以说，只要有了普通百万医疗险，就能在相当程度上解决了普通人看不起大病的问题。并且，许多产品还能涵盖医保外的用药，进一步解决了治疗过程中经常需要使用进口药、自费药的痛点。

(2)高免赔

普通百万医疗险具有不同数额的免赔规定，一般为普通住院医疗免赔额1万元，重疾或者癌症住院医疗0免赔。

什么是免赔额？顾名思义，就是免赔的额度，指由保险公司和被保险人事先约定，损失额在规定数额之内，被保险人自行承担损失，保险人不负责赔偿的额度。这里的免赔额1万元，就是被保险人发生了住院治疗的情况，自己需要掏1万块钱，剩下的部分保险公司才会给你报销。

案例

王大帅购买了一份百万医疗险，普通医疗免赔额1万元，重大疾病0免赔，社保后报销比例100%。王大帅因普通疾病住院花费2.5万元，其中社保报销8 000元。问：百万医疗险能够报销多少？

答案：25 000元－10 000元－8 000元＝7 000元。

我们来思考一下，为什么普通百万医疗险都会设置1万元的免赔额？

最主要的原因还是降低保费，让普通百万医疗成为人人都能买得起的保险。因为，1万元的免赔额已经把90%的普通疾病治疗挡在了门外，剩下的保额则专门用于在被保险人遇到大病时，发挥救人于水火的作用。

(3)特色服务人性化

对于一份报销型的医疗险，即使保额再高，但如果必须等到结账出院之后才能报销，势必会把许多真正需要的人拒之门外。因为，对于一场动辄花费几十上百万元治疗费用的重大疾病，让患者凑齐治疗费用本身就是极高的门槛。

另外，如果患者因为各种原因不得不异地就医，无法使用医保结算，患者则需要额外承担更高的治疗费用，而这很可能不是小数目。

考虑到上述因素，部分百万医疗险可以提供非常人性化的服务。比如，支持住院费用垫付功能，被保险人（患者）可以在入院前向保险公司申请一笔款项作为住院押金，解决其需要自己凑钱垫付问题；支持住院直付功能，直接由保险公司与医院进行结算；支持循环报销功能，被保险人可以就已经支付的费用先行报销，而非必须办完出院手续；支持重疾异地就医功能，即使无法使用医保异地结算，商业险部分仍可 100％报销；支持靶向药院外药房直付功能等。

上述服务，真正可以为被保险人的看病就医过程提供实实在在的便利，值得点赞。

3. 什么人适合普通百万医疗险

前面讲过了，我认为每个人都应该配置普通百万医疗险。

风险面前人人平等，我们作为芸芸众生中的一员，一生中必然会发生不同程度的疾病和意外，这些都会产生可大可小的治疗费用，而如果仅仅依托于社会医保，受起付线、封顶线、报销比例、自费药及治疗方式等诸多限制，并不能解决相当比例的治疗费用问题，在我们遭遇重大疾病时更是如此。因此，一份“超低保费＋超高杠杆”的普通百万医疗险，可以帮我们守住人生的底线，让我们在不得不面对高额治疗费用时有一份依托，不至于陷入孤立无援的绝望境地。

（三）二哥——中端医疗险

1. 基本概念

中端医疗险是某一类保障责任的医疗险产品的泛称。比如，住院 0 免赔或者有限免赔、含门急诊责任、含公立医疗机构外宾部/国际医疗部/VIP 部、较高的住院津贴、含膳食护理费/理疗费/同城急救车/检查检验费/重症监护室费/视为住院医疗的特殊门诊费等费用。

一般而言，承保或部分承保上述责任，总保额在数万元至数百万元之间，总保费在 1 千元至数千元之间的医疗险产品，可以统称为中端医疗险。

2. 主要特点

中端医疗险最大的特点就是一个“中”字。因为不管是保障、保额还是保费，它都刚好在普通医疗险（小额住院医疗险和普通百万医疗险）和高端医疗险的中间。

(1)保障

中端医疗险有一个显著的特点，就是可以覆盖门急诊费用。对于购买了中端医疗险的投保人，不管是发生了头疼脑热等小病，还是猫抓狗咬等小伤，或者是像门诊手术、肾透析、器官移植后排异治疗等复杂门诊治疗，治疗费用都可以通过中端医疗险解决。

中端医疗险还能够覆盖公立医疗机构外宾部/国际医疗部/VIP 部的医疗服务。如果我们对就医环境有一定要求，希望享受私密而不拥挤的医疗服务，购买一款中端医疗险是非常不错的选择。

另外，中端医疗险的保障范围一般包括检查检验费。在很多人的概念里，可能觉得检查费用无足轻重，其实不然。

一位罹患早期肺癌的朋友告诉我，做一项检测癌细胞有没有扩散的检查，光检查费就需要 1.8 万元，医保则完全无法报销。一个检查项目就需要花费 1.8 万元，这个数字还真挺让我震惊。虽说对于医院而言，检查是病人出院之后自愿进行的检测项目，并不属于癌症的治疗环节，因此也不会被作为常规意义上的治疗费用加以考虑。但对于患者来讲，检查却是治疗期结束后的必需项目，只有确定了癌细胞是否扩散或者如何扩散，才能判断下一步是否继续治疗以及如何治疗。

这件事情，也让我感叹作为一个健康者，我们很难模拟一场真实疾病会给人带来怎样的经济负担，正如我们很难躺在家里沙发上，听着音乐，喝着咖啡，仅靠阅读一款医疗险的责任条款，而去感同身受它对于一个躺在病床上的人有多么重要。

(2)保额

中端医疗险的保额从数万元到数百万元不等，整体而言，高于小额住院医疗险，但低于高端医疗险。从优化日常小病就诊体验和控制成本的角度，可以考虑选择 10 万至 50 万元保额的中端医疗险，含门诊责任 1 万元同时 0 免赔，这样既能解决绝大部分的日常就诊问题，还能把保费控制在较低的范围内，至于更高花费的重大疾病风险，则交由重大疾病保险和普通百万医疗险解决。

(3)保费

中端医疗险的保费高于普通百万医疗险，但总体而言还算亲民。

以30周岁的王大帅为例，如果选择一款年度保额30万元（普通住院15万元+癌症住院15万元），免赔额为0，含1万元门急诊费用，同时含住院膳食费、护理费、重症监护室费、检查检验费、手术植入器材费等一系列费用的中端医疗险，有社保情况下的保费为1 654元/年。大部分家庭都能够承受这个保费标准。

3. 什么样的人适合中端医疗险

中端医疗险涵盖的门急诊责任，对于容易因小病进出医院的儿童很有必要。其他年龄段的人群，可以根据自身经济条件和就医习惯酌情考虑。

（四）大哥——高端医疗险

如果说购买普通医疗险主要是为了节省大额的治疗费用，购买中端医疗险主要是为了得到更好的治疗体验，那么，购买高端医疗险则主要就是为了享受顶级的治疗服务和更多、更优质的医疗资源。

1. 主要特点

到了高端医疗这个层级，就是为了“享受”医疗过程而来。高端医疗险之所以“高端”，体现在以下方面。

（1）价格高端

毋庸置疑，更好的服务必然对应更高的价格。以30周岁女性为例，高端医疗险最低配的套餐保费都不会低于1万元/年，最高的甚至可以达到18万元/年，妥妥地与普通及中端医疗险拉开了距离。

（2）保额高端

说到保额高，我们不难理解。普通百万医疗险，都能花300元买到600万元的保额，高端医疗险的保额理应更高。

那最高可以有多高呢？

答案：无限高。

是的，是没有看错，的确有保额无上限的高端医疗险，被保险人花多少，就报多少，并且不限就诊的国家、医院、项目，连视力矫正手术、足部护理、辅助治疗师等费用都能加上。不过，要享受这样一份高端医疗险，那花的价格也是很高。上面讲的保费18万元/年的医疗险，对应的就是这样的服务标准。

（3）医院高端

普通百万医疗险涵盖的医院范围一般是国内二级以上公立医院的普通

部。而高端医疗险根据产品套餐的不同，最多可以涵盖全球任何医院的任何诊区。

（4）服务高端

高端医疗险的服务是多样、全面、无微不至的。比如，在国外需要翻译服务，不用担心，保险公司可以解决；一般就医需要患者先行垫付费用，而高端医疗险都是保险公司和医院直接结算，患者只要出示保险卡和预授权就能够畅通无阻地完成整个治疗过程等。有了高端医疗的庇护，连生病治疗都变成了一场愉快的体验。

2. 什么样的人适合高端医疗险

关于这个问题的答案，我用一组对话来回答会更加简单。

王大帅："高端医疗险有缺点吗？"

李大强："有缺点，就是贵！"

王大帅："贵是高端医疗险的缺点吗？"

李大强："难道不是吗？"

王大帅："当然不是，贵是你的缺点，不是它的缺点。"

李大强："……有道理。"

王大帅："所以……什么样的人适合高端医疗险？"

李大强："有经济实力的人！"

王大帅："还有呢？"

李大强："健康的有经济实力的人！"

王大帅："为什么？"

李大强："既然高端医疗险除了'贵'别无缺点，那当然能买则买，那么有经济实力决定了支付能力的问题，健康决定了承保条件的问题。如果一个人两者兼备，那当然就最适合咯！"

王大帅："精辟！哇，我从来没见你像今天这样有智慧！"

四、医疗险的"死穴"

医疗险最大的缺点，也可以被称为无解的"死穴"，在于无法终身保证续保。

（一）医疗险的"死穴"——无法终身保证续保

目前，市场上大部分的医疗险产品都是短期型产品，它的特点是交一年保一年，一旦保期结束，投保人是否具备续保资格存在不确定性。也有少数医疗险产品含有阶段性“保证续保”条款，保证期间一般为5～6年，个别产品可以达到20年，但仍然达不到终身保证续保的条件。

那么，有没有一款医疗险产品能够做到终身保证续保呢？目前市场上，有且只有一款防癌医疗险能够做到，但它的保障范围仅限于癌症，因此并不能代表整个医疗险。

基于上述原因，就出现了“纵有医疗险千般好，但非年年能买到”的尴尬局面。

（二）什么才叫真正的保证续保

在展开这个问题之前，我们先来理解一下“保证续保”的官方定义。

根据中国银保监会于2019年10月发布的《健康险管理办法》的规定：“保证续保条款，是指在前一保险期间届满前，投保人提出续保申请，保险公司必须按照原条款和约定费率继续承保的合同约定。”

我们可以看到，按照官方的标准，一款产品要实现真正意义上的“保证续保”，需要同时满足三个条件，缺一不可：

(1)保证责任不变；

(2)保证费率不变；

(3)保证接受续保。

而市场上99%的医疗险，都只能满足第(1)个条件，即保证责任不变，而保留了调整费率和决定是否续保的权利。

（三）医疗险为什么无法做到终身保证续保

究竟是什么原因，让医疗险无法做到终身“保证续保”？让我们从监管规定和保险产品设计逻辑这两方面来分析一下。

1. 原因一：监管规定不允许

我们先来看中国银保监会官方的规定。2018年6月，中国银保监会发布了《关于互联网渠道短期健康保险续保问题的消费提示》(如下图所示)，里面明确了以下三层含义。

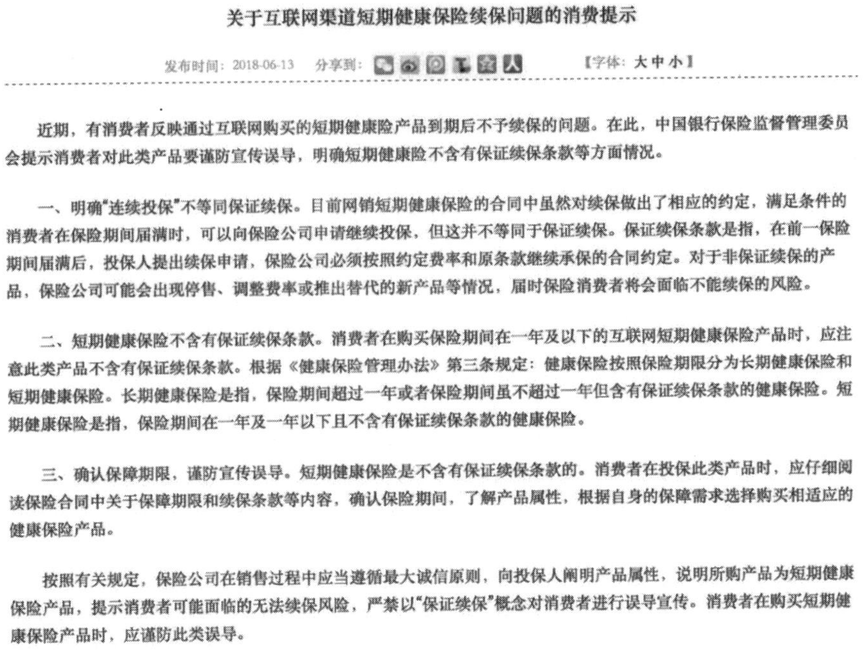

关于互联网渠道短期健康保险续保问题的消费提示

发布时间：2018-06-13 分享到： 【字体：大 中 小】

近期，有消费者反映通过互联网购买的短期健康险产品到期后不予续保的问题。在此，中国银行保险监督管理委员会提示消费者对此类产品要谨防宣传误导，明确短期健康险不含有保证续保条款等方面情况。

一、明确"连续投保"不等同保证续保。目前网销短期健康保险的合同中虽然对续保做出了相应的约定，满足条件的消费者在保险期间届满时，可以向保险公司申请继续投保，但这并不等同于保证续保。保证续保条款是指，在前一保险期间届满后，投保人提出续保申请，保险公司必须按照约定费率和原条款继续承保的合同约定。对于非保证续保的产品，保险公司可能会出现停售、调整费率或推出替代的新产品等情况，届时保险消费者将会面临不能续保的风险。

二、短期健康保险不含有保证续保条款。消费者在购买保险期间在一年及以下的互联网短期健康保险产品时，应注意此类产品不含有保证续保条款。根据《健康保险管理办法》第三条规定：健康保险按照保险期限分为长期健康保险和短期健康保险。长期健康保险是指，保险期间超过一年或者保险期间虽不超过一年但含有保证续保条款的健康保险。短期健康保险是指，保险期间在一年及一年以下且不含有保证续保条款的健康保险。

三、确认保障期限，谨防宣传误导。短期健康保险是不含有保证续保条款的。消费者在投保此类产品时，应仔细阅读保险合同中关于保障期限和续保条款等内容，确认保险期间，了解产品属性，根据自身的保障需求选择购买相适应的健康保险产品。

按照有关规定，保险公司在销售过程中应当遵循最大诚信原则，向投保人阐明产品属性，说明所购产品为短期健康保险产品，提示消费者可能面临的无法续保风险，严禁以"保证续保"概念对消费者进行误导宣传。消费者在购买短期健康保险产品时，应谨防此类误导。

关于互联网渠道短期健康保险续保问题的消费提示

资料来源：中国银保监会官网。

（1）明确概念

明确"连续投保"不等同保证续保，对于非保证续保的产品，保险公司可能会出现停售、调整费率或推出替代的新产品等情况，届时保险消费者将会面临不能续保的风险。

（2）强调定义

短期健康保险不含有保证续保条款，短期健康保险的定义，就是指保险期间在一年及一年以下且不含有保证续保条款的健康保险，而这样的短期型产品就是目前市场上医疗险产品的主要形态。

（3）防范误导

确认保障期限，严禁以"保证续保"概念对消费者进行误导宣传。

从上面的内容我们可以看到，对于不保证续保，官方的态度是明确的，不含糊的，所以，医疗险想要从条款层面给予消费者"保证续保"的保障是不可能的。

2. 原因二：产品设计逻辑不允许

抛开监管规定不看，我们单从产品设计逻辑上来分析，也能得出"医疗险要做到保证续保的难度极大”这样的结论，主要有两方面原因。

(1)短期险种如果承担长期风险，定价存在困难

由于大部分医疗险为一年期产品，因此其的定价原则与寿险、重大疾病保险等长期型险种有所不同。具体而言，长期型险种因为需要覆盖更长的时间跨度，所以在定价时会将整个保障期间的保障成本、营销费用、利润空间、通货膨胀等都考虑进去，然后分摊到每张保单的每个交费年度。而短期型险种的定价只考虑当年的情况，在当年可预判的费率水平和理赔概率下，不可能以保证续保的形式为被保险人锁定未来数十年的风险。这也是为什么长期型险种要比短期型险种贵很多，因为承担的责任和对应的成本完全不同。

(2)未来医疗水平及费用存在不确定性

医疗险保障的是被保险人在保险期间内生病住院的花费，也就是说，如果是一年期且不保证续保的短期医疗险，保险公司只需要参考产品发售当年的疾病治疗花费数据再结合发病率就可以进行产品定价了。如果产品保障期间为数年甚至数十年，则意味着保险公司在产品定价时需要将未来医疗费用的变化一并考虑进去，而这是一件极有难度的事情，因为未来的医疗技术、治疗成本以及疾病种类、人均寿命等都充满了不确定性。

(四)什么情况下可能面临无法续保

那么，一般在什么情况下，我们可能面临不能续保？主要有以下四种情况。

(1)产品停售，就是说你买的这款产品，人家保险公司已经不卖了，那当然就无保可续了。

(2)被保险人健康状况显著恶化或者已经发生了理赔，保险公司不再接受续保。就是说买一年保一年，如果这一年中身体变差或发生了理赔，第二年续保时，就会被保险公司的健康告知挡在大门外。

(3)保险公司不会因为被保险人的健康状况变化或是否发生过理赔而拒保，但会单独增加费率。就是说，即使被保险人身体变差或发生了理赔，保险公司仍然同意续保，但会要求额外增加保费用来平衡收益和风险。

(4)保险公司不会因为被保险人的健康状况变化或是否发生过理赔而拒保，也不单独调整费率，但会整体调整费率。相对于上一条，这条就是把一个人的风险价格加到了购买该款保险的其他全部人身上，如果有人身体变差或发生了理

赔，则调整整个产品的费率，对全部投保人一视同仁。

从上面四种情况看，情况(1)对于任何一款产品都无法避免，所以在一份科学的家庭保障配置方案中，我们还需要配置能够保障长期的重大疾病保险作为互补。

情况(2)是最糟糕的一种情况，这意味着被保险人一旦身体出现状况，第二年这款保险就妥妥地与TA无缘，被保险人在最需要保障的时候却遭遇了拒绝续保，这样的体验一定非常糟糕。

情况(3)和(4)难分伯仲。情况(3)在一定程度上体现了定价的公平性，非健康的人承担更多，健康的人承担更少，也在一定程度上缓解了产品因"赔穿"而被停售的风险。但是，情况(3)可能导致非健康或已经理赔过的人面临保费大幅上涨，让人难以承受的风险。我们想象一下，假如一个人因为发生了理赔，第二年购买百万医疗险的保费变得像重大疾病保险一样高，那对TA而言购买百万医疗险还有什么意义？对于一个需要雪中送炭的人，我们应该思考如何给TA更多，而非拿走更多。

情况(4)用"大锅饭"的方式平摊了非健康人群面临的更高风险，对个人来讲，调整整体费率一定比调整个人费率更加温和，缺点就是会增加产品因"赔穿"而停售的风险。举个简单的例子，当一款产品条款优秀，价格低，保额高，服务无可挑剔，那么很多人都会去买，买的人多了则赔的人也一定多，从而造成产品价格大幅上涨。这时，新客户一看，产品价格已经超过市场均价了，没有竞争力了，于是买的人就少了。这边旧客户在继续赔，那边新客户又不进来，那么这款产品迟早就要停售了，这时旧客户也续不了了。

(五)如何减少医疗险无法续保的影响

看到这里，有人可能会问："既然无法续保不可避免，那是否有办法减少它给我们带来的负面影响呢？"

答案：有办法。

这里有两个方法可以教给大家：一个是药方，属于"名门正派"，适用于99%的人；一个是偏方，属于"旁门左道"，适用于1%对"保证续保"有特别追求的人。

1. 药方

购买长期重大疾病保险＋短期百万医疗险组合，长短结合，所向无敌。

2. 偏方

同时购买三款不同公司的百万医疗险，这样除非出现三款同时停售的极端情况，我们至少手里都会有一两款作为备用。

五、总结

到这里，关于医疗险的基本情况就已经介绍完毕。最后，我总结了一张导图（如下图所示），供大家按需索骥，轻松找到适合自己的医疗险。

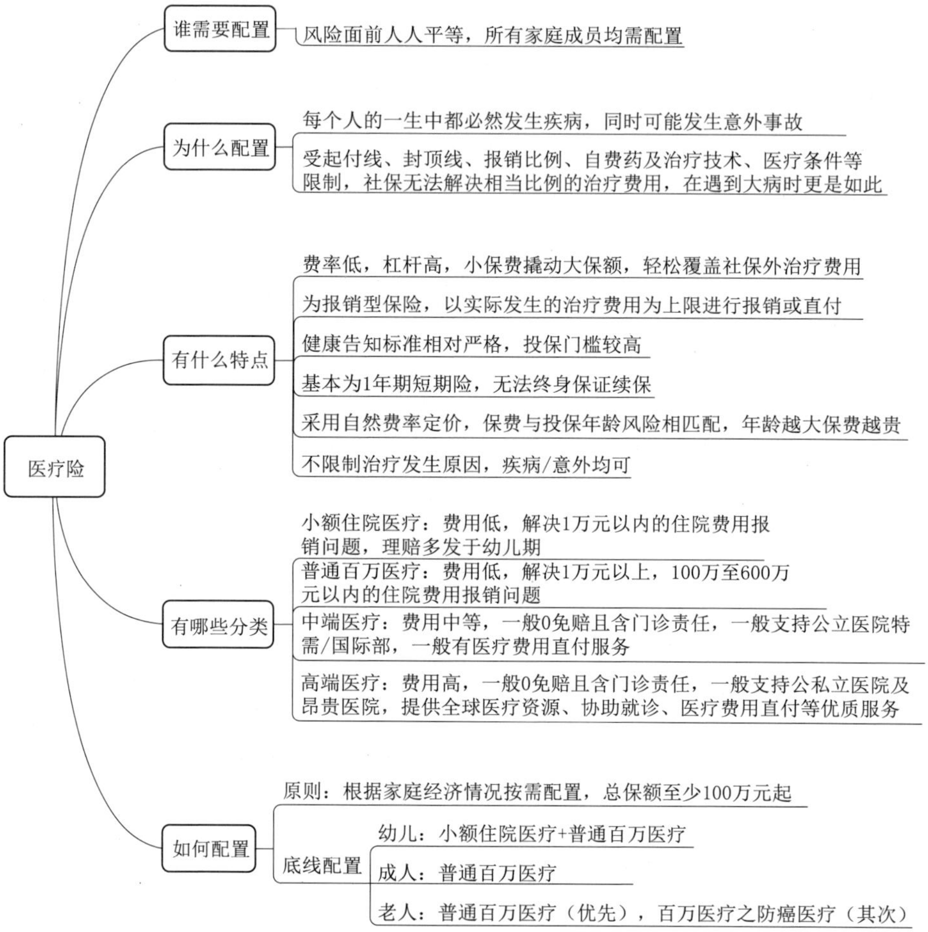

医疗险概要导图

全面解析家庭必备四大保险之意外险

在挑选意外险的过程中，与其片面地追求高保额，不如仔细看清保障责任。因为任何一份保额兑现的前提，都是发生了合同约定的保险事故，保障责任是“1”，而保额是“0”。只有先有了“1”，后面的“0”才有意义。

意外险，顾名思义，保障的就是发生意外的风险。

根据《人身保险公司保险条款和保险费率管理办法》第十二条规定：“意外伤害保险是指以被保险人因意外事故而导致身故、残疾或者发生保险合同约定的其他事故为给付保险金条件的人身保险。”

什么是意外事故？

我们来看看某款意外险合同中对“意外事故”的描述：“指因遭遇外来的、突发的、非本意的、非疾病的、不可预见的客观事件，并以此为直接且单独原因导致其身体伤害、残疾或身故。”

一、意外五要素

所谓的意外，一定要满足五个要素。

1. 外来性

意外需要是外来的，所以事故的发生不是来自体内，而是身体外部的原因导致的，如不慎落水、交通事故、雷击等。

2. 突发性

意外需要是突发的，诸如中暑之类的不赔。因为天气不是高压锅，可以从20度立马升温到40度，而天热需要防暑是生活常识，所以中暑被认为是可预见和可避免的，不属于突发事件。

3. 非本意

意外需要是非本意的，所以自杀、自残不赔，主动制造的意外也不赔。

案例

浙江省丽水市缙云县李某父子俩以开车开到河里为理由，先后十几次从保险公司骗取保险款额500多万元，被保险公司发现后报案，法院判处李某父子俩9年到14年不等的有期徒刑。因此，遇到这样的案件，保险公司是不赔的。

4. 非疾病

意外需要是非疾病的，所以猝死不赔。

人们很容易把猝死理解为意外，其实猝死的内涵可以归纳为六个字："因病突然死亡"。临床上，猝死可分为两大类，即心源性猝死和非心源性猝死。从病理生理改变的角度，又可将心源性猝死分为两种类型，即心律失常型猝死和循环衰竭型猝死。所以，我们可以知道，猝死的内因是基本，不是意外。

5. 不可预见性

意外需要是不可预见的客观事件，与之对应的就是可预见的主观事件。

案例

王某明明知道一栋危楼摇摇欲倒，他不顾警示牌的提醒，冲过安保人员的阻拦，翻越围栏进去抽烟，结果危楼倒塌，王某身故。这样的情形，保险公司也是不赔的。

二、意外险的分类

根据保障时间和责任类型的不同，意外险可以分为以下类型。

（一）保障时间

按照保障时间划分，意外险一般可以分为两类。

（1）短期意外险：保障时间一般为数天（旅游险）或1年。

（2）长期意外险：保障时间一般为20年或30年。

（二）责任类型

按照保障责任划分，意外险一般有五种责任类型，在保险实务中，不同的意外险产品会采用不同的责任组合。

（1）意外身故/残疾/全残的赔付责任，为一次性赔付。

（2）意外医疗责任，为报销型，先垫付后凭发票报销。

（3）住院津贴，按天计算，额外给付。

（4）特定意外方式导致的身故/残疾/全残的额外赔付责任。

（5）给付满期生存金的责任（仅限长期意外险）。

这个问题应该怎么理解呢？

我们可以把上述五种责任理解为五种水果，分别是苹果、梨、葡萄、橙子和樱桃。而意外险本身就像是一个果篮，用来装这些水果。那么，A果篮里装有苹果和梨这两种水果，就好像A款意外险包含了"(1)+(2)"两种责任类型；B果篮里装有苹果和樱桃这两种水果，就好像B款意外险包含了"(1)+(5)"两种责任类型，以此类推。

在保险实务中，上述五种责任类型仅为常见责任举例，真实情况及组合方式不一而足。比如，对于责任"(1)"，部分产品会将其中的"残疾"责任剔除，仅赔付身故和全残，这需要我们格外注意。

三、意外险详解

意外险最主要的分类方式即为短期型和长期型，详细解读如下。

(一)短期意外险

短期意外险为消费型险种，交一年保一年，价格便宜，责任丰富，选择面广，续保简单。部分短期意外险还支持自由定制产品责任的功能。购买这样的意外险就好像餐馆点菜，每种责任就像一道菜品，要吃什么菜品就选择什么责任，统统可以在投保时自由勾选，最后系统会根据点菜结果统一算价，真正实现了私人定制，并且价格与其他产品并无二致。一份普通的成人定制意外险，价格也只需要一两百元而已。

案例

王大帅今年30周岁，为自己DIY了一份意外伤害主险(含身故/全残/残疾责任1～7级)20万元，意外医疗1万元(社保后报销100%，免赔额0)，航空意外60万元，公共交通40万元，自驾车20万元，意外住院补贴100元/天，附加扩展社保外用药1 000元的意外险，价格为259元/年。

大家看，王大帅给自己DIY的意外险，保障内容不少，身故、伤残、医疗面面俱到，还有额外的住院补贴和社保外用药，可保费并不高，才区区259元/年，可以算是经济实惠。

(二)长期意外险

长期意外险为储蓄型险种，大部分产品一般交5～20年，保20～30年，期满按照给付金额的110%～120%返还。

一般而言，长期意外险主要针对出行意外设计，如被保险人在约定的交通工具(如公共交通、私家车、飞机等)中,因意外发生身故/全残/残疾情况,可以最高赔付 100 万元至 500 万元。但是,如果被保险人在其他普通场景发生意外,则只会按照其基本保额(如 10 万元至 30 万元)进行全额或比例赔付。

从价格上看,因为长期意外险兼具了风险保障与理财储蓄的双重功能,因此价格会比短期意外险高出不少。

案例

王大帅今年 30 周岁,为自己购买了一份长期意外险,基本保额 20 万元,最高可赔付 500 万元,交费期限 20 年,保障期限 30 年,保障责任见下表。

保障责任

单位:元

身故责任						
发生特定意外并在 180 天内身故,赔付以下保额且合同终止						
意外类型	航空身故	特定公共交通身故	自驾车身故	重大自然灾害身故	一般意外身故	疾病身故
赔付金额	500 万	200 万	200 万	40 万	20 万	已交保费 160%
残疾责任						
发生特定意外并在 180 天内身故,赔付以下保额且合同终止						
意外类型	航空全残	特定公共交通全残	自驾车全残	重大自然灾害全残	意外全残	疾病全残
赔付金额	500 万	200 万	200 万	40 万	20 万	已交保费 160%
生存责任						
30 年期满仍然生存,给付已交保费的 110%						

王大帅购买此款长期意外险的价格为 2 022 元/年,为前款短期意外险价格的 7.8 倍。

我们来仔细看一下这款意外险的保障责任。

从保额上看,这款意外险的保额的确很高,最高可以达到 500 万元。但是,这有一个前提条件,即:王大帅需要以航空事故的形式发生全残或者身故,才能赔付这 500 万元的高保额。

那么,人们发生航空事故的概率会有多大呢?我们都知道,飞机是世界上最安全的交通工具。据报道称,如果一个人每天都坐飞机,TA 要连续飞 3 223 年才会遇到一次航空事故。

也就是说,王大帅要想中到这 500 万元的"头彩",是一件极小概率的事情。

当然，我相信没有人购买意外险是为了“中头彩”，特别是这“头彩”的代价还是身故或者全残。那么，对于这款意外险而言，有没有其他“温和”的保障责任可以覆盖我们常见的意外风险呢？

答案：很抱歉，没有！

与短期意外险能赔付残疾、意外医疗、意外住院津贴不同，这款超高保额的长期意外险的保障责任非常单一，仅限于赔付身故和全残责任。这对于保险公司来讲，理赔的概率又被大大降低了。

开个玩笑，这就好像杨过被郭芙不小心砍断了一只胳膊，按道理这都已经算四级伤残了，可如果杨过买的是这款意外险，他就一分钱都拿不到。

（三）两款意外险责任对比

我以王大帅为例，将两款意外险的保障责任进行对比，具体如下。

假设王大帅是一位车间工人，有一天，他在操作机器时不幸将眼睛弄伤，导致一眼低视力大于等于1级，属于《人身保险伤残评定标准及代码》评定的10级伤残。王大帅因为细菌感染住院治疗2天，花费3 000元，其中社保报销1 000元。

假设王大帅在出事前购买了短期意外险，则赔付金额为：

200 000元×10%（10级伤残赔付比例）+（3 000－1 000）元+2×100元＝22 200元。

而假设王大帅在出事前购买了长期意外险，则赔付金额为0。

是的，你没有看错，就是0，因为后者的保险责任不包括残疾、意外医疗和住院津贴。看到这里，你认为这两款意外险中，哪款的性价比更高，适用面更广呢？

根据上面的例子，我们可以得出一个结论：在挑选意外险的过程中，与其片面地追求高保额，不如仔细看清保障责任，因为任何一分保额兑现的前提，都是发生了合同约定的保险事故，保障责任是“1”，而保额是“0”。只有先有了“1”，后面的“0”才有意义。

（四）知识科普：全残VS残疾

通过前面的例子，我们知道了部分意外险产品仅赔付全残责任，而不赔付残疾责任。那么，残疾和全残有何区别？

具体来讲，意外险中的残疾是指《人身保险伤残评定标准及代码》中定义的内容，这套标准详细列举了人身保险伤残程度的评定等级以及保险金给付比例的原则和方法，把人身保险伤残程度分为1至10级，保险金给付比例分别为100%至10%。

而意外险中的全残是指需要满足以下八项条件之一，具体为：双目永久完全失明；两上肢腕关节以上或两下肢踝关节以上缺失；一上肢腕关节以上及一下肢踝关节以上缺失；一目永久完全失明及一上肢腕关节以上缺失；一目永久完全失明及一下肢踝关节以上缺失；四肢关节机能永久完全丧失、咀嚼吞咽机能永久完全丧失；中枢神经系统机能或胸、腹部脏器机能极度障碍，终身不能从事任何工作，为维持生命必要的日常活动，全需他人扶助的。

通过对比，我们可以看到，全残的严重程度远远高于普通残疾，这也意味着对于被保险人和保险公司而言，全残发生的概率也会比残疾更低。因此，如果我们想要购买一款具有普适性的意外险，仅有全残责任当然是不够的。

四、如何购买意外险

风险面前人人平等，每个人都需要配置意外险。那么，我们如何配置意外险呢？这就需要从保障金额、保障责任和保障期限这三个方面来确定。

（一）保障金额

意外险按照伤残等级分级赔付，即：保额100万元的意外险，如果被保险人发生了5级伤残，则赔付金额为60万元。

计算方法：100万元×60%（5级伤残赔付比例）＝60万元

因此，意外险的高保额有点像一种“虚高”，我们应该结合实际情况，将自己的保额也从高配置，建议总保额不低于被保险人的5倍年收入且不低于100万元。只有这样，才能在赔付可能“打折”的情况下，依然拥有基本的风险保障。

（二）保障责任

意外险的保障责任种类较多，我们可以根据自己的需求任意组合。一般来讲，意外医疗责任都是必不可少的部分。因为在日常生活中，相对于意外残疾/全残/身故等严重事故而言，擦伤碰伤、猫抓狗咬、跌打摔伤等普通意外伤害才是发生频率更高的常见事故，对于儿童和老人更是如此。因此，从应用普适性的角度讲，高意外医疗责任会比高意外伤害保额更加实用。

（三）保障期限

意外险分为短期型和长期型，从性价比和应用普适性角度，建议配置一年期短期险。因为意外险的投保门槛很低，除了某些特定职业不在承保范围之外，我们基本不需要担心无法续保的问题。因此，我们完全可以秉着"喜新厌旧"的心态，每年都为自己配置市场上最优条款的意外险。

长期意外险基本为返本型，拆开保障责任来看，性价比一般不高。另外，长期意外险大多不包含意外医疗责任，甚至部分不包含残疾责任，需要我们在选择时审慎甄别。

综上，我用下图为大家阐述配置意外险需要关注的要点。

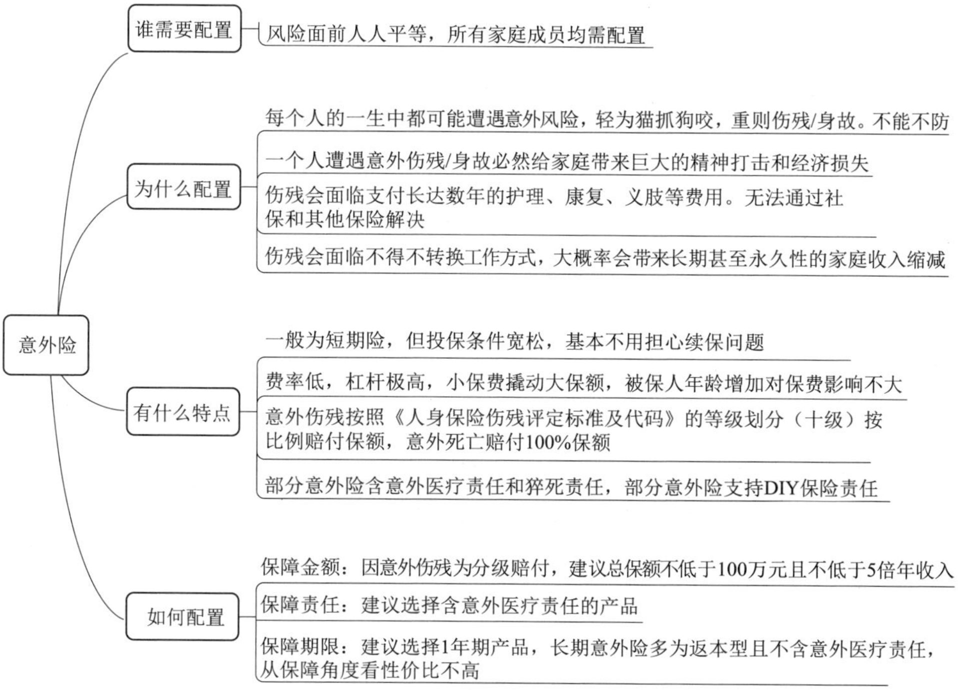

意外险概要导图

五、其他重要事项

在购买意外险的过程中，除了上述内容外，还有一些重要事项需要提示。

1. 关于未成年人身故最高赔付保额的限制

根据中国银保监会的规定，不满 10 周岁的孩子，累计身故保额不得超过 20

万元；已满 10 周岁但未满 18 周岁的孩子，累计赔付不得超过 50 万元。因此，当我们给孩子配置意外险时，建议重点关注意外医疗责任的金额而非意外身故保额，而那些只保身故/全残的高额返还型意外险，就更加没有配置的必要了。

2. 部分意外险特殊条款的限制

少数意外险会将部分“约定俗成”的保障责任排除在外。比如，对坠亡和溺水进行免责或降低保额，把猫抓狗咬的意外医疗责任进行排除等。虽说这样的意外险往往会在业内掀起一片怼声，但我们作为消费者，怼不怼都不重要，买的时候看清楚条款才比较重要。

3. 意外险保障地区的限制

普通意外险的保障责任都不含境外发生的意外风险。因此，对于出国旅游的朋友，一定记得提前给自己买一份境外旅游意外险，价格不高，但很有必要。

4. 特殊的意外险——旅游险

关于旅游险的内容，我会在后面的章节详细展开，此处仅做概要介绍。

首先需要明确的是，我们常说的旅游险也属于意外险，是意外险的一个分支，但旅游险因为侧重保障人们在旅游过程中发生的风险，因此其责任范围与普通意外险会有所区别。

我们来看某款境内旅游险的保障内容：

意外身故及伤残、意外医疗、猝死、紧急医疗运送和送返、身故遗体运返、亲友慰问探访费用、个人行李及随时物品、个人及宠物责任、公共交通意外身故及伤残、行李延误、自驾车意外身故及伤残、紧急拖车服务、路边快修服务、紧急换胎服务、修车期间酒店住宿服务/修车期间继续旅行服务（二选一）。

另外，此款旅游险还承保海拔 6 000 米以下的休闲旅游，远足徒步，登山运动，露营，骑马游玩和滑雪。

你们看，这款旅游险的保障内容，林林总总包括了 15 项服务和 6 种特定娱乐方式，是不是比主要保障交通意外、跌倒摔跤、猫抓狗咬的普通意外险更让人眼花缭乱呢？别着急，我们用案例来理解一下。

案例

假设王大帅是一个登山爱好者，一次他去爬海拔 6 000 米的四姑娘山，快到山顶时突然缺氧摔倒导致膝盖受伤不能行动，山顶寒冷，空气稀薄，非常危险。

这个时候，他能够怎么办？

案例分析

情景一：王大帅购买了上述旅游意外险

如果他购买了上述旅游意外险，可以立马给保险公司打电话申请紧急医疗运送，保险公司会联系专业救援机构把王大帅运送到就近的医院就诊，全部费用由旅游险支付。王大帅在被救援过程中丢失了一件价值500元的外套，由旅游险赔偿。王大帅因伤需要住院治疗10天，花费1万元，由旅游险报销。王大帅在当地举目无亲，住院期间无人照顾，王大帅的父亲专程从老家花1 000元买经济舱机票前来照顾，机票也由旅游险报销。

情景二：王大帅购买的是一份普通意外险

如果王大帅购买的只是一份普通意外险，那么很抱歉，此时的他什么都不能做，只有自求多福，靠自己努力回到安全地带。并且，因为其膝盖损伤是在海拔6 000米的四姑娘山的攀岩过程中发生，不在普通意外险的承保范围，因此也无法找保险公司理赔。

综上所述，旅游意外险涵盖了许多我们在日常生活中不常遇到，但在旅游过程中却可能发生的特定状况。因此，对于出门旅游的人非常实用，同时价格也非常便宜，一般国内的旅游险，价格从1元/天到几十元/天不等。所以，出门旅游，大家一定要记得给自己配上一份经济又实用的旅游意外险。

全面解析家庭必备四大保险之重大疾病保险

重大疾病保险的保障责任虽然丰富，但理解起来并不复杂。简单地讲，重大疾病保险就好像一棵树，保险产品必须遵守的法律法规是树根，重大疾病保险的主体结构为树干，主要保险责任是大树枝，具体条款是小树枝，更细节的约定就是各种分枝了。

作为健康险家族成员之一，重大疾病保险一直都扮演着非常重要的角色。因为重大疾病保险要么用不上，一旦用上都是大事，不管是疾病本身还是获赔金额，对患者及其家庭都足够重要。

本节就是帮助大家更清晰、全面地认识重大疾病保险，从而懂得让它为我们的生活提供更好的帮助。

一、重大疾病保险的起源

曾经，一位女士找到南非著名的心脏外科医生——伯纳德博士，希望他能为她做肺部癌细胞的切除手术。手术非常成功，手术后，伯纳德博士告诉她，如果她回去好好休息，可以再活 10 年以上。可是，当这位女士再来复查时，伯纳德博士发现她的状况非常糟糕。原来，她为了养活两个孩子，回去之后立刻投入了工作，过度劳累导致癌细胞转移。她很快就去世了。

这件事对伯纳德博士造成了很大的刺激，他发现，哪怕是医术再高明的医生，也只能拯救患者的生理生命而非经济生命。这意味着，哪怕病人可以轻松走出医院，但 TA 回去面对的仍旧可能是不可避免的死亡。于是，他与一家保险公司达成合作，在 1983 年推出了世界上首款给付型的重大疾病保险，涵盖了当时高发的四种疾病：癌症、急性心肌梗死、脑中风、冠状动脉搭桥手术。就是这款粗糙、简单的重大疾病保险，成为现代重大疾病保险的起源。

二、重大疾病保险的今生

根据2020年中国保险行业协会、中国医师协会制定的《重大疾病保险的疾病定义使用规范修订版(征求意见稿)》的表述："保险公司将产品定名为重大疾病保险，且保险期间主要为成年人(十八周岁及以上)阶段的，该产品保障的疾病范围应当包括本规范内的严重恶性肿瘤、较重急性心肌梗死、严重脑中风后遗症、重大器官移植术或造血干细胞移植术、冠状动脉搭桥术(或称冠状动脉旁路移植术)、严重慢性肾功能衰竭；如果该产品还保障了保险金额低于上述六种重度疾病的其他疾病，则还应当包括本规范内的轻度恶性肿瘤、较轻急性心肌梗死、轻度脑中风后遗症。除前述疾病外，对于本规范疾病范围以内的其他疾病，保险公司可以选择使用；同时，上述疾病均应当使用本规范的疾病名称和疾病定义。"我们可以合理地得出结论：重大疾病保险是一种以"被保险人是否罹患法律规定及保险合同约定的重大疾病"作为给付保险金条件的健康保险。

相对于同为健康险的医疗险而言，重大疾病保险有着显著不同的四大特点。

1. 给付型保险

与报销型的医疗险不同，重大疾病保险是定额给付型保险，即被保险人只要符合合同约定的赔付条件，保险公司就会按照约定一次性给付理赔款，这对于真正急需用钱的病人，可以解决其燃眉之急。

2. 保障期限灵活

与短期型的医疗险不同，重大疾病保险的保障期限非常灵活，既可以保定期，也可以保终身，部分产品还可以仅保1年，完全根据投保人的需求和经济条件自由定制。同时，对于终身型的重大疾病保险产品，我们也不需要像医疗险那样，提心吊胆地随时准备面对"产品停售""无法满足续保条件"等无解的难题。

3. 资金使用灵活

与强制要求资金用途的医疗险不同，重大疾病保险的资金使用非常灵活，

"只管赔，不管花"，不会限制保险赔付金额的用途。因此，被保险人拿到保险金之后，是用来治病还是旅游，完全随其安排。

4. 保障责任灵活

与固定条款的医疗险不同，重大疾病保险的保障责任十分丰富且相对灵活。

比如，一款重大疾病保险的责任范围可能包括：疾病责任（轻症、中症、重疾），豁免功能（被保险人、投保人），赔付次数（单次、多次），是否分组（分组、不分组），是否带身故责任（带身故、不带身故），身故责任如何赔付（现金价值、保费、保额），保障时间长短（短期、定期、终身），两次重疾赔付间隔期长短（1 年、3 年、5 年），是否附加特定疾病额外赔付（加、不加）等。

重大疾病保险的保障责任虽然丰富，但理解起来并不复杂。简单地讲，重大疾病保险就好像一棵树（如下图所示），保险产品必须遵守的法律法规是树根，重大疾病保险的主体结构为树干，主要保险责任是大树枝，具体条款是小树枝，更细节的约定就是各种分枝了。

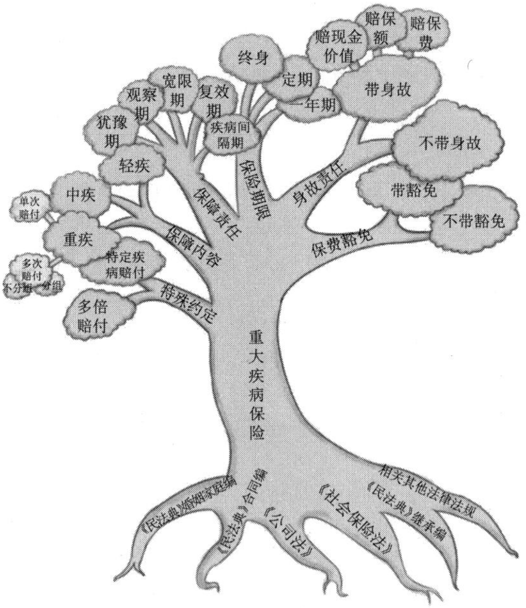

重大疾病保险组成结构拆解图

因此，在我们在购买重大疾病保险时，部分内容为必选条款，比如树根和树干，这是由重大疾病保险作为一款合法保险产品的性质决定的。而其他的大小树枝及分杈，则可以根据产品要求支持不同程度的定制，供我们根据需求和预算灵活选择。

三、为什么要配置重大疾病保险

我们为什么要配置重大疾病保险？在回答这个问题之前，我们先来看一个真实的故事。

王医生曾经是某医院有名的“一把刀”，心脑血管相关的疑难手术都由他来主刀。因为工作辛苦，经常一天几台手术连着转。所以，他的太太没有上班，在家照顾两个小孩的生活和学习，王医生也成了家里唯一的经济支柱。

有一段时间，王医生感到头晕头痛，伴随着视力模糊，经检查发现自己患了良性脑肿瘤且引发了视神经萎缩。后来经过开颅手术，王医生基本康复，但他的视力却因此受到了严重影响，再也无法操刀高精度的心脑血管手术。于是，医院不得不把王医生调离一线，安排他到内勤岗位做一些基础性工作，曾经的“一把刀”从此“退出江湖”，收入也较之前降低了70%。因为这样的变故，王医生的太太也被迫出来找工作，把两个小孩带回老家让父母照顾，以减轻家庭的经济压力。

就这样，一个原本殷实幸福的中产家庭，就因为王医生的一场疾病，彻底改变了原来的轨迹，给未来的生活也增加了许多不确定性。

（一）假如王医生有重大疾病保险，结果会怎么样

我们来假设一下，如果在患病前，王医生就给自己配置了充足的重大疾病保险，那结果会怎么样呢？

王医生在确诊良性脑肿瘤后，立刻实施了开颅切除术，花费了20万元。其中，社保报销金额为10万元，剩余10万元为自费。假设王医生有100万元保额的重大疾病保险和足够的医疗险，那么，这10万元自费部分可以由医疗险进行报销，王医生不需要花1分钱。同时，因为王医生被确诊了良性脑肿瘤且实施了切除术，符合重大疾病保险的赔付条件，于是王医生得到了100万元的理赔金。不仅如此，如果这是一份支持多次赔付且带有被保险人豁免功能的保险，王医生后续所有保费都不用再交，保单继续有效且保障终身。

之后，王医生可以将这100万元赔款用于负担全家未来3～5年的生活开

支。因为有了经济支撑，他们一家人依然有条件继续生活在一起。王医生可以更从容地从长计议未来的发展方向，王太太可以有 3～5 年的时间来准备重新进入社会，两个孩子也不用被送回老家成为“留守儿童”。总之，因为有了经济支撑，王医生全家人的生活都不至于因为这一场病乱了阵脚，他们的人生轨迹也不会因此发生急转直下的改变。

（二）我们为什么需要重大疾病保险

其实，在上面的案例中，王医生治疗花费的金额并不算高，除掉社保报销的部分，自费金额只有 10 万元而已，属于完全能够承受的范围。可是，这场疾病对他产生的影响，却远远超出这 10 万元所能衡量的范围，甚至可以说，这场疾病直接结束了他作为“一把刀”的职业生涯，对他的人生产生了无法衡量的损失。

回到这个问题，我们为什么需要重大疾病保险？理由如下。

1. 为了弥补无法衡量的损失

唯有重大疾病保险才能在我们遭遇重大疾病时，给予我们全方位的保护。这样的保护，可能体现在弥补未来 3～5 年的收入损失，体现在承担无法报销的治疗费用，体现在家人或护工护理的开支，体现在长期中药调理的开支，体现在器官移植供体的寻找，体现在其他无法提前预测的任何花费，等等。

2. 为了覆盖昂贵的隐形费用

在现实生活中，人们常常容易把重大疾病保险理解为“一种转移医疗费用风险”的保险，认为如果疾病本身治疗费用不高则没有配置的必要。这其实是一种严重的认知偏差，既误解了重大疾病保险的功能，也轻视了重大疾病可能带来的后果，同时还低估了现实生活中隐形治疗费用和后期康复费用的庞大。

以器官移植为例，一位三甲医院资深心脏外科医生曾在自己的书中说过，器官因为供体非常紧缺，因此价格也十分昂贵。在合法的人体器官市场，眼角膜是 2.44 万美元；心脏是 99.77 万美元；肝脏是 55.71 万美元；肾脏在中国是 6.2 万美元，在美国为 26.29 万美元。并且，中国每年有 150 万病人需要器官移植，但真正能有幸移植的病人只有 1 万人，达到了 1∶150 的比例。

因此，如果没有充足的重大疾病保险作为支撑，一旦罹患重大疾病，我们很难迈过这些命运的残酷关卡。

3. 为了安度患病后的生活

在现实生活中，有时人们可能会说：“得了重大疾病不可怕，我卖一套房子就可以了。”对于这样的观点，我觉得还是不够“设身处地”，比较理想化，主要有四个理由。

（1）房产价值≠转化获利价值，“血亏”是必然结果

对于任何一套房产，市场价值500万元和能够短时间内变成500万元现金拿到手上，这是两码事。这一方面是因为有价无市的现象普遍存在；另一方面是急售一定会有相当程度的价值损失，对于别墅或者商住类房产更是如此，打折30％～50％都非常正常。

（2）转化获利时间不确定，未必能赶上治疗安排

即便人们愿意“血亏”，房产从出售到真正收到房款的时间是3个月还是半年甚至更久，这些都是未知数，不一定赶得上疾病的治疗安排。

（3）逐步“试探”是人性常态，可能影响资金筹措

在现实生活中，几乎不会有人在确诊第一时间就做出“倾尽全力”的财务安排，人们都会在与医生的沟通和对疾病的“试探”中，逐步确定治疗方案。在这个过程中，人们也容易因为各种“纠结”、“不舍”或“侥幸”而耽误病情和资金的筹措。

（4）能否平稳渡过康复期是关键

如果这场重大疾病的花费足够让人产生心理压力，那么，人们为了减少损失或维持生活，再加上一点侥幸心理或者对疾病的低估，往往都会很快复出工作。这样的情况，哪怕放在明星身上也不例外。

曾经有一位明星在北京有一套别墅，因为是按揭的，所以购买之后仍然需要努力工作。有一天，他被确诊为肝癌，于是做了肝移植手术。手术非常成功，可在手术后没几个月，他为了还别墅的按揭又投入拍戏。于是，与伯纳德医生的那位病人一样，他的癌细胞很快就转移了，所以他做了第二次肝移植手术。但最后，他还是在很短的时间内去世了。在他去世之后，他的别墅也以很低的价格被卖掉了。

这时，可能有人会问：“他当初为什么不把别墅卖掉好好养病呢？”

其实，要回答这个问题并不简单，也非常考验人性。我们要知道，不到万不得已，没有任何人愿意轻易卖掉自己居住的房子，因为这不仅仅是一套房子，更是我们的家，里面的一桌一椅，都有家的温度和情感。另外，也没有任何人能够

预知疾病是会逐渐康复还是继续恶化。人生就是一场“如人饮水,冷暖自知”,不管是伯纳德医生的病人还是这位明星,当初一定都是因为钱的问题,为自己的舍命拼搏赋予了“不得不为之”的理由,最终付出了生命的代价。

四、重大疾病保险应该怎么买

一般而言,重大疾病保险的期限分为三种:短期(一年期)、定期(十年至数十年)和终身。那么,我们应该如何选择重大疾病保险的期限呢?

同样的,在回答这个问题之前,我们也先来看一个故事。

(一)情景案例——面对刺客,你想要穿多久的甲衣

假如我们在武林江湖中,不小心结了一个仇家。于是,仇家请了一位武功高强的刺客,随时可能对我们造成伤害。这时,一位高人告诉我们,我们只需要穿上一件特殊的甲衣,就不用担心刺客的偷袭。

我们应该在什么时间穿上甲衣呢?这取决于刺客选择在什么时候进行偷袭。可是,我们永远不会知道刺客会在何时偷袭。所以,对于我们而言,最好的办法就是随时随刻都穿好甲衣。

这时,甲衣店老板说:“这个甲衣我今年卖给你,明年不一定卖给你,并且以后别的甲衣店也不一定卖给你,即使卖给你,价格也一定会贵很多。”

试想一下,如果我们听到这个消息,会不会很紧张?我们会不会希望买到一件甲衣,可以让我们一直、永远、一辈子穿下去?

然后,甲衣店老板又说:“我可以卖你一件可以穿一辈子的甲衣,但价格要贵3倍,但是我可以承诺,如果你一直都没有遇到刺客,你随时可以把甲衣退给我,我也会把一部分钱退给你。另外,如果你一辈子都没有遇到刺客,你身故的时候,我不仅把钱全部退给你,还会额外多给你一些钱,你愿意吗?”

我相信这个时候,我们一定都会异口同声地说:“我愿意!”

故事到这里就讲完了,这个故事非常形象地描绘了重大疾病保险对于我们人生的作用。那位藏在暗处随时可能偷袭我们的刺客就是重大疾病,而那件特殊的护体甲衣,就是我们的重大疾病保险。

重大疾病会在什么时间偷袭我们,我们知道吗?当然不知道。因此,对于我们而言,最好的办法,就是随时保证自己拥有足够的保险,让自己随时处于甲衣的保护之中。于是,一份终身型重大疾病保险就是最好的选择。

假如我们仅选择了短期或定期重大疾病保险，终有一天，我们一定会遇到前面故事里讲到的“这个甲衣我今年卖给你，明年不一定卖给你，并且明年、后年、再后年……别的甲衣店也不一定卖给你，即使卖给你，价格也可能贵很多”的问题。因为，随着年龄的增加和身体素质的下降，我们迟早会被重大疾病保险拒在投保门槛之外，区别仅在于时间早晚而已。

所以，关于重大疾病保险的保障期限，建议按照以下优先级配置。

(1)最优选择——终身型

优点：终身保障一步到位，没有无法续保的风险，从长期看整体成本最低。

缺点：从短期看，产品价格较高，如果保额较大，可能给投保人一定经济压力。

(2)次优选择——终身型＋定期型

优点：将保额拆分，分别购买终身型和定期型，用一部分额度保障终身，剩下部分额度保障家庭责任最大的时期(建议至少到70周岁)，整体成本低于全部选择终身型。

缺点：有一部分保额未覆盖终身，如果在此期间发生重大疾病，则需要自己另外解决。另外，如果在到期时想要重新投保，可能面临身体状况不符合要求或价格过高的情况。

(3)中等选择——定期型

优点：整体成本低于前述两种选择。

缺点：同上。

(4)最次选择——短期型(一年期)

优点：短期成本最低。

缺点：同上。另外，因为短期型重大疾病保险按照自然费率定价，因此会随被保险人年龄的增加日益提高，整体而言价格反而会高于定期或终身型重大疾病保险。因此，除非是经济条件确实有限，否则不建议投保短期重大疾病保险。

(二)如何选择赔付次数

重大疾病保险的赔付次数分为以下两类。

1. 单次赔付型

单次赔付型的重大疾病保险，是指在被保险人罹患合同约定的重大疾病之后，保险公司会按照合同约定一次性赔付重大疾病保险保额，在赔付之后，该份保险合同也随之终止。

案例

王大帅为自己购买了一份单次赔付型的重大疾病保险，保额50万元。一天，王大帅被诊断罹患了合同约定的重大疾病，经过申请，保险公司赔付了50万元。至此，该份重大疾病保险合同终止，如果王大帅未来再发生二次、三次重大疾病，保险公司也不再承担赔付责任。

2. 多次赔付型

多次赔付型的重大疾病保险，是指在被保险人罹患合同约定重大疾病并且保险公司履行了赔付责任之后，该份保险合同并不终止，如果被保险人未来再次发生重疾，保险公司也会按照合同约定继续承担赔付责任。

案例

王大帅购买了一份多次赔付型重大疾病保险，保额50万元。一天，王大帅被诊断罹患了合同约定的重大疾病，经过申请，保险公司赔付了50万元。赔付之后，该份重大疾病保险合同继续有效，同时，如果该份保险合同包含被保险人豁免条款，王大帅后续也不需要继续交保费。未来，如果王大帅再次发生合同约定重疾，保险公司还会根据合同约定再次进行赔付，直至赔付情况达到合同约定的终止条件为止。

看到这里，有人可能会问："既然如此，这是否意味着我们都应该购买多次赔付的重大疾病保险，单次赔付的产品都不用考虑了？"

答案：不一定。

首先，一个人一生中有多大概率会发生多次重疾，这个数据我们不得而知。但可以确定的是，罹患多次重疾的概率一定比罹患单次重疾的概率低，因为两者是包含的关系。所以，对我们而言，如果经济条件有限，首先需要保证的是在初次罹患重疾时能够得到足够的赔付。举个不恰当的例子，我们只有先保证了单次的治愈，平稳渡过生存期，才谈得上"有机会"罹患多次重疾，从而得到更多次的赔付。

其次，多次赔付型重大疾病保险产品因为承担了更多的保障责任，因此价格会比单次赔付型略高，需要我们根据自身经济条件进行选择。

最后，在一款重大疾病保险的产品责任中，除了对重疾的基本保障之外，往往还有轻症责任、中症责任、癌症额外赔付、男性/女性/儿童特定疾病额外赔付、增额赔付等条款，而从疾病的发生概率上讲，人们罹患轻、中症的概率一定会大于罹患重疾的概率。准确地讲，轻、中症很可能是重疾的早期形式。因此，我们在挑选产品时，与其过分纠结是否支持多次赔付重疾，不如去仔细研究轻、中症及特殊疾病是否覆盖高发的疾病种类，因为这才是更加实用的部分。

（三）到底选择分组还是不分组

多次赔付型的重大疾病保险又可以细分为以下两类。

1. 多次赔付型之疾病分组

（1）基本定义

疾病分组就是保险公司把承保的重大疾病分为3～6个组别，每个组别里疾病仅赔付一次，即发生一次赔付后，该疾病所在组别的全部疾病都不再接受第二次赔付。

（2）合同条款

具体而言，我们来看一下某款分组型重大疾病保险的条款。

我们给付首次重大疾病保险金后，被保险人于首次重大疾病确诊之日起180日后，由本公司认可医院的专科医生确诊初次发生本合同所指的重大疾病中除首次重大疾病所属组别以外的其他组别中的重大疾病（无论一种或多种），本公司按本合同基本保险金额的110%给付第二次重大疾病保险金，该重大疾病所属组别的保险责任终止。

某重大疾病保险合同将重大疾病分为A、B、C、D、E、F六组，具体疾病分组情况见下表。

重大疾病分组情况表

序　号	A组	B组	C组	D组	E组	F组
1	恶性肿瘤	重大器官移植术或造血干细胞移植术	急性心肌梗死	脑中风后遗症	双耳失聪	疾病或外伤所致智力障碍
2	侵蚀性葡萄胎（或称恶性葡萄胎）	终末期肾病（或称慢性肾功能衰竭尿毒症期）	冠状动脉搭桥术（或称冠状动脉旁路移植术）	良性脑肿瘤	严重Ⅲ度烧伤	瑞氏综合征
3		急性或亚急性重症肝炎	心脏瓣膜手术	脑炎后遗症或脑膜炎后遗症	特发性慢性肾上腺皮质功能减退	重症手足口病

资料来源：某款重大疾病保险合同条款（此表不完整，后续省略）。

(3)案例——小朋友吃糖果

为了便于理解,我们可以把赔付重大疾病保险的过程比喻为小朋友吃糖果。

我们把 100 种重大疾病比喻成 100 颗糖果,然后把这 100 颗糖果按照不同的颜色(规律)串成 5 串(组)。

第 1 串是粉色糖果(恶性肿瘤组),分别为苹果味、樱桃味、桃子味等。

第 2 串是紫色糖果(心脑血管疾病组),分别为山竹味、葡萄味、甘蔗味等。

第 3 串是黄色糖果(神经系统疾病组),分别为香蕉味、芒果味、橙子味等。

第 4 串是蓝色糖果(血液系统疾病组),分别为汽水味、薄荷味、泡泡糖味等。

第 5 串是红色糖果(其他重大疾病组),分别为草莓味、番茄味、车厘子味等。

注意:上述分组仅为示例,实务中并无显著规律,需根据具体合同约定为准。

这时,如果我们购买的是一份 3 次赔付型重大疾病保险,就好像一位小朋友被允许吃 3 颗糖果。假设小朋友随机选取的第 1 颗糖果为第 2 串的山竹味,在 TA 吃掉之后,第 2 串糖果即被拿走;当 TA 以后再选择糖果时,第 2 串的糖果都已不在备选范围。假设小朋友在随机选择第 2 颗糖果时,选择了第 4 串的薄荷味,在 TA 吃掉之后,第 4 串糖果也被拿走;当 TA 以后再选择糖果时,第 2 串和第 4 串的糖果都已不在备选范围,以此类推。

简单地讲,对于分组型重大疾病保险而言,重疾发生赔付的疾病就好像被小朋友吃掉的糖果,一旦被吃掉,那一串都会被排除。

2. 多次赔付型之疾病不分组

讲完了分组,我们再来理解不分组就非常简单了。疾病不分组的含义就是重大疾病保险在多次赔付时,后面的赔付不会受到前次赔付组别的限制。如果我们沿用前面"小朋友吃糖果"的例子,多次赔付不分组则意味着小朋友每次都可以想吃哪个糖果,就吃哪个糖果,不用考虑吃完 1 颗之后整串被拿走的问题。

但是,凡事有例外:如果前后疾病属于"因同一疾病原因、同次医疗行为或同次意外伤害事故"(简称"三同")导致的疾病,则不会重复赔付。

关于上述问题,可以用下图来概括。

综上所述,因为人们无法预知罹患重疾的种类,因此,从适用范围的角度讲,多次赔付且不分组产品的适用面,一定会大于多次赔付但分组的产品。同时,多次赔付且详细分组(分 5 到 6 组)产品的适用面,一定会大于多次赔付但少数分组（分 3 到 4 组）产品。

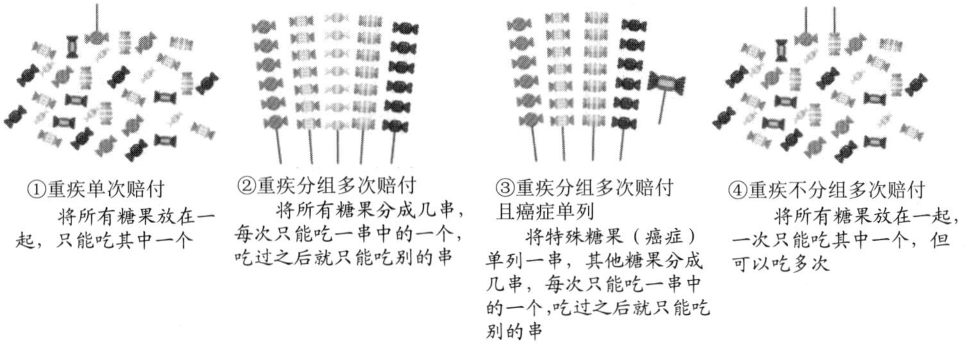

重疾赔付示意图

另外，因为癌症与其他重大疾病之间没有必然的关联性，完全有可能两者独立发生，因此，将癌症单列一组被认为是更加科学的分组方式。同时，把高度相关的疾病拆分为不同组等，也能提高多次赔付时保障涵盖的概率。

到这里，关于重大疾病保险的基本内容基本就讲完了。我总结了一下重大疾病保险的要点，如下图所示。

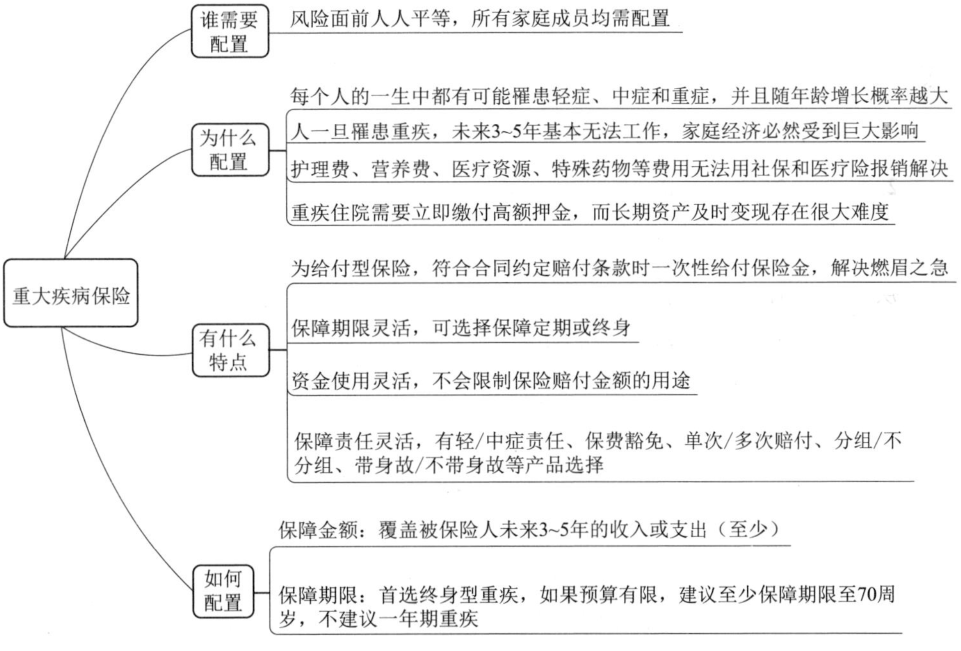

重大疾病保险概要导图

五、如何检视一款重大疾病保险

最后，对于想要购买或者已经购买了重大疾病保险的朋友，我总结了一张《重大疾病保险责任备查表》(见下表)，同时附上示例，里面梳理了市场上主要产品的责任分类，方便大家“看表填空”，将意向或已有的重大保险合同进行拆解，让保险责任更加一目了然。

重大疾病保险责任备查表

投保人	举　例		
	王大帅	王大帅	
被保险人	王小帅(0岁)	张美丽(25周岁)	
受益人	王大帅50%+张美丽50%	王大帅100%	
公司/产品	×公司/×少儿重大疾病保险	×公司/×重大疾病保险	
保额	50万元	50万元	
保障期间	终身	终身	
交费年限	20年	30年	
等待期	180天	90天	
重大疾病(种类/次数/金额/分组/间隔)	101种/1次	110种/1次	
中症(种类/次数/金额/分组/间隔)	无	25种/2次/25万元/不分组	
轻症(种类/次数/金额/分组/间隔)	35种/2次/15万元/不分组/无间隔期	50种/3次/15万元、20万元、25万元/不分组	
特定赔付	10种少儿特疾/3次/50万元/不分组/间隔期1年	恶性肿瘤额外赔50万元，条件：前次罹患恶性肿瘤，间隔3年；前次罹患非恶性肿瘤，间隔180天；恶性肿瘤新发、复发、转移、前一次恶性肿瘤持续状态	
豁免条件	被保险人豁免轻症/特疾+投保人豁免重疾/身故	被保险人豁免轻症/中症	
身故/全残/终末期责任	100%保额	返还已交保费	
是否支持保单贷款	现金价值净额80%，最长6个月	现金价值净额80%，最长6个月	
年交保费	4 528元/年	6 413元/年	
总保费	90 560元	192 390元	

全面解析家庭必备四大保险之寿险

在思考和规划保险时，我们不应该聚焦于产品的名称，甚至不应该聚焦于产品的功能，我们应该聚焦的是——当事人面临的风险。只有先明确了这一点，才谈得上工具的选择问题，我们也才有可能真正靠近问题的答案。

什么是寿险？顾名思义，寿险就是以被保险人的寿命作为保险标的的保险。准确地讲，寿险不应该被定义为一种保险产品，而应该被定义为一种保险责任，即寿险责任。因为，部分保险产品看似并不属于寿险，比如带身故责任的重大疾病保险和带满期生存金返还责任的意外险等，但因为其附带了身故赔付或满期生存金返还的寿险责任，也可以被视为一种寿险。

那么，什么是寿险责任呢？

寿险责任可以分为生存责任、身故责任，以及两者的结合。具体来说，当寿险合同的被保险人在约定的时间范围内生存或者身故时，保险公司就会按照约定向受益人支付生存金或身故金，或者两者的结合，这样的保险责任被称为寿险责任。基于此，寿险的功能也是围绕生存责任和身故责任两大责任而展开。

(1)关于生存责任

关于生命这个话题，有一个确定和一个不确定。

可以确定的是，我们无论如何都是会身故的，只是时间早晚的问题，而恰恰这个“时间早晚的问题”，就是我们不能确定的部分，可它又非常重要。

为什么这样讲？因为一个人的预计寿命是 60 周岁，还是 80 周岁，还是 100 周岁甚至更久，TA 所需要考虑的问题完全不一样。

例如，对于一个预计寿命只有 60 周岁的人来讲，TA 几乎不用去考虑养老的问题，因为如果没有疾病、意外等风险事件，直到 60 周岁这个生命的终点时，TA 依然能够具备基本的劳动能力，即使有收入不足的部分，年轻时的积累也应该能够轻松覆盖。可如果一个人的预计寿命达到 80 周岁甚至 100 周岁，TA 就一定需要为自己的养老问题考虑，因为对TA而言，失去工作机会的时间可能比TA参与工作的时间还要久。

因此，对长寿的人而言，“活得太久”也应该被视为一种风险，需要提前采取科学的风险保障措施加以管理。所以，为了解决人们关于长寿的担忧，养老型年金保险应运而生，其特点在于可以创造一笔与生命等长的现金流，专门用于覆盖长寿的风险，此为寿险功能中关于生存责任的典型。

(2)关于身故责任

寿险保障的是人的生命价值，而人的生命一般会在相当长的时间范围内存在，这也决定了寿险必然是一份长期险，这与一年期的短期消费型险种显然不同。

因为寿险保障的期限漫长，在此期间，被保险人的生活一定会发生各种变化。

我们以定期寿险的最短期限——10年为例，想象一下，一个人在10年间的生活可能会发生哪些变化?

如果一个人今年刚好20周岁，那到TA年满30周岁间的这10年，TA可能会谈恋爱，结婚，生一到两个小孩；TA还可能跳槽，升职，加薪，买人生的第一套房和第一辆车；TA也可能走了一些弯路，临近30周岁开始重新思考自己的事业方向，重新定位，尝试独立创业的可能性……

那么，基于这些可能性，TA身上的家庭责任又会发生怎样的改变呢?

显而易见的是，当一个人从“一人吃饱全家不饿”的快乐单身汉状态，转变为需要在婚姻家庭之中承担责任的状态时，TA肩上的担子和思考的问题一定会发生非常大的变化。

比如，TA需要去思考，如果自己有一天因为什么事情倒下了，以后父母、伴侣和小孩的生活应该怎么办? 家里剩下的房贷和车贷应该怎么还? 我有没有办法提前为他们做些力所能及的安排? 具体应该怎么安排?

为了解决人们关于生命的担忧，寿险应运而生。因此，我们配置寿险需要实现的第一功能，就是让一个人“站着是一棵摇钱树，躺下是一堆人民币”，即使经济支柱走了，也不要让家庭陷入人财两空的困境。

了解了寿险的功能，那么寿险家族主要包括哪些成员呢?寿险家族主要有三大成员：定期寿险、终身寿险和年金险（见下表）。

寿险家族成员

	定期寿险	终身寿险	年金险
保费	低	高	适中
保障期限	定期	终身	生存＋身故
细分	定额/减额/两全	定额/增额	定额/分红/万能
类型	消费型为主	储蓄型	储蓄型
目的	高杠杆保障	资产保全/传承/储蓄	同时解决长期锁利储蓄和短期资金使用的问题
适应人群	身负家庭经济责任的人群	短期不需要用钱，有长期储蓄需求或特定目的的中高净值人群	需要灵活用钱，希望早日"还本"的白领人群

下面，我将为大家详细讲述每个成员背后的故事。

一、定期寿险

定期寿险就是固定期限的寿险，它的保障责任非常单一和纯粹，保障的是被保险人在保险合同约定时间内死亡或全残，保险公司将按照约定给付保险金的责任。反过来讲，如果保险期限届满时被保险人依然健在，则保险合同自然终止，保险公司不再承担保险责任，并且不退回保费。

（一）定期寿险的特点

定期寿险主要有以下三个特点。

1. 性价比之王——费率低，杠杆高，小保费撬动大保额

相对于终身寿险而言，定期寿险具有费率低、杠杆高的特点，可以被称为寿险家族里的性价比之王。

案例

以 30 周岁的王大帅为例，如果他购买了某款定期寿险，保额 100 万元，交费期限 20 年，保障期限 30 年，年交保费只需要 1 960 元。而如果他购买了另一款终身寿险，同样条件下的年交保费则需要 13 340 元，价格翻了6.8倍。

基于此，定期寿险特别适合承担家庭经济责任的人群配置，比如家庭经济支柱，房贷及车贷承担者等；或者职业风险较高的人群，比如经常需要出差、加班的职场人士，压力较大的创业者，新兴企业的关键员工等。

一般来说，定期寿险的保额需要根据被保险人承担的家庭责任金额来计算，比如家庭负债余额，3～5 年家庭经济收入，抚养子女开支，赡养父母开支等。

2. 阶段性保障——精准覆盖家庭经济责任周期

与终身寿险不同，定期寿险是一款阶段性保障产品，需要我们在购买时选定保障的时间范围，一般有 10 年、15 年、20 年、30 年或保到 50 周岁、60 周岁、70 周岁等多项选择。关于这个问题，我们只需要将保障期限设定为能够覆盖承担家庭经济责任的周期即可，比如剩余的归还贷款年限，子女成年的年限，父母养老的年限等。

3. 责任简单——仅保障身故/全残，限制条件少

定期寿险的保险责任非常单一，仅对身故/全残的情况进行赔付，至于其他的意外伤害、重大疾病、住院医疗等责任，只要没有造成身故/全残，都不在其保障的范围以内。同时，因为定期寿险的现金价值通常不高且会在保障期末降为 0，所以也不能通过年金转换、减保取现等功能在保险期间把钱拿回来。基于此，定期寿险就是一个单纯的为被保险人的身故/全残风险而存在的保险。

定期寿险的投保条件和责任免除范围一般都非常宽松，通常除了投保人对被保险人的故意伤害、杀害，被保险人故意犯罪，被保险人合同成立或恢复效力之日起 2 年内自杀等特殊情形外，其他所有原因导致的身故/全残都能够得到赔付。

（二）特殊的定期寿险

除上述特点外，部分定期寿险还有一个特殊的功能叫减额，即保额会随着时间的推移越来越少。这样的减额定期寿险，特别适合需要归还贷款的人士，因为随着贷款的逐步归还，还款人身故导致不能还贷的风险敞口也会逐步缩小，因此，减额的安排可以完美贴合归还贷款的真实风险形态。并且，减额定期寿险的价格通常会比普通定期寿险更低，因此非常经济和务实，特别适合人们比照自己的贷款余额进行配置。

（三）一张图解读定期寿险

综上所述，对于每一位承担家庭经济责任的人士而言，定期寿险都是一个既经济又实用的选择。为了便于大家更清楚地理解，我概括了定期寿险的各方面要点，如下图所示。

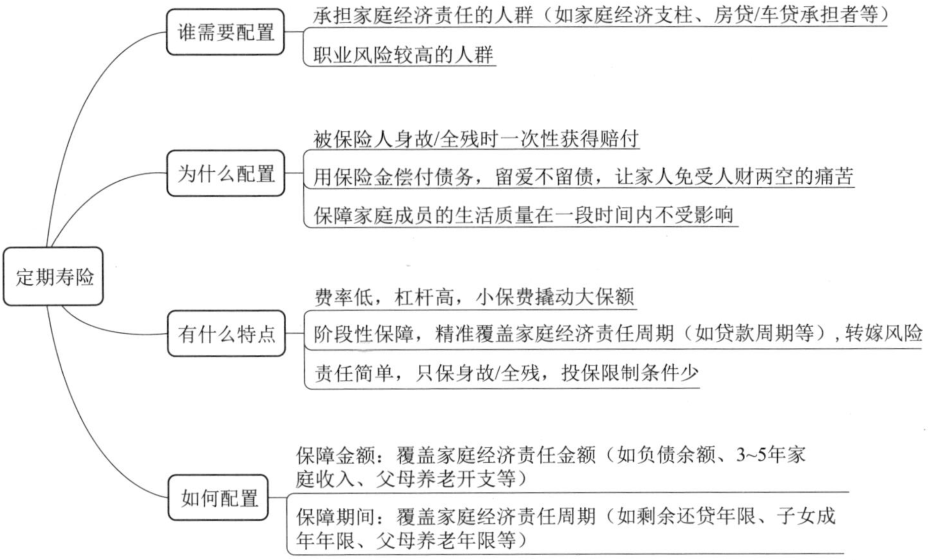

定期寿险概要导图

二、终身寿险

相对于定期寿险而言，终身寿险也可以被理解为一种“不定期寿险”。也就是说，在终身寿险保险合同生效之后，被保险人无论在任何时间身故，保险公司都需要按照合同约定给付保险金。所以，终身寿险也是一种注定能够得到赔付的保险，细节仅在于在什么时间（何时身故），用什么形式（一次性还是分阶段），给到哪些受益人（指定受益人还是法定继承人）而已。

（一）终身寿险的特点

终身寿险有以下五个显著的特点。

1. 确定赔付

定期寿险的保障是阶段性的，比如 20 年、30 年或者到 60 周岁、70 周岁，被保险人只有在保障期间内身故，受益人才能得到赔付，因此具有不确定性。而终身寿险的保障是终身性的，即被保险人在保单生效后的任何时间身故，受益人都能得到赔付，而被保险人终有一天会身故。因此，受益人也终有一天能够得到赔付。

2. 现金价值相对较高

相对于其他保险产品而言，终身寿险的现金价值相对较高。在保险实务中，人们选择购买终身寿险，往往也是基于其现金价值较高且会随着时间的推移持续增加的特点。因为，与终身寿险相关的一系列功能，比如资产传承、减保取现、保单贷款、风险隔离、预留税源等，统统都与它的现金价值脱不了关系。

(1)什么叫现金价值

根据保险合同约定，现金价值即保险单所具有的价值，通常体现为解除合同时，根据精算原理计算的，由保险公司退还的那部分金额。其计算公式为：

保单现金价值＝已交保费－保险公司管理费－营销佣金－风险保费＋剩余保费所生利息。

(2)现金价值对终身寿险的意义

对于一张终身寿险的新保单而言，因为保险公司的管理成本较高，加上营销佣金和风险保费的扣除，导致剩余保费以及产生的利息较低，因此，投保初期的保单现金价值往往也较低。但是，随着时间的推移和保费的持续交纳，保单的现金价值也会持续增加。并且，在保单交费期结束之后，其现金价值依然会继续增加。因此，如果一份终身寿险合同的存续期足够长，其现金价值就会随时间的推移迅速地攀升，呈现惊人的复利效应。

我以某款终身寿险为例，假设被保险人现在 0 岁，趸交保费 10 万元，那么，到 TA 年满 20 周岁、40 周岁、60 周岁、80 周岁和 100 周岁时，该份保单的现金价值分别是多少呢？如下图所示。

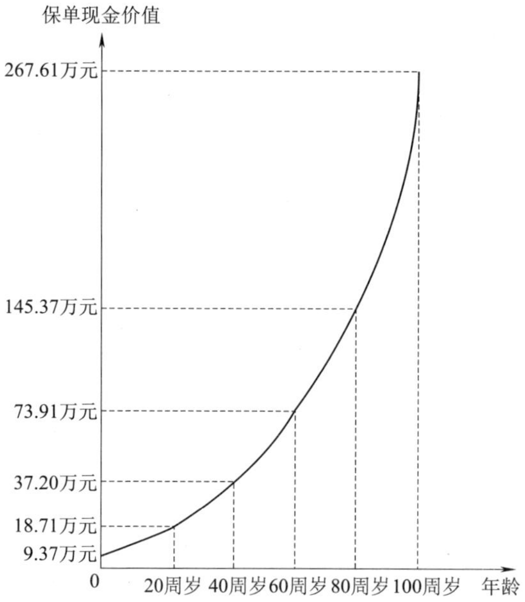

终身寿险现金价值趋势图

通过上图我们可以看到，“是否具有足够长的跑道”是决定一份终身寿险杠杆倍数的关键所在，而这个“跑道”就是指被保险人在保单合同生效后的剩余寿命。也就是说，对于终身寿险而言，被保险人的年纪越轻，其剩余寿命越长，其现金价值的累积效果就越显著。再加上现金价值是投保人随时可以取回的钱，并且一般与身故金金额相近或者相等，所以也基本可以等同于整个保单的价值。

3. 取用相对灵活

长期以来，保险给大家的印象就是“不灵活”，特别是终身寿险这样“死了才赔”的保险，又怎么会和“灵活”二字扯上关系呢？在现实生活中，“买了终身寿险，中途需要用钱怎么办？”也是一个常常被问到的高频问题。

所以，我在这里给终身寿险的“灵活”二字加了一个限定词——相对，这不是在玩文字游戏，而是为了说明两个问题。

第一，终身寿险是可以灵活取用的，这个毋庸置疑。

第二，终身寿险的灵活取用是有条件和有方法的，这和银行存款或货币基金那样的灵活取用有着本质的区别。

那么，终身寿险的灵活取用是怎么操作的呢？这样的操作分为两种途径，即保单贷款；减保取现。

(1)保单贷款

与传统的银行贷款不同，保单贷款是指投保人可以按照合同约定，向保险公司申请将保单现金价值中的70%～90%用贷款的形式取出使用。

①保单贷款是债务吗

因为贷款资金来源是保单的现金价值，而现金价值本身就属于投保人的资产，因此，保单贷款虽说名为贷款，但其本质并不是债务。办理保单贷款的手续也特别简单，填表申请后一般次日即可放款，期限一般为半年，利率一般参考银行同期贷款利率。

因为保单贷款并非债务，所以，虽说贷款期限名义上为半年，但对于投保人而言，并非强制要求到期全额归还。在实际操作中，投保人一般只需要归还利息即可。

因此，对投保人而言，投保一份高现金价值的终身寿险，并非意味着将一笔钱“锁死”不能动用。相反，这份保单也是为自己预留的一个可以随时取用的资金池，一边是杠杆效益，一边是备用资金，可谓一举两得。

②哪些产品支持保单贷款

需要说明的是，并非每款终身寿险都具备保单贷款功能。保单贷款的利率、期限、比例等事项，也都需要由产品条款具体确定。同时，保单贷款功能也并非终身寿险产品的专利。一般来讲，对于市场上具有较高现金价值的产品，如终身型重大疾病保险、年金保险等，保险公司大多会提供该服务并写进保险合同。

具体而言，我以某款终身寿险合同为例，其中对“保单贷款”部分的表述如下。

在本合同有效期间内，您可以以书面或双方认可的其他方式申请并经我们审核同意后办理保单贷款。贷款金额不得超过本合同现金价值扣除各项欠款及利息后余额的80%，每次贷款期限最长不超过6个月，贷款利率按您与我们签订的贷款协议中约定的利率执行。贷款本息在贷款到期或您申请偿还贷款时一并归还。若您到期未能足额偿还贷款本息，则您所欠的贷款本金及利息将作为新的贷款本金，按下一贷款期内的贷款利率计息。

当未还贷款本金及利息加上其他各项欠款及利息达到本合同现金价值时，本合同效力中止。本合同各项欠款的利息按各计息期间对应的保单贷款利率计算。

(2)减保取现

减保取现也称为“减少基本保险金额”，一般与上述“保单贷款”一起，被约定在保险合同的“基本保险金额的变更”部分。

具体而言，我以前款终身寿险合同为例，其中对“减保取现”部分表述如下。

在本合同有效期内，如果被保险人未发生保险事故，您在犹豫期后可以申请减保，将基本保险金额按比例减少。我们将退还基本保险金额减少部分对应的现金价值。我们按减保后的基本保险金额、保费及现金价值承担保险责任。减保后的基本保险金额和保费均须符合我们的要求。

这段话是什么意思呢？

也就是说，因为减保取现功能的存在，终身寿险也能摇身一变，成为一款可以灵活提取现金价值的产品，而不用真的等到身故赔付才能动用。

大家可别小看“减保取现”这四个字，这就是终身寿险也能被应用于教育金、养老金领域，并且可能比年金保险更加灵活的关键所在。

可以这样说，对于投保人而言，只要有“安全的资金来源”，再加上“足够长的跑道”和“减保取现”机制，就足以让一份终身寿险变为一头忠诚的“现金牛”，任谁也拐不跑，偷不走，不仅随时可以“挤”出钱，即使倒下了，也能化作一座“金山”，传承给TA想要照顾的人。

①减保取现案例

看到这里，可能有人会问：“终身寿险真的有那么好吗？”

关于这个问题，我以下面的案例，用具体数据来说明。

案例

假设王大帅今年30周岁，听老婆张美丽说买终身寿险比买银行理财划算，一能复利增值，二能随时取用，十分神奇。于是，他找到保险顾问李天仙为他算了一笔账。

假设王大帅购买某款终身寿险，每年存10万元，一共存10年，合计100万元。但他购买的主要目的不是传承给孩子，而是希望优先保证自己高品质的养老生活。

那么，王大帅心中的高品质养老生活是什么标准呢？

王大帅心中的高品质养老生活，就是能够保证每天一麻将，两天一火锅，三天一钓鱼，一周一旅游。如果儿子王小帅懂事，经常带孙子来看他，就每月给孙子包2 000元的红包；如果不懂事，那就自己的钱自己花。

王大帅掰了掰手指头，心想按照平均每天250元的标准算，一个月怎么也要7 500元。一月7 500元，一年就是9万元。也就是说，在王大帅心中，每年至少需要领到9万元的退休金直至终身，才能让他过得潇洒自在。

最后，王大帅还计划着，如果到了自己必须离开这个世界的那天，他希望自己的100万元本金都还在，这笔钱会作为一份礼物送给王小帅，作为人间父子一场的一份心意。

看到这里，大家认为保险顾问李天仙能否帮助王大帅实现这个梦想呢？

答案：可以，工具就是一份高现金价值的终身寿险。

方案

假设王大帅从30周岁起，为自己投保一份终身寿险，受益人为儿子王小帅。每年存10万元，一共存10年，合计100万元。

假设王大帅从 60 周岁开始减保取现，每年取 9 万元，用于满足他高品质的退休生活，到他 105 周岁时，累计取走 414 万元。

假设王大帅 105 周岁身故，这时该份保单的剩余现金价值和身故金都为 98 万元，保险公司会将其支付给受益人王小帅。

也就是说，王大帅当初累计投入本金 100 万元，自己中途领取了 414 万元之后，还剩下 98 万元可以留给王小帅，也基本等于“本金还在”了。

这时，可能有人会说：“这个方案的假设前提是王大帅能够活到 105 周岁，可万一他没有活到 105 周岁呢？”

是的，这个问题很有道理，但我们别忘了，如果王大帅于 105 周岁之前身故，按照这份计划，他累计领取的减保金也会相应减少。因此，保单的身故金也会相应提高，这也算是一种平衡。具体利益演示见下表。

某终身寿险利益演示表

保单年度	期末年龄（周岁）	当期保费（元）	累计保费（元）	期末减保金额（元）	累计减保金额（元）	减保后身故保险金（元）	减保后航空意外额外保险金（元）	减保后期末现金价值（元）
1	31	100 000	100 000	0	0	160 000	758 500	58 337
2	32	100 000	200 000	0	0	320 000	758 500	136 514
3	33	100 000	300 000	0	0	480 000	758 500	231 253
4	34	100 000	400 000	0	0	640 000	758 500	338 694
5	35	100 000	500 000	0	0	800 000	758 500	459 717
6	36	100 000	600 000	0	0	960 000	758 500	589 774
7	37	100 000	700 000	0	0	1 120 000	758 500	729 267
8	38	100 000	800 000	0	0	1 280 000	758 500	878 614
9	39	100 000	900 000	0	0	1 440 000	758 500	1 038 251
10	40	100 000	1 000 000	0	0	1 600 000	758 500	1 208 632
20	50	0	1 000 000	0	0	1 699 847	758 500	1 699 847
30	60	0	1 000 000	90 000	90 000	2 304 959	729 996	2 304 959
40	70	0	1 000 000	90 000	990 000	2 188 023	492 651	2 188 023
50	80	0	1 000 000	90 000	1 890 000	2 008 993	323 483	2 008 993
60	90	0	1 000 000	90 000	2 790 000	1 726 143	201 694	1 726 143
70	100	0	1 000 000	90 000	3 690 000	1 280 700	112 023	1 280 700
75	105	0	1 000 000	90 000	4 140 000	980 206	75 555	980 206

②“减保取现”和“减额交清”，傻傻分不清楚

这里多说一下，有时人们容易把“减保取现”和“减额交清”两个概念混在一起，其实它们是两码事。

我们来看看前款终身寿险合同里对“减额交清”的描述。

在本合同有效期间内，自本合同生效满2年后的交费期间内，如果您决定不再交纳续期保费，可以向我们书面申请办理减额交清。我们以宽限期开始前一日本合同的现金价值作为一次性交清的净保费，计算减额交清后的基本保险金额和现金价值。

在您申请减额交清时，如果您有欠款，请您先行偿还各项欠款。减额交清后，您不需要再交纳保费，本合同继续有效。我们按照减额交清后的基本保险金额、一次交清的净保险费及现金价值承担保险责任。

可见，减额交清是指购买了期交保单的投保人不愿在交后续保费时，可向保险公司申请按照已经交纳的保费来核定整张保单的保险金额和现金价值。

简单地讲，减额交清就是把一张较高保险金额的保单换成一张较低保险金额的保单。好处是投保人后续不再需要交费，坏处是保单的价值也随之“锁定”，保险公司也将按照减保后的金额承担保险责任。

4. 权益确定

虽然终身寿险是一款超长期限（终身）的保险产品，但它的保单权益在投保时就被确定了。除非权利人主动做出减保、减额、退保等安排，或者发生保单约定的赔付事项，否则直到被保险人在世界上存在的最后一刻，保单的各项权益都是完全确定和受到法律保护的。这是它与其他投资理财类金融产品的最大不同。

具体来讲，以上述王大帅购买的终身寿险产品为例，在他购买这款产品时，其利益演算表上的所有数据就已经确定，不管再过去10年、20年甚至一辈子，都不会有任何改变。除非王大帅自行做出减保、减额、退保等安排或者发生赔付。

因此，对于终身寿险而言，这就是一份白纸黑字确定的保障，一分钱不会多，但也一分钱都不会少。

其实，在这个利率普遍下行的国际大环境下，终身寿险这样的稳定性是非常难能可贵的，并且我相信越往后看，其优势越为明显。我们依然以上述王大帅购买的终身寿险产品为例，如果将其现金流数据按照内部收益率公式来计算，可以

得到终身平均年复利为3.49%的答案，表现十分不俗，相对于现在市场上收益徘徊在单利4%左右，且存在一定投资门槛和损失本金风险的理财产品而言，终身寿险不失为一个安排长期资金的优秀选择。

5. 财富管理功能

终身寿险作为一种在财富管理领域被广泛应用的保险产品，常常被作为资产传承和风险隔离的工具使用。因为这部分内容比较复杂，我会在本书的其他章节单独讲述，此处暂不展开。

三、年金保险

年金保险是一种非常典型的寿险。为什么说它典型呢？因为一款年金保险的保险责任，可能既包含了生存责任，也包含了身故责任，属于两者兼有。但总体而言，年金保险的保障重点在于生存而非身故，特别是对养老型年金保险而言，其现金价值和身故金甚至可能在被保险人年满60～70周岁后降为0，变成一款只有生存年金的纯养老险。

具体来讲，年金险是指投保人一次性或按期交纳保费，保险公司以被保险人的生存（和身故）为条件，按照合同约定的方式支付保险金，直至被保险人身故或保险合同期满的保险产品。

（一）年金保险的特点

年金保险具有以下三大特点。

1. 生存金领取规则固定，不可自由变更

购买年金保险，就一定会提到一个概念——生存金。生存金，就是我们购买年金保险之后，根据保险合同的规定每年能够领取的钱。而年金保险的生存金领取规则是固定的，不可自由变更。也就是说，到了合同约定的时间，保险公司就会发放生存金，我们可以选择领取使用，也可以选择不领取而直接转存入万能账户进行二次增值。但我们不管是领取还是不领取，这都不能改变年金保险账户已经进行了分配的事实，并且从产品设计上，也会以分配后的年金账户价值作为基数进行计算。

那么，如果我们突然需要资金，但又不符合领取规则怎么办呢？

很简单，如果此款年金保险支持保单贷款或减保取现功能，我们也可以沿用上述终身寿险的操作逻辑，在年金保险现有分配规则的基础上，使用保单贷款或减保取现的方式申请额外的资金，实现“约定分配”和“灵活取用”并存的效果。

但需要注意的是，我在前面讲过，保单贷款和减保取现的实现基础在于保单的剩余现金价值。而一般来说，年金保险产品的现金价值会比终身寿险产品低，因此，“灵活取用”年金保险的后果可能就是现金价值所剩无几，这又必然会影响后续“约定分配”的金额。

2. 年金保险的本质——一场关于预计寿命的对赌

年金保险主要保障生存责任，因此，决定一份年金保险是否“划算”的重要因素，就是被保险人能够生存多久。可以这样讲，年金保险的本质就是我们与保险公司之间，展开了一场关于预计寿命的对赌，赌的内容就是被保险人能否活过同龄人的平均寿命。被保险人活得越久，领取的生存金就越多，那就越划算；相反，如果被保险人“英年早逝”，那就不划算了。当然，这并不代表年金保险一定没有身故责任。其实，许多年金保险都含有身故责任，至少在某一时间段内如此。但是，其身故责任与生存责任往往呈现此消彼长的关系。简单地说，如果一款年金保险的生存金相较市场同类产品而言特别优秀，那它的身故金则可能很少甚至为0。

3. 年金保险的应用——未来某段时间确定使用的资金

基于上述特点，我认为，年金保险更适合用来规划未来某段时间确定需要使用的资金，比如养老金或者子女教育金等，而不适合规划用途及使用时间都不确定的长期资金，这样的长期资金更适合使用终身寿险来安排。

（二）案例——王大帅的选择

下面，我用案例的方式对终身寿险和年金保险进行对比分析。

1. 终身寿险 PK 年金保险，到底谁更优

根据前述案例，我们假设李天仙为王大帅推荐的是一款年金保险，效果又会怎么样呢？

我以某款年金保险为例，计算利益演示见下表。

某年金保险利益演示表

保单年度	期末年龄（周岁）	当期保费（元）	累计保费（元）	养老年金（元）	累计领取金额（元）	减保后身故保险金（元）	减保后期末现金价值（元）
1	31	100 000	100 000	0	0	0	0
2	32	100 000	200 000	0	0	100 000	27 650
3	33	100 000	300 000	0	0	200 000	67 740
4	34	100 000	400 000	0	0	300 000	117 770

续上表

保单年度	期末年龄（周岁）	当期保费（元）	累计保费（元）	养老年金（元）	累计领取金额（元）	减保后身故保险金（元）	减保后期末现金价值（元）
5	35	100 000	500 000	0	0	400 000	173 910
6	36	100 000	600 000	0	0	500 000	236 110
7	37	100 000	700 000	0	0	600 000	303 220
8	38	100 000	800 000	0	0	700 000	375 570
9	39	100 000	900 000	0	0	800 000	453 520
10	40	100 000	1 000 000	0	0	900 000	537 460
20	50	0	1 000 000	0	0	1 060 090	1 060 090
30	60	0	1 000 000	107 000	107 000	1 901 170	1 901 170
31	61	0	1 000 000	112 350	219 350	2 632 200	0
32	62	0	1 000 000	117 700	337 050	2 519 850	0
33	63	0	1 000 000	123 050	460 100	2 402 150	0
34	64	0	1 000 000	128 400	588 500	2 279 100	0
35	65	0	1 000 000	133 750	722 250	2 150 700	0
36	66	0	1 000 000	139 100	861 350	2 016 950	0
37	67	0	1 000 000	144 450	1 005 800	1 877 850	0
38	68	0	1 000 000	144 450	1 150 250	1 733 400	0
39	69	0	1 000 000	144 450	1 294 700	1 588 950	0
40	70	0	1 000 000	144 450	1 439 150	1 444 500	0
41	71	0	1 000 000	144 450	1 583 600	1 300 050	0
42	72	0	1 000 000	144 450	1 728 050	1 155 600	0
43	73	0	1 000 000	144 450	1 872 500	1 011 150	0
44	74	0	1 000 000	144 450	2 016 950	866 700	0
45	75	0	1 000 000	144 450	2 161 400	722 250	0
46	76	0	1 000 000	144 450	2 305 850	577 800	0
47	77	0	1 000 000	144 450	2 450 300	433 350	0
48	78	0	1 000 000	144 450	2 594 750	288 900	0
49	79	0	1 000 000	144 450	2 739 200	144 450	0
50	80	0	1 000 000	144 450	2 883 650	0	0
60	90	0	1 000 000	144 450	4 328 150	0	0
70	100	0	1 000 000	144 450	5 772 650	0	0
75	105	0	1 000 000	144 450	6 494 900	0	0

通过上表可以看出，同样是 10 万元缴存 10 年，该款年金保险在王大帅 60

周岁至105周岁期间累计可以领取649.49万元，比前款终身寿险的领取金额多了235.49万元。

但是，如果我们仔细一点就会发现，这款年金保险从王大帅61周岁起，现金价值就已经降为0。也就是说，在王大帅61周岁之后，如果他希望通过保单贷款、减保取现或者退保等方法拿出来一笔钱，用这款年金保险就已经无法实现了。另外，到王大帅80周岁后，该款年金保险的身故保险金也降为0。也就是说，如果王大帅在80周岁及以后的任何一天去世，保险公司都不会赔付1分钱。

对比之下，前款终身寿险在王大帅生命的任何时刻都有现金价值和身故金，并且一直随着其年龄的增加而增长，直到他105周岁时，该份终身寿险的现金价值和身故金可以达到98万元，约等于整整一个本金。所以，如果我们希望客观对比两款产品的利益，也需要将生存金和身故金结合起来一并考虑。

因此，如果我们假设王大帅在105周岁时去世，那么，他从该款终身寿险得到的全部收益应该是512万元(414万元+98万元)。虽说该数据距离年金保险累计可以领取的649.49万元还有137.49万元的差距，但因为终身寿险的现金价值十分稳定且持续攀升，对于王大帅来讲，这也会意味着更大的灵活性。而这样的灵活性，在王大帅缺乏基础保障时会显得更加重要。

2. 收益数据是选择保险的唯一指标吗

通过前面的数据对比，我们可以看到年金保险的收益数据完胜终身寿险。那么，这是否意味着王大帅应该果断选择年金保险呢?

答案:不一定。

因为，要回答这个问题，还需要结合王大帅的其他保障情况综合考虑才行。

我们想象一下，假设王大帅除了这份养老险之外，没有再购买健康险、意外险等基础保障型产品，那么，如果他在年老时发生了重疾或意外风险，可能会面临怎样的情形?

如果王大帅在80周岁时被不幸查出患有重大疾病，需要花费一大笔钱来治疗，那么，这时的他有两个选择。

选择一:使用积蓄或者变卖资产支付。

选择二:使用保险产品的现金价值提现支付。

上述两种选择，哪种对王大帅而言代价最低，效果更好，承担更轻松？答案毋庸置疑，当然是第二种。

那么，什么样的保险产品可以帮助王大帅实现这个选择呢？

我以前述终身寿险和年金保险为例，具体对比分析如下。

(1)终身寿险

如果王大帅当初购买的是前款终身寿险，他可以在80周岁时使用保单贷款功能，非常轻松地将剩余现金价值的80%（即160万元）取出用于治病，从而化解这场危机，并且不会给任何人造成压力和负担。

(2)年金保险

如果王大帅当初购买的是后款年金保险，因为该款年金保险的现金价值和身故金分别在王大帅61周岁和80周岁时归0，因此，如果王大帅在80周岁时患病，该份保单已经无法提取任何金额，并且，即使他就此因病去世，受益人也无法要求保险公司进行赔付。

通过上面的对比，我们可以看到，年金保险虽然收益更高，但因为其后期完全丧失了灵活性，如果王大帅在此时突发风险，年金保险几乎无法提供任何价值，而终身寿险虽然收益更低，但因为其现金价值一直存在，可以释放出充分的灵活性，反而可以让王大帅在遭遇风险时安然度过。从这个角度讲，终身寿险的价值反而完胜年金保险。

其实，上面的举例只是现实案例的缩影。终身寿险的“剧情反转”也再次告诉了我们，在评价任何一款保险产品时，都不能从片面、单一的维度来考虑问题。具体而言，在思考和规划保险时，我们不应该聚焦于产品的名称，甚至不应该聚焦于产品的功能，我们应该聚焦的是——当事人设身处地面临的风险。只有先明确了这一点，才谈得上工具的选择问题，我们也才有可能真正靠近问题的答案。

以终为始：如何摸清自己的保险需求

我们如果想要知道一份保险方案是否适合自己，一个简单有效的方法就是问自己："我配置的这份保险方案，真的可以拿走我对未来的担忧吗？ 我真的清楚明白了每个产品的作用和主要条款，确定它们可以如我所愿发挥作用吗？"

在日常与朋友交流保险的过程中，我发现大家常常陷入一个误区，就是过多地关心产品本身好不好，却很少思考自己的需求是什么，自己到底适合什么样的产品。

说实在的，现在这个互联网时代，资讯是真不缺，抖音、公众号、微博、知乎等充斥着各种各样关于保险的内容，各种科普文、避"坑"文、测评文、广告文百花齐放。在这样的网络环境下，大家很容易对保险形成各种先入为主的"观点"，而这样的"观点"，往往更可能是来自一篇文章、一个视频、一个推荐，而非自己真正进行了系统的保险知识学习。

当然，在如此快的生活节奏下，如果不吃保险这碗饭，大家真没必要把太多宝贵的时间浪费在研究保险上。下班回到家，躺在沙发上，用零碎时间看看书，刷一下朋友圈和抖音里的保险知识，就已经是一种难得的"上进青年"的生活方式了。

但是，不懂保险不要紧，最怕遇到"黄师傅"。网上关于保险的资讯的确丰富多彩，但又丰富得过了头，专家与骗子难辨，干货与软文混搭。作为一个保险"小白"，非常容易被"带了节奏"，不仅没有学到真正的知识，反而被别有用心者混淆了视听，走入认知的误区。而"不看需求，只看产品"，就是一个典型的误区。下面，我就用情景案例的方式说明这个问题。

一、案例：孩子过生日，选哪家餐厅吃饭

孩子过生日，我们需要选一家餐厅吃饭，而选餐厅的过程与选保险也非常类似，都需要我们从需求出发，然后将备选对象与之进行一一匹配，具体如下。

(一)案例描述

今天是孩子的生日,我们一家人高高兴兴出门吃饭。吃饭就有很多选择,既有面馆的面条,也有KFC的套餐,或者特色餐馆的家常菜,还有米其林三星的西餐。这四个地方都可以吃饭,并且都能吃饱。

那么,对我们而言,选择哪个地方更合适呢?

假设四个餐厅的老板都非常希望我们过去就餐,来听一听他们分别会说什么。

面馆老板说:"吃好不一定吃贵,哪儿都没有我这里经济实惠。况且,随便上哪儿吃饭都是二两淀粉,半斤蔬菜,再加几筷子肉,在本店一碗牛肉面就能解决。虽说本店环境一般,但吃饭最重要的是吃饱吃好,而不是看环境,对吧?"

KFC店长说:"本店不光可以吃饭,还提供孩子的娱乐设施,吃饭娱乐两不误。如果孩子过生日,我们全体员工还可以提供唱生日歌的服务,可以为孩子留下难忘的记忆哦!另外,全家桶套餐今天最后一天优惠,比单点划算20元,机会难得哦!"

家常菜老板说:"本店价格适中,环境宽敞,食材均来自自有农场,非常安全,特色菜清炖狮子头更是广受孩子欢迎。本店包间免费,有免费停车位,餐后还可以免费参观旁边农场,吃饭游玩两不误,非常适合带孩子的家庭。"

米其林三星店长说:"本店菜品和环境均为国际一流水准,有法国的鹅肝,俄罗斯的鱼子酱,新西兰的牛排,还有今日新鲜直送的大西洋鲑鱼,同时免费赠送拍摄就餐VCR和代泊车服务,一定为您带来难忘的就餐体验!但有两点需要请您注意:①因本店商务交流较多,就餐时请不要喧哗;②为了更好地准备晚上的菜品,本店每日下午2点闭店,请注意就餐时间。最后,期待您与家人的光临!"

(二)餐馆特点分析

听完四位老板的介绍,我们可以把四个餐馆按照特点分为四类。

面馆:有最基础的食物,吃饱没问题,环境则不考虑,价格便宜。

KFC:属于西式快餐,有特色,但环境和口味只适合特定人群(比如6周岁以上小孩和青年人),对于幼儿和中年人没有吸引力,价格中等。

家常菜:属于传统中餐,环境宽敞,菜品多样,方便停车,还有农场可参观,非常适合全家老小一起游玩，吃饭娱乐两不误，价格中上。

米其林三星：属于高端西餐，特色在于优雅的环境，一流的服务，奢侈的食材和极致的味觉体验，但在行为和时间上对食客有所要求，不太适合带幼儿的家庭，价格最贵。

（三）餐馆选择分析

那么，我们最后应该选择哪一家呢？在这里，其实没有唯一的标准答案，但有值得参考的判断方法，具体如下。

1. 看需求

我们的目的是给小孩过生日，既然是生日，当然要唱生日歌，吹蜡烛，切生日蛋糕等。并且，对于我们而言，需求自然不仅是“管饱”，还要给孩子留下难忘的关于家庭温暖的记忆。

所以，我们对环境会有一定要求，餐厅最好有包间或隔间这样满足私密性要求的空间，不要限制吃饭时长，需要允许外带蛋糕，允许举办小型生日派对，也有意愿和能力为此支付费用。另外，全家出游有很多东西需要携带，一定需要开车，所以方便停车也非常重要，毕竟在城市里，半天找不到停车位也是一件非常痛苦的事情。

2. 看菜品

我们可以上网浏览几家餐厅的图片，看下环境和菜品以及其他客户的评价，看下各自的地理位置，注意是否方便停车，是否有就餐时间限制，是否额外收取服务费等。严格地讲，在看菜品之前，我们还需要先确定菜品的类型，比如吃中餐还是西餐？面食还是火锅？日料还是地方菜？还可以再细分，比如，要清淡还是麻辣？吃素、吃肉还是海鲜……

3. 看预算

我们是中等收入的普通家庭，所以对吃饭的选择自然要考虑性价比，对于国际超一流水准的就餐体验没有特别需求。不过，如果价格并不会贵出很多，且其他条件都能满足，也是可以考虑的。

（四）餐馆选择结论

我们经过综合评估，选择了去家常菜餐馆吃饭，理由主要有以下三点。

1. 环境符合需求

有包间，允许开生日派对，方便停车，没有就餐时间限制，可以吃饭玩耍一条龙。

2. 菜品适合食客

食材新鲜、安全，菜品选择众多，还有特色菜清炖狮子头，非常适合小孩。

3. 价格符合预期

家常菜的价格处于中上，高于路边摊和KFC，但远低于米其林三星餐厅，属于我们可以接受的范围。

从以上案例，我们可以看到：这选择餐馆的过程与我们配置保险的思路何其相似啊。

只不过，我们把“给孩子过生日”的需求换成了“拿走风险和担忧”的需求，这也是我们根据自己的家庭结构和风险形态确定的规划目标，而餐馆就像我们需要确定的险种，菜品就像具体的保险产品，就餐费用就是我们的保费预算。

整个保险方案配置的过程，就是从需求出发，用险种、产品去匹配预算的过程。需求既是思考的起点，也是需要满足的终点。保险方案没有绝对唯一的标准答案，只要能够满足我们的需求且价格符合预期，就是一份好的方案。

所以，对于我们而言，如果想要知道一份保险方案是否适合自己，一个简单有效的方法，就是问自己：“我配置的这份保险方案，真的可以拿走我对未来的担忧吗？我真的清楚明白了每个产品的作用和主要条款，确定它们可以如我所愿发挥作用吗？”

如果答案是肯定的，那么，恭喜你！你已经懂得如何善用保险为自己解忧了。

二、手把手教你捋需求

上面的思路虽说不难理解，但在实际操作中，对于“小白”客户还是挺有难度的。究其原因，是“小白”客户往往对整个保险概念缺乏认知，对自己家庭的风险也缺乏正确理解和判断标准，所以无从下手，处于连正确的问题都提不出来的阶段。

那么，我以标准的“421”结构家庭为例，手把手来教大家捋一捋，家庭中的每个人大致面临什么风险，可能存在什么需求。

案例

王大帅与张美丽夫妻的家庭为标准“421”结构（如下图所示），即王大帅的父母(王老帅和王老太)，张美丽的父母(张老帅和张老太)都健在，两人育有一子王小帅，构成老中幼共七人的三代家庭模式。

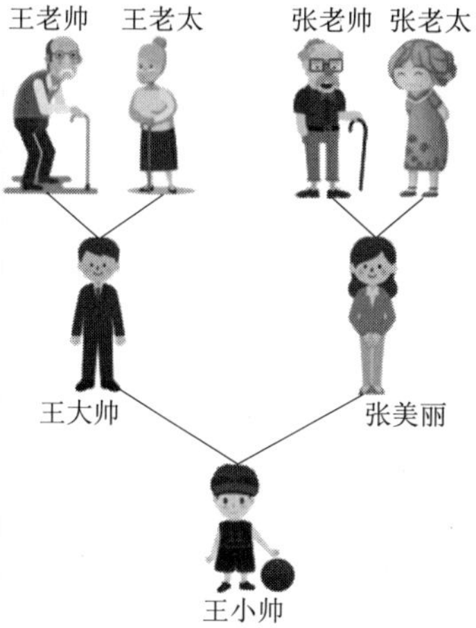

“421”家庭结构图

“421”家庭中，七人各自的情况介绍见下表。

王大帅家庭成员情况介绍表

<table>
<tr><th>人　员</th><th>年　龄</th><th>身体情况</th><th>工作情况</th><th>收入情况</th><th>负债情况</th></tr>
<tr><td>王老帅</td><td>65 周岁</td><td>高血压</td><td>国企干部退休</td><td>6 万元/年</td><td>无</td></tr>
<tr><td>王老太</td><td>60 周岁</td><td>健康</td><td>国企干部退休</td><td>5 万元/年</td><td>无</td></tr>
<tr><td>张老帅</td><td>55 周岁</td><td>健康</td><td>自营小吃店</td><td rowspan="2">不稳定，5 万元至 15 万元/年</td><td>无</td></tr>
<tr><td>张老太</td><td>50 周岁</td><td>去年做过胆囊切除手术</td><td>自营小吃店</td><td>无</td></tr>
<tr><td>王大帅</td><td>30 周岁</td><td>健康</td><td>私企 IT 骨干</td><td>30 万元/年</td><td rowspan="2">房贷 200 万元</td></tr>
<tr><td>张美丽</td><td>25 周岁</td><td>乳腺结节 2 级</td><td>全职太太</td><td>无</td></tr>
<tr><td>王小帅</td><td>1 周岁</td><td>健康</td><td>学龄前儿童</td><td>无</td><td>无</td></tr>
</table>

假设不考虑其他情况，我们逐个看一下他们各自有什么风险和需求。

(一)王老帅＋王老太夫妻

风险：

两人年龄均较大，且王老帅患有高血压，存在健康和意外风险，有稳定退休金，无负债，暂不存在养老缺口的风险，但需要开始考虑资产传承问题。

需求：

(1)如果遇到疾病或者摔跤骨折等意外需要能够报销医药费；

(2)家庭资产和现金在保证生活品质的情况下,需要考虑传承问题,以防止资产外流和子孙挥霍。

(二)张老帅+张老太夫妻

风险:

两人年龄均较大,且张老太去年做过胆囊切除手术,存在健康和意外风险,同时收入不稳定,可能存在养老金缺口。

需求:

(1)如果遇到疾病或者摔跤骨折等意外需要能够报销医药费;

(2)为两人的退休养老准备养老金。

(三)王大帅

风险:

作为家庭唯一经济支柱,存在房贷、生活、子女教育的三重压力,存在健康和意外风险,同时可能存在养老缺口。

需求:

(1)如果遇到疾病或者意外需要能够报销医药费;

(2)如果遭遇意外导致残疾,影响其工作能力,需要弥补调整工作期间的收入损失,预计至少3年;

(3)如果遭遇重大疾病,无法继续工作,需弥补未来5年收入损失及院外开销、护理费、营养费等;

(4)如果遭遇身故或全残,需弥补剩余房贷,同时留一笔钱给妻子和孩子用于基本生活。

(四)张美丽

风险:

存在健康和意外风险,无收入来源,存在养老金缺口。

需求:

(1)如果遇到疾病或者意外需要能够报销医药费;

(2)如果遭遇意外导致残疾,影响其照顾家庭的能力,因为孩子尚小,可能需要聘请保姆协助,按照孩子3周岁进入幼儿园,差不多需要按照2年来预算;

(3)如果遭遇重大疾病，需弥补其院外开销、护理费、营养费、孩子的保姆费等。

（五）王小帅

风险：

年龄尚小，存在健康和意外风险，无收入来源，存在教育金缺口。

需求：

(1)如果遇到疾病或者意外需要能够报销医药费；

(2)如果遭遇重大疾病，需弥补其院外开销、保姆费、护工费等；

(3)各阶段读书需要准备教育金。

以上就是根据背景对每个人的风险和需求做出的大致判断。大家可以看到，角色不同则答案不同，至于具体的配置方案，我将在下一节的内容里详细讲述。

给父母、自己、孩子买的保险，是一样的吗

所谓的保险方案规划，其实是用保险产品去无限匹配需求的过程。所以，保险配置方案本质上应该是一份需求解决方案，而非产品卖点的简单罗列。

对于处在不同人生阶段的对象，比如老人、中青年和小孩，由于他们之间的年龄跨度很大，各自的健康状况、经济收入、主要风险以及家庭责任都有很大不同，因此保障需求及解决方案自然也各有侧重。

而保险本质上是一份双务合同，即投保人和保险公司双方都需要对约定事项达成共识，一个愿意投，一个愿意保，这份合约才能缔结。

所以，投保人和保险公司其实是双向选择的关系。

你看了看保险公司，想着花这么多钱买份保险会不会太亏？

保险公司也看了看你，想着承保这份保单风险会不会太大？

基于此，保险公司的承保也是有条件的，当你想要给65周岁的父母配上和2周岁儿子一模一样的保险时，这时阻碍你的很可能不是钱包，而是保险公司。

因此，我以上一节中王大帅“421”结构的家庭情况为例，看看不同需求下的产品配置方案有什么区别。

先来回顾一下王大帅一家的基本情况，参照“王大帅家庭成员情况介绍表”。

一、老人篇：对父母最大的孝敬，就是有钱养老，看病无忧

我是一名“85后”，像我的父母都出生于20世纪50年代。他们那一代人，最突出的背景就是经历过非比寻常的事件：从三年饥荒，到上山下乡，到支援边疆，到国企员工下岗潮……在那个年代，互联网压根不存在，最奢侈的精神食粮就是书籍、报纸和杂志，最多再加上一台永远只有几个频道的电视，信息渠道非常有限。

总之，像我父母那一辈人，受各种因素影响，他们的信息通常比较闭塞，在他

们的知识体系和思想意识里，很少有商业保险的观念。所以，他们中的大多数人，除了社保之外，基本没有其他任何保障。

但是，随着他们年龄的增加，身体状态必然每况愈下。一旦进入 65 周岁的老年期，眼花、耳背、健忘、骨质疏松、肌肉萎缩等问题就会暴露出来，这也会增加他们意外受伤的风险。

另外，还有一大风险，就是老人普遍防骗意识不足，再加上专门针对老人的诈骗机构花样百出，如果老人有些存款，再加上儿女不在身边，就非常容易成为被盯住的对象。一旦被骗，不仅金钱损失巨大，还可能造成精神创伤，不得不防。下面我们就来具体分析一下。

（一）王老帅＋王老太夫妻

王老帅＋王老太夫妻代表着有稳定退休金不用为生活发愁的退休老人群体。他们自身的风险主要体现在疾病和意外，资产的风险主要体现在身前和身后应该如何传承。

1. 方案建议

（1）健康风险：百万医疗险（争取购买）、防癌险（前者替身）。

（2）意外风险：意外险（需含意外医疗责任，可考虑专为老人设计的产品）。

（3）传承风险：终身寿险。

2. 配置理由

（1）百万医疗险

健康险家族中，百万医疗险的核保最为严格，如果被保险人的身体状况不符合健康告知的要求则无法投保。另外，百万医疗险的最高投保年龄大多为 60 周岁，对老人群体可谓不够友好。

那么，为什么如此“不友好”的产品我们还要争取购买呢？

这是因为百万医疗险的超高报销额对老年人而言非常实用，因为老人一旦因为什么疾病进了医院，很可能一时半会出不了院，这就需要长期大额的医疗开销。

并且，百万医疗险的报销并不会区分住院原因是疾病还是意外，所以对于疾病和意外风险双高的老人而言完美实现了“一险双关”。

同时，百万医疗险的价格还特别亲民，至少不像老人购买重疾险那样保费高到“倒挂”，对于一般的家庭都能承受。

(2)防癌险

前面说了，对于老人而言，百万医疗险可谓“可遇不可求”，相对而言，防癌医疗险更有可操作性。在功能作用上，两者唯一的区别就在于后者的保障范围仅限于癌症。所以，对于无法投保医疗险的老人而言，防癌险可谓一个完美替身。

为什么说它是完美替身呢？主要有以下三个理由。

①投保年龄宽松

百万医疗险的首次投保年龄大多不超过 60 周岁，而防癌险基本可放宽至 70 周岁。本案例中的王老帅夫妻都符合要求。

②核保条件宽松

百万医疗险基本可以说是核保最严格的保险，而防癌险则要宽松许多，哪怕被保险人患有三高(高血压、高血脂、高血糖)也可投保。在本案例中，患有高血压的王老帅也可以投保。

③低价格，高保额，超高性价比

与百万医疗险类似，防癌险也是高杠杆的保险产品，性价比极高。

(3)意外险

风险面前人人平等，区别只在于形态和大小。对于老人而言，最大的意外风险是什么？就是摔跤骨折。

老人一般很少出远门，活动范围一般局限于居家买菜和小区遛娃，但并不意味着老人的意外风险很低。相反，由于老人普遍存在骨质疏松、眼花耳背、记忆力差等情况，在缺乏有效看护的情况下，非常容易因为做了一些危险的行为，比如登高取物，用尖锐的剪刀剪东西，穿不防滑的拖鞋下楼等，而导致受伤。

针对老人的意外险，我们应该尽量选择高意外医疗责任的产品，身故伤残的保额相对没有那么重要。因为老人已经退休，子女也大多成年，处于已经履行完毕家庭责任的阶段，因此保障重点应该放在生活中发生意外所需要的治疗费用，而非身故伤残后给家庭带来的经济损失。

(4)终身寿险

老人购买终身寿险的主要目的是资产传承。

我国有“买房成家”的传统，因此大部分家庭如果上下看三代，基本都有两套以上房产，如果不提前规划，这些房产在所有权人去世后就会按照《民法典》的规定进入法定继承程序，而复杂的继承流程、法定的分配规则、潜在的继承纠纷等，很可能并不符合被继承人的意愿。

另外，老一辈因为经历过困难的年代，已经养成节俭的生活习惯，哪怕退休工资并不高，却往往能有结余，这些结余都放在什么地方呢？大部分是存在银行。而这些钱如果不提前安排，继承人继承时会发现要取出并不容易，可能被银行要求提供一系列文件证明"你妈是你妈"，如果涉及多个继承人，情况则更加复杂。

终身寿险的资产传承功能及应用方法，我在本书的其他章节有所详述，此处暂不展开。在本案例中，考虑到王老帅夫妻年龄偏大，生活稳定宽裕，建议酌情考虑资产的传承问题。

(二)张老帅＋张老太夫妻

张老帅＋张老太夫妻代表需要靠自主经营获得生活来源的老人群体，他们自身的风险主要体现在疾病和意外，资产的风险体现在没有稳定的养老金。

1. 方案建议

(1)健康风险：百万医疗险(争取购买)或防癌险。

(2)意外风险：意外险(需含意外医疗责任，可考虑专为老人设计的产品)。

(3)养老风险：年金保险。

2. 配置理由

关于健康和意外风险的配置理由与前述王老帅夫妻类似，这里不再赘述，我们来看看如何用年金保险解决其养老风险。

年金保险是用于解决养老金问题的常用工具，它有着与生命等长，增值与分配兼而有之的特点，可以在兼顾收益的同时提取生存金用于生活开支。一般而言，短期交费型年金保险可以实现在交完保费后的1～2年"回本"，颇受保守型的投保人青睐。养老型年金保险专为解决人们的养老风险而设计，虽说到后期现金价值和身故金都为0，但每年分配的生存金额相对较高，可以真正实现长寿风险的转移。

本案例中，张老帅夫妻打理着一家小吃店，收入并不稳定，如果按照年收入15万元计算，两人可以生活宽裕尚有结余，而如果按照年收入5万元计算，则生活会比较吃紧。

其实，张老帅夫妻的情况属于我国普遍小微企业主的缩影，就是做生意需要“看天吃饭”，收入不稳定，对风险的承受能力较低。以张老帅夫妻从事的餐饮行业举例，虽说表面上可以每天收钱，现金流似乎很好，但因为租金、装修、人工等沉没成本，如果遇到“黑天鹅”事件，几个月无法开张，损失就会很大。并且，小微企业主们大多疲于忙碌每一天的生意，没有精力或者途径去认真了解养老这个课题，有的人甚至连社保都没有买，一旦自己垂垂老矣，不再具备创富能力，养老境况就会比较堪忧。

因此，对于张老帅夫妻而言，非常有必要使用年金保险来为自己补充养老金。

二、成人篇——对家庭最大的责任，就是先保护好自己

有一句电视剧台词在网络上异常爆火，被网友称“太扎心了”，那句话是这样说的：“（作为上司）你不要大声责骂年轻人，他们会立刻辞职的，但是你可以往死里骂那些中年人，尤其是有车有房有娃的那些，他们是绝对不会辞职的。”

这些绝对不会辞职的中年人，都是谁呢？

他可以是本节中的王大帅，可以是如你我一般承担着家庭责任的普通人，可以是为了生活咬紧牙关负重前行的每一个人。

像这样的一群人，上有老，下有小，扮演着儿子/女儿、丈夫/妻子、父亲/母亲的三重角色，不能演砸，不能退场，在承担各种压力的同时，每天还思考着如何让家人过得更好，实在是很不容易。

也是这样的一群人，往往不舍得在自己身上多花钱，想到什么好事都先留给老人或者小孩。就像不少人第一次想要认真了解保险时，往往是因为孩子刚出生，作为父母爱子心切，想要给孩子一份保障。而反观父母自己，许多还在无保“裸奔”，别说为了孩子保障风险，其实自己才是最大的风险。

所以，对于年龄与健康状况都不上不下，还每日在人生的“高压锅”里蒸煮的成年人来讲，对家庭最大的责任，就是先保护好自己，千万不要任性，毕竟大家都带着养幼扶老的任务在身，如果缺乏必要的“装备”，是很难顺利完成人生“长征”的。

（一）王大帅

王大帅作为家庭的唯一经济支柱，也就是前述的“绝对不会辞职的中年人”，

他的风险形态比较综合，不仅需要考虑自己，还要考虑依靠他生活的全部家人。

1. 方案建议

（1）健康风险：高额重大疾病保险＋百万医疗险＋小病医疗险。

（2）意外风险：高额意外险（含意外医疗责任）。

（3）身故风险：定期寿险（保额覆盖剩余房贷）。

2. 配置理由

对于家庭经济支柱王大帅来讲，在方案配置时，不仅需要考虑自己因为疾病/意外所产生的治疗开销，更需要考虑家庭在失去自己这个“印钞机”之后，如何才能维持家庭正常的运转直到大家一起渡过难关。因此，高额重大疾病保险、高额意外险和定期寿险的配置必不可少。

（1）高额重大疾病保险、百万医疗险、小病医疗险

如果王大帅不幸罹患了重疾，用百万医疗险＋小病医疗险覆盖院内治疗费用，用重大疾病保险覆盖院外费用和弥补未来 5 年无法工作的收入损失，这样可以保证这个家庭在 5 年的时间内都不会因为他的疾病发生改变。而在这 5 年里，王大帅既可以安心休养，也有充裕的时间来规划自己 5 年后的事业。

（2）高额意外险

如果王大帅因为意外伤害导致残疾、全残或身故，意外险会按伤残对应的比例进行赔付。那么，意外险的保额应该如何确定呢？我的建议是至少保到家庭年收入的 5 倍且不低于 100 万元。理由如下。

本案例中，王大帅的职业为私营企业 IT 骨干，那么，用手码字就是日常重要的工作内容。我们想象一下，如果一场意外导致王大帅失去一根食指，后果会怎样呢？医院内的伤口处理不需要多少花费，但这势必会影响其工作效率，说不定被裁员和被迫转行都有可能。而如果王大帅只买了 10 万元保额的意外险，单手失去食指属于十级伤残，则只会赔付 10％即 1 万元。1 万元能够解决王大帅被裁员、转行的时间和经济损失吗？显然不能。因此，如果我们假设其转行过渡期需要开销 10 万元，那他的意外险保额至少需要保到 100 万元以上才有意义。

（3）定期寿险

王大帅一家还有剩余房贷未结清，如果他提前身故，妻儿很可能面临无房居住的境况。所以，在王大帅的身故保额里，一定需要把剩余的房贷考虑进去，而

解决提前身故问题的专有工具，就是定期寿险。

同时，定期寿险也是解决房贷问题的完美工具，其最大的优势是不问身故的原因（故意伤害/杀害和2年内自杀除外），以及可以做到保障期限与房贷剩余还款期限进行匹配。减额定期寿险还能做到保额与剩余贷款余额的动态匹配，让每一分保障都不浪费，既经济又实用。

这时可能有人会问："前面不是讲了重大疾病保险和意外险也可以含有身故责任，那我们为什么还需要定期寿险呢？"

是的，虽说重大疾病保险和意外险都可以含有身故责任，但如果我们用这两款替代定期寿险来保障身故风险，会有明显的缺陷，具体如下。

首先，如果用重大疾病保险的身故保额来覆盖房贷，会导致保费畸高，十分不划算。我们来对比一下。如果30周岁的王大帅购买一份含50万元身故责任的重大疾病保险，按照30年交费，每年保费需要近1万元。而如果王大帅购买一份50万元保额的定期寿险，保障期间30年（剩余房贷期），每年只需要85元，足足相差了100多倍。

其次，投保高保额的重大疾病保险时，如果超过保险公司的体检线会被要求参加体检，增加了额外的麻烦和不予承保的风险。

最后，虽说高额意外险往往容易购买，并且价格也挺便宜，但是它只能保障因为意外导致身故的风险，如果是疾病则不在赔付范围。

（二）张美丽

张美丽代表着虽然没有经济收入，但承担着照顾家人和抚育小孩重任的全职太太群体。她主要的风险形态为自身的疾病和意外，以及不得已需要请人照顾家人时带来的经济负担。

1. 方案建议

（1）健康风险：重大疾病保险＋百万医疗险＋小病医疗险。

（2）意外风险：意外险（需含意外医疗责任）。

2. 配置理由

张美丽作为全职太太没有承担经济上的家庭责任，所以配置重点应放在个人疾病/意外的开销。

同时，因为孩子年幼需要专人全职照顾，所以其保额还需要覆盖当她不能照顾孩子时需要额外请人的费用。

三、子女篇——父母之爱子，则为之计深远

我相信绝大多数父母都很爱自己的小孩，这种血浓于水的情感很难用语言去诠释。在这个物质相对充裕的时代，父母对孩子的爱已经无法用吃饱穿暖来表达，更多体现在对孩子健康的呵护、教育的重视和优质的陪伴上。所以，“为孩子报 3 万元的培训，为老公抢 30 元的衣服”会在妈妈群被冠以“年度最正确消费观”。孩子凭着与爸爸相差百倍的待遇，高调昭示了自己在家庭中的地位。

孩子因为年纪尚小，有着好奇心强、好动、缺乏风险意识、容易做危险动作导致磕碰受伤、对特定伤害（如病毒、细菌、过热或过冷等）缺乏抵抗力等特点，再加上一些遗传问题，颇受少儿高发疾病（如新生儿黄疸、肺炎、白血病、川崎病、手足口病等）和意外伤害（烫伤、割伤、骨折等）的困扰，父母们一定要高度重视。

另外，孩子的教育费用也是一笔不少的开销。据广大网友统计，一个婴儿从呱呱坠地开始，直到 TA 在国内大学毕业能够独立生活为止，至少需要花费 150 万元，这还不包括 TA 上私立学校、出国留学深造等费用。

所以，父母之爱子，则为之计深远。作为父母，我们不仅要重视孩子的日常教育和陪伴，还需要担任好“保护伞”的角色，用科学的规划为孩子遮风挡雨。以王小帅作为子女的代表，具体分析如下。

1. 方案建议

（1）健康风险：重大疾病保险＋百万医疗险＋小病医疗险。

（2）意外风险：意外险（含意外医疗责任）。

（3）教育风险：年金保险或终身寿险（支持减保取现）。

2. 配置理由

（1）重大疾病保险＋百万医疗险＋小病医疗险

有观点认为，幼儿不易发生重疾，为幼儿购买重大疾病保险属于浪费。但我认为，这种观点是非常错误的。如前所述，孩子尚小但并不代表其生病概率小，只是幼儿高发疾病种类与成人不同而已。因此，只要经济允许，为其配置重大疾病保险是非常必要的。再加上少儿保费便宜，如无近期住院记录，健康告知也容易通过，此时为其购买终身型的重大疾病保险是十分划算的，一点都不浪费。

像王小帅只有 1 周岁，可以考虑为其配置专为幼儿设计的重大疾病保险附

加小病医疗险，再单独投保一份百万医疗险。关于重大疾病保险的保额，因幼儿不需承担家庭经济责任，所以初次配置只需考虑无法报销的院外开支部分，再加上营养费、看护费等即可。

(2)意外险

关于意外风险，孩子与老人有很大的类似性，俗话讲的"老还小"也是这个道理。因此，非常有必要参考前述老人的配置思路为孩子也配上一份含意外医疗责任的普通意外险。

(3)年金保险或终身寿险

与前述通过年金保险解决养老金问题的思路类似，我们也可以运用年金保险解决孩子的教育金问题。另外，支持减保取现功能的终身寿险也能起到同样效果，甚至更加灵活，两者具体的运用方法，本书在其他章节有所详述，此处不再展开。

DIY 一份实用的保险计划书

如果我们想要得到“1”这个结果，我们既可以直接选择1，也可以用0.5+0.5=1，还可以用0.2+0.8=1。不管怎样，只要最后的答案是1，就都是正确答案，保险配置也是同理。

清楚了配置保险的思路，我们就来实操演练 DIY 一份保险计划书。

动手之前，有三个重要的问题需要提前说明。

（1）对任何人而言，一份科学的保险方案都不存在“唯一解”。

如果我们想要得到“1”这个结果，我们既可以直接选择 1，也可以用0.5+0.5=1，还可以用 0.2+0.8=1。不管怎样，只要最后的答案是 1，就都是正确答案。保险配置也是同理，这个“1”就是我们的需求，只要整个方案组合能够满足我们的需求，这就是一份好的保险方案。

不仅如此，在实际操作中，不仅得到“1”的过程不存在“唯一解”，“1”本身也不是“唯一答案”。

因为，人生是动态变化的过程，随着我们认知水平、家庭人员结构、健康状况、经济条件的变化，在不同的人生阶段，必然有着不同的需求和不同的经济承受能力。因此，保险方案在各个阶段，也必然存在着不同的“最优解”。这就像我前面所说的，配置保险不是一蹴而就的结果，而是逐步完善、动态调整的过程，我们只要把握住了每个当下的“最优解”，就一定能够得到整个人生的“正确答案”。

（2）选保险如选车，不同套系不能一概而论。

选保险的过程，某种程度上像我们选车，即使都是商务车型，进口奔驰 S 级和大众帕萨特的价格一定不同。个中区别，既有发动机类型、轿厢材质、安全设施、座椅内饰、音响功放等硬件的区别，还有品牌溢价、车友社群、道路救援、后期保养等软件的区别。哪怕同样是进口奔驰 S 级，也分为商务型、尊享型、臻藏型、尊贵型、豪华型，对应着不同的配置和价格，供大家根据需求和预算选择：如果追求动感，可以选择双涡轮增压款；如果喜欢自驾游，可以选择前置四驱；如果对音质格外挑剔，可以加配原装音响等。

购买保险也是类似，同样是重大疾病保险，平安的“平安福”与支付宝的“健康福”条款迥然不同，即使是同一款产品，也可能因为不同的“套系”，对应着不同的责任和价格。以某款单次赔付的重大疾病保险为例，我们是选择 20 年交费还是 30 年？是否增加二次重疾赔付责任？是否增加投保人豁免？是否增加特定疾病额外赔付？是否增加身故责任？身故是返还保费，还是赔付保额，还是赔付现金价值……

关于这个问题，我们可以结合前面章节里的树状图进行理解。

(3)预算有限怎么办？险种＞保额＞保障时间。

纵有保险千般好，就怕钱包受不了。当我们好不容易挑选到心仪的保险产品时，突然发现预算差了那么一截，这是非常让人沮丧的。

那么，有什么办法化解呢？

这时，我们需要记住一个重要的配置原则：险种＞保额＞保障时间。关于这部分内容，我们已在前面章节有所详述，这里就不再展开了。

明确了以上原则，我们再以王大帅一家 7 口为例(参照“王大帅家庭成员情况介绍表)，为他们 DIY 一份实用的保险计划书。

下述方案的条款、数据、价格均来自真实在售产品，根据具体设定的投/被保险人的年龄、身体状况、家庭责任等因素分别挑选，并在考虑性价比基础上尽量做出最优选择。因此，即使是同样的险种，也会因被保险人情况不同而选择不同方案。因为，保险产品没有“最好”，只有“最适合”，懂得量体裁衣是非常重要的功课。

一、王老帅夫妻保障方案

王老帅夫妻年龄偏大(65 周岁、60 周岁)且王老帅患有高血压，并无太多产品可以选择，配置方案具体如下。

1. 王老帅个人方案

按照不同的价格与保障范围，我将保障方案分为入门和标准两种版本，具体如下。

(1)入门版(见下表)

入门版保障方案

投保人信息:王老帅,男,65 周岁					
险　种	保障时间	交费年限	年交保费	保障责任	备　注
百万医疗险	1 年	每年	2 119 元	①一般医疗保险 300 万元 ②重大疾病保险 300 万元 ③健康咨询/免费体检/专家门诊/住院安排/手术安排等服务 ④免赔额 1 万元	两款同时投保,如前款承保则将第二款退保
防癌险	1 年	每年	615 元	①恶性肿瘤/质子重离子/特定疾病保险金 300 万元 ②意外身故及伤残 1 万元 ③恶性肿瘤绿通及垫付服务 1 次	
意外险	1 年	每年	100 元	①意外身故/伤残保险金 10 万元 ②意外医疗(100 元免赔额,剩余 100%赔付,限社保范围)1 万元 ③意外住院津贴 50 元/天	—
保费测算:715～2 219 元					

方案解读

王老帅因年届 65 周岁,且患有高血压,因此可选择险种较少或价格过高,所以入门版仅推荐百万医疗险(优先)、防癌医疗险(备选)和普通意外险。如备注所示,因百万医疗险与防癌险是替代关系,因此优选前者,如不能承保则选后者。

这里需要说明的是,对于 99%的普通百万医疗险而言,高血压患者都在拒保名单,但偶尔有 1%的普通百万医疗险(如本例)写明可承保高血压但需通过智能核保,因此值得一试。

（2）标准版（见下表）

标准版保障方案

<table>
<tr><th colspan="6">投保人信息：王老帅，男，65 周岁</th></tr>
<tr><th>险　种</th><th>保障时间</th><th>交费年限</th><th>年交保费</th><th>保障责任</th><th>备　注</th></tr>
<tr><td>百万医疗险</td><td>1 年</td><td>每年</td><td>2 119 元</td><td>①一般医疗保险 300 万元
②重大疾病保险 300 万元
③健康咨询/免费体检/专家门诊/住院安排/手术安排等服务
④免赔额 1 万元</td><td rowspan="2">两款同时投保，如前款承保则将第二款在犹豫期退保</td></tr>
<tr><td>防癌险</td><td>1 年</td><td>每年</td><td>615 元</td><td>①恶性肿瘤/质子重离子/特定疾病保险金 300 万元
②意外身故及伤残 1 万元
③恶性肿瘤绿通及垫付服务1 次</td></tr>
<tr><td>老年防癌险（给付型）</td><td>10 年</td><td>10 年</td><td>3 036 元</td><td>恶性肿瘤保险金 10 万元</td><td>—</td></tr>
<tr><td>意外险</td><td>1 年</td><td>每年</td><td>200 元</td><td>①意外身故/伤残保险金 20 万元
②意外医疗（100 免赔额，剩余 100% 赔付，限社保范围）2 万元
③意外住院津贴 100 元/天</td><td>—</td></tr>
<tr><td colspan="6">保费测算：2 934～5 355 元</td></tr>
</table>

方案解读

对于王老帅而言，虽然和重大疾病保险基本无缘，但给付型的老年防癌险还是值得一投的。什么是给付型的老年防癌险呢？我们可以把它简单理解为“低配版的重大疾病保险”，普通重大疾病保险只要得重疾就赔，而给付型防癌险必须要得了癌症才赔。虽说是“低配版的重大疾病保险”，但它与报销型的防癌险相比仍然有很大的优势，至少可以解决一部分院外无法报销的治疗、营养、看护等费用，对本来选择面就很少的老人而言，也算是雪中送炭的存在。

在本方案中，若考虑高配版，可把老年防癌险（给付型）替换为重大疾病保险，但因为适合 65 周岁老人的重大疾病保险十分稀少，并且基本无法承保高血压，因此放弃此方案。

2. 王老太个人方案

按照不同的价格与保障范围，我将保障方案分为入门、标准和高配三种版本，具体如下。

（1）入门版（见下表）

入门版保障方案

投保人信息：王老太，女，60周岁				
险　种	保障时间	交费年限	年交保费	保障责任
百万医疗险	1年	每年	1 528元	①一般医疗保险300万元 ②重大疾病保险300万元 ③健康咨询/免费体检/专家门诊/住院安排/手术安排等服务 ④免赔额1万元
意外险	1年	每年	100元	①意外身故/伤残保险金10万元 ②意外医疗（100元免赔额，剩余100%赔付，限社保范围）1万元 ③意外住院津贴50元/天
保费测算：1 628元				

方案解读

王老太的年龄为60周岁，刚好是少数百万医疗险产品的可投封顶年龄，再加上其身体健康，我们推测其投保百万医疗险没有太大问题。因此，将百万医疗＋普通意外作为入门配置即可。

（2）标准版（见下表）

标准版保障方案

投保人信息：王老太，女，60周岁				
险　种	保障时间	交费年限	年交保费	保障责任
百万医疗险	1年	每年	1 528元	①一般医疗保险300万元 ②重大疾病保险300万元 ③健康咨询/免费体检/专家门诊/住院安排/手术安排等服务 ④免赔额1万元

续上表

投保人信息：王老太，女，60周岁				
险　种	保障时间	交费年限	年交保费	保障责任
老年防癌险（给付型）	终身	10年	2 652元	①恶性肿瘤保险金10万元 ②原位癌保险金2万元
意外险	1年	每年	200元	①意外身故/伤残保险金20万元 ②意外医疗（100元免赔额，剩余100%赔付，限社保范围）1万元 ③意外住院津贴100元/天
保费测算：4 380元				

方案解读

标准版方案增加了给付型防癌险，原因与王老帅相同，此处不再赘述。

（3）高配版（见下表）

高配版保障方案

投保人信息：王老太，女，60周岁				
险　种	保障时间	交费年限	年交保费	保障责任
百万医疗险	1年	每年	1 528元	①一般医疗保险300万元 ②重大疾病保险300万元 ③健康咨询/免费体检/专家门诊/住院安排/手术安排等服务 ④免赔额1万元
重大疾病保险	终身	5年	7 870元	①重大疾病保险金10万元 ②轻症赔付3次，每次3万元/4万元/5万元 ③中症赔付1次，保险金5万元
意外险	1年	每年	200元	①意外身故/伤残保险金20万元 ②意外医疗（100元免赔额，剩余100%赔付，限社保范围）1万元 ③意外住院津贴100元/天
保费测算：9 598元				

方案解读

因王老太年龄为60周岁，身体健康，符合少数重大疾病保险的可投保条件，可尝试投保重大疾病保险。虽说价格较高，但保障全面，与给付型防癌险为替代关系（前者责任包含后者），在经济状况允许的情况下，可以考虑配置。

3. 王老帅夫妻家庭方案——资产传承

假设王老帅夫妻有200万元的现金资产，两人希望在身故后传承给儿子王大帅。这对老夫妻还希望在两人身故之前，这笔钱可以完全由自己掌控，不会提前给付给王大帅，如果他们需要使用这笔钱，也要能够满足临时资金周转的需求。具体方案见下表。

资产传承方案

险　种	投保人	被保人	受益人	保障时间	交费年限	年交保费	备　注
终身寿险	王老太	王大帅	王大帅	终身	5年	40万元	优先选择高现金价值，支持减保取现和保单贷款功能的产品
被保人权益——全残/身故保险金							
40周岁	50周岁	60周岁	70周岁	80周岁	90周岁	100周岁	
320万元	347万元	489万元	690万元	972万元	1 371万元	1 933万	
被保人权益——现金价值							
40周岁	50周岁	60周岁	70周岁	80周岁	90周岁	100周岁	
246万元	347万元	489万元	690万元	972万元	1 371万	1 933万	
被保人权益——意外伤害保险金							
40周岁	50周岁	60周岁	70周岁	80周岁	90周岁	100周岁	
519万	636万	909万	1 299万	1 858万	2 657万	3 800万	

方案解读

终身寿险是资产传承的专业工具，属于“风筝型的资产”，即虽说受益人是王大帅，但在投保人健在的情况下，受益人并不能得到任何资金。在投保人身故之前，投保人拥有全部的保单权益，包括减保取现、保单贷款、退保、变更受益人（需经被保险人同意）等，而在投保人身故之后，身故金才会给到受益人。另外，部分有类信托功能的终身寿险，身故金还可分时间、分条件给到受益人，就像一只“从坟墓里伸出的手”，即使投保人亡故，依然可以防止子女因挥霍和婚姻、债务风险导致财产外流的情况。另外，终身寿险还能实现杠杆传承和避免复杂继承程序的问题。

二、张老帅夫妻保障方案

作为小微企业主的代表，张老帅夫妻的保障方案设计如下。

1. 张老帅个人方案

张老帅情况与前述王老太如出一辙，此处不再赘述解读过程，仅展示方案供参考。

（1）入门版（见下表）

入门版保障方案

投保人信息：张老帅，男，55周岁				
险　种	保障时间	交费年限	年交保费	保障责任
百万医疗险	1年	每年	970元	①一般医疗保险300万元 ②重大疾病保险300万元 ③健康咨询/免费体检/专家门诊/住院安排/手术安排等服务 ④免赔额1万元
意外险	1年	每年	100元	①意外身故/伤残保险金10万元 ②意外医疗（100元免赔额，剩余100%赔付，限社保范围）1万元 ③意外住院津贴50元/天
保费测算：1 070元				

（2）标准版（见下表）

标准版保障方案

投保人信息：张老帅，男，55周岁				
险　种	保障时间	交费年限	年交保费	保障责任
百万医疗险	1年	每年	970元	①一般医疗保险300万元 ②重大疾病保险300万元 ③健康咨询/免费体检/专家门诊/住院安排/手术安排等服务 ④免赔额1万元

续上表

投保人信息:张老帅,男,55 周岁				
险　种	保障时间	交费年限	年交保费	保障责任
老年防癌险（给付型）	终身	10 年	3 108 元	①恶性肿瘤保险金 10 万元 ②原位癌保险金 2 万元
意外险	1 年	每年	200 元	①意外身故/伤残保险金 20 万元 ②意外医疗(100 元免赔额,剩余 100%赔付,限社保范围)2 万元 ③意外住院津贴 100 元/天
保费测算:4 278 元				

(3)高配版(见下表)

高配版保障方案

投保人信息:张老帅,男,55 周岁				
险　种	保障时间	交费年限	年交保费	保障责任
百万医疗险	1 年	每年	970 元	①一般医疗保险 300 万元 ②重大疾病保险 300 万元 ③健康咨询/免费体检/专家门诊/住院安排/手术安排等服务 ④免赔额 1 万元
重大疾病保险	终身	10 年	7 728 元	①重大疾病保险金 10 万元 ②轻症赔付 3 次,每次 4 万元/4.5 万元/5 万元 ③中症赔付 3 次,每次 5 万元/5.5 万元/6 万元 ④身故赔付基本保额 ⑤恶性肿瘤额外赔付 10 万元 ⑥自带被保人轻、中症保费豁免
意外险	1 年	每年	300 元	①意外身故/伤残保险金 30 万元 ②意外医疗(100 元免赔额,剩余 100%赔付,限社保范围)3 万元 ③意外住院津贴 150 元/天
保费测算:8 998 元				

2. 张老太个人方案

张老太情况与前述王老太比较类似,不同之处在于其去年做过胆囊切除术,故在百万医疗险的投保上可能有所限制。鉴于此，我们选择了对该手术比较友好的某款医疗险进行推荐，可通过智能核保功能标体承保。此处不再赘述解读过程，仅展示方案供参考。

(1)入门版(见下表)

入门版保障方案

投保人信息:张老太,女,50周岁				
险　种	保障时间	交费年限	年交保费	保障责任
百万医疗险	1年	每年	1 101元	①一般医疗保险金200万元 ②恶性肿瘤保险金200万元 ③恶性肿瘤津贴保险金1万元 ④住院绿通1次/恶性肿瘤国内第二诊断意见1次等服务 ⑤免赔额1万元 ⑥保证续保6年 ⑦对胆囊切除术可以标体承保
意外险	1年	每年	100元	①意外身故/伤残保险金10万元 ②意外医疗(100元免赔额,剩余100%赔付,限社保范围)1万元 ③意外住院津贴50元/天
保费测算:1 201元				

(2)标准版(见下表)

标准版保障方案

投保人信息:张老太,女,50周岁				
险　种	保障时间	交费年限	年交保费	保障责任
百万医疗险	1年	每年	1 101元	①一般医疗保险金200万元 ②恶性肿瘤保险金200万元 ③恶性肿瘤津贴保险金1万元 ④住院绿通1次/恶性肿瘤国内第二诊断意见1次等服务 ⑤免赔额1万元 ⑥保证续保6年 ⑦对胆囊切除术可以标体承保

续上表

投保人信息：张老太，女，50周岁				
险　种	保障时间	交费年限	年交保费	保障责任
老年防癌险（给付型）	终身	10年	2 336元	①恶性肿瘤保险金10万元 ②原位癌保险金2万元
意外险	1年	每年	200元	①意外身故/伤残保险金20万元 ②意外医疗（100元免赔额，剩余100%赔付，限社保范围）2万元 ③意外住院津贴100元/天
保费测算：3 637元				

（3）高配版（见下表）

高配版保障方案

投保人信息：王老太，女，50周岁				
险　种	保障时间	交费年限	年交保费	保障责任
百万医疗险	1年	每年	1 101元	①一般医疗保险金200万元 ②恶性肿瘤保险金200万元 ③恶性肿瘤津贴保险金1万元 ④住院绿通1次/恶性肿瘤国内第二诊断意见1次等服务 ⑤免赔额1万元 ⑥保证续保6年 ⑦对胆囊切除术可以标体承保
重大疾病保险	终身	10年	5 978元	①重大疾病保险金10万元 ②轻症赔付3次，每次4万元/4.5万元/5万元 ③中症赔付3次，每次5万元/5.5万元/6万元 ④身故赔付基本保额 ⑤恶性肿瘤额外赔付10万元 ⑥自带被保人轻、中症保费豁免
意外险	1年	每年	300元	①意外身故/伤残保险金30万元 ②意外医疗（100元免赔额，剩余100%赔付，限社保范围）3万元 ③意外住院津贴150元/天
保费测算：7 379元				

3. 张老帅夫妻家庭方案——养老补充

张老帅夫妻尚未退休，靠经营小吃店维持生活但收入并不稳定，因此建议考虑用年金保险对退休养老金进行补充。另外，与终身寿险主要保身后不同，年金保险主要保生前，简单地说，就是“活得越久，领得越多”。而张老帅夫妻年龄均50 周岁以上，因此可考虑两种方案。

方案一：以相对年轻的张老太为投保人、被保险人和生存受益人购买年金保险，生存金用于老两口的生活补充。

方案二：以相对年轻的张老太为投保人，但是以女儿张美丽为被保险人，而生存受益金由投保人领取，以最大化发挥年金保险的长期复利价值。

我们假设张老太夫妻近 5 年可每年存下 4 万元，具体方案见下表。

年金保险方案

方　案	险　种	投保人	被保人	生存受益人	身故受益人	保障时间	交费年限	年交保费	权　益	备　注
一	年金保险	张老太	张老太	张老太	张美丽	终身	5 年	4 万元	①张老太从 60 周岁起可每年领取生存金 1.1 万元至 1.48 万元（前低后高）不等，到其 105 周岁，合计可领取 66.77 万元 ②被保人 60 周岁后无现金价值 ③被保人 80 周岁后无身故保险金	—
二	年金保险	张老太	张美丽	张老太	张美丽	终身	5 年	4 万元	①张老太 56～57 周岁时可每年领取生存金 2 万元，之后可每年领取生存金 5 420 元直到张美丽105 周岁（不考虑万能账户收益） ②该款保险生存金累计可领取 69 万元，另有现金价值和身故金约 20 万元	需配合第二投保人、遗嘱、赠与协议等措施，防范投保人去世后保单变遗产

三、王大帅家庭保障方案

作为普通中等收入群体的代表，王大帅家庭保障方案的设计如下。

1. 经济支柱——王大帅

（1）入门版（见下表）

入门版保障方案

投保人信息：王大帅，男，30周岁					
险　种	保障时间	交费年限	年交保费	保障责任	备　注
百万医疗险	1年	每年	364元	①一般医疗保险金200万元 ②恶性肿瘤保险金200万元 ③恶性肿瘤津贴保险金1万元 ④住院绿通1次/恶性肿瘤国内第二诊断意见1次 ⑤免赔额1万元 ⑥保证续保6年	—
重大疾病保险A款	至70周岁	30年	3 315元	①重大疾病保险金50万元 ②轻症赔付3次，每次保险金15万元 ③中症赔付2次，每次保险金25万元 ④前10年罹患重疾额外赔付15万元	因王大帅保额较高，分开投保可享受差异化条款优势及免体检额度
重大疾病保险B款	至70周岁	30年	4 555元	①重大疾病保险金50万元，分6组赔6次，每次保险金按照100%～150%递增，即6次合计可赔375万元 ②轻症赔付3次，每次保险金15万元 ③中症赔付2次，每次保险金25万元	
意外险	1年	每年	830元	①意外身故/伤残保险金100万元 ②意外医疗1万元 ③意外住院津贴100元/天，重症监护津贴200元/天	—
定期寿险	30年	30年	850元	身故保险金100万元	房贷100万元
保费测算：9 914元					

方案解读

王大帅是家庭唯一经济支柱，承担着生活、房贷、子女教育等全部支出，虽说个人收入不错，但经不起任何闪失，一旦这棵“摇钱树”倒下，整个家庭也就倒下了。因此，王大帅的方案即使是入门版，也建议按照险种＞保额＞保障时间的思路来配置，即全险种、高保额、短期限，这样配置的好处是：即使发生任何一种风险，都在方案的覆盖范围之内，让保险真正起到保障的作用而非“装饰品”；同时，又因为设计的保障期限较短，因此价格相对便宜，属于多数人都能承受的范围。

这份入门版方案，保费合计不到1万元，按照王大帅30万元年薪折算只达到其的3.3%，却能撬动100万元的重大疾病保险、400万元的百万医疗险、100万元的意外险和100万元的定期寿险，怎么算都实惠。

（2）标准版（见下表）

标准版保障方案

投保人信息：王大帅，男，30周岁					
险种	保障时间	交费年限	年交保费	保障责任	备注
百万医疗险	1年	每年	364元	①一般医疗保险金200万元 ②恶性肿瘤保险金200万元 ③恶性肿瘤津贴保险金1万元 ④住院绿通1次/恶性肿瘤国内第二诊断意见1次 ⑤免赔额1万元 ⑥保证续保6年	—
重大疾病保险A款	至70周岁	30年	3 315元	①重大疾病保险金50万元 ②轻症赔付3次，每次保险金15万元 ③中症赔付2次，每次保险金25万元 ④前10年罹患重疾额外赔付15万元	因王大帅保额较高，分开投保可享受差异化条款优势及免体检额度
重大疾病保险B款	终身	30年	7 350元	①重大疾病保险金50万元，分6组赔6次，每次保险金按照100%～150%递增，即6次合计可赔375万元 ②轻症赔付3次，每次保险金15万元 ③中症赔付2次，每次保险金25万元	
意外险	1年	每年	1 020元	①意外身故/伤残保险金100万元 ②意外医疗3万元 ③意外住院津贴100元/天，重症监护津贴200元/天	—
定期寿险	30年	30年	850元	身故保险金100万元	房贷100万元
保费测算：12 049元					

方案解读

前面的入门版方案怎么算都实惠，可也有个显著的缺点，就是重大疾病保险的保障期限只达到70周岁。也就是说，按照入门版方案的配置，王大帅在70周岁以后就没有重疾保障了，而对于我们来说，往往都是年龄越大，生病的风险也越大，投保重疾的价格和门槛也都越高，特别是到了70周岁高龄，更是已经没有重大疾病保险可以投保了。所以，我们在标准版方案里，把其中50万元的重疾保额替换为终身型，这样一长一短的组合，融合了两款产品的优势，前者经济实惠，后者保障终身，一举两得。

(3)高配版(见下表)

高配版保障方案

投保人信息：王大帅，男，30周岁					
险　种	保障时间	交费年限	年交保费	保障责任	备　注
中端医疗险	1年	每年	1 870元	①特需部住院年度限额200万元 ②恶性肿瘤年度限额200万元 ③恶性肿瘤住院津贴年度限额1.8万元 ④住院费用垫付/就诊绿通/知名专家手术安排/含质子重离子治疗等服务 ⑤门诊及住院均0免赔	—
重大疾病保险A款	终身	30年	5 478元	①重大疾病保险金50万元 ②轻症赔付3次，每次保险金15万元 ③中症赔付2次，每次保险金25万元 ④前10年罹患重疾额外赔付15万元	因王大帅保额较高，分开投保可享受差异化条款优势及免体检额度
重大疾病保险B款	终身	30年	7 350元	①重大疾病保险金50万元，分6组赔6次，每次保险金按照100%～150%递增，即6次合计可赔375万元 ②轻症赔付3次，每次保险金15万元 ③中症赔付2次，每次保险金25万元	
意外险	1年	每年	1 930元	①意外身故/伤残保险金200万元 ②意外医疗5万元 ③意外住院津贴100元/天，重症监护津贴200元/天	—
定期寿险	30年	30年	850元	身故保险金100万元	房贷100万元
保费测算：15 972元					

方案解读

高配版除了用终身重大疾病保险全面替代定期重大疾病保险之外，也用中端百万医疗险替代了普通百万医疗险，其区别在于中端医疗险不管是门诊还是住院都没有免赔额，这意味着王大帅哪怕因为皮疹在门诊治疗花费了100元都是能报销的，另外还支持公立医院的国际部、外宾部、VIP部等特需部门，享受安静舒适私密的环境和个性化服务，这对于追求中高品质的用户十分友好，让住院也能成为不那么糟糕的体验。

同时，我们为王大帅配置了保额200万元的高额意外险。可能有人会问："为什么意外险的保额需要配那么高呢?"原因我们在前面讲过，因为除身故/全残外，意外险对伤残的赔付是分等级的，所以如果是五级以上的残疾，对于被保险人来讲已经是人生之大不幸，可对于意外险而言却连一半保额都赔不到，所以如果保额设置不够，对被保险人而言是起不了什么作用的。而意外险本身是杠杆率最高的产品，王大帅只用不到2 000元的价格就能买到200万元的意外保额附带5万元的意外医疗，所以即使买高一点，也不会造成经济负担。

另外，因为王大帅还有100万元余额的房贷需要在30年内归还，因此我们专门配置了100万元保额、30年保期的定期寿险来匹配。这样，王大帅在30年内如果因为任何原因不幸离开了这个世界，遗孀也能够用定期寿险的赔款来支付房贷，免于陷入居无定所的境地。

2. 全职太太——张美丽

张美丽因为没有承担家庭经济责任，只承担了子女看护的责任，所以其保障方案就简化了许多，只需要按照其本人如果发生疾病、意外需要花费的开销再适当加上聘请他人看护子女的费用即可。其他配置原因与王大帅相同，不再赘述。

(1)入门版(见下表)

入门版保障方案

投保人信息:张美丽,女,25周岁				
险　种	保障时间	交费年限	年交保费	保障责任
百万医疗险	1年	每年	294元	①一般医疗保险金200万元 ②恶性肿瘤保险金200万元 ③恶性肿瘤津贴保险金1万元 ④住院绿通1次/恶性肿瘤国内第二诊断意见1次 ⑤免赔额1万元 ⑥保证续保6年

续上表

投保人信息:张美丽,女,25周岁				
险　种	保障时间	交费年限	年交保费	保障责任
重大疾病保险	至70周岁	30年	1 458元	①重大疾病保险金30万元 ②轻症赔付3次,每次保险金9万元 ③中症赔付2次,每次保险金15万元 ④前10年罹患重疾额外赔付9万元
意外险	1年	每年	100元	①意外身故/伤残保险金10万元 ②意外医疗(100元免赔额,100%赔付,限社保范围)1万元 ③意外住院津贴50元/天
保费测算:1 852元				

(2)标准版(见下表)

标准版保障方案

投保人信息:张美丽,女,25周岁				
险　种	保障时间	交费年限	年交保费	保障责任
百万医疗险	1年	每年	294元	①一般医疗保险金200万元 ②恶性肿瘤保险金200万元 ③恶性肿瘤津贴保险金1万元 ④住院绿通1次/恶性肿瘤国内第二诊断意见1次 ⑤免赔额1万元 ⑥保证续保6年
重大疾病保险A款	至70周岁	30年	1 458元	①重大疾病保险金30万元 ②轻症赔付3次,每次保险金9万元 ③中症赔付2次,每次保险金15万元 ④前10年罹患重疾额外赔付9万元
重大疾病保险B款	终身	30年	2 244元	①重大疾病保险金20万元,分6组赔6次,每次保险金按照100%~150%递增,即6次合计可赔150万元 ②轻症赔付3次,每次保险金6万元 ③中症赔付2次,每次保险金10万元

续上表

投保人信息：张美丽，女，25 周岁				
险　种	保障时间	交费年限	年交保费	保障责任
意外险	1 年	每年	200 元	①意外身故/伤残保险金 20 万元 ②意外医疗(100 元免赔额，剩余 100％赔付，限社保范围)2 万元 ③意外住院津贴 100 元/天
保费测算：4 196 元				

(3)高配版(见下表)

高配版保障方案

投保人信息：张美丽，女，25 周岁				
险　种	保障时间	交费年限	年交保费	保障责任
中端医疗险	1 年	每年	1 572 元	①特需部住院年度限额 200 万元 ②恶性肿瘤年度限额 200 万元 ③恶性肿瘤住院津贴年度限额 1.8 万元 ④住院费用垫付/就诊绿通/知名专家手术安排/含质子重离子治疗等服务 ⑤门诊及住院均 0 免赔
重大疾病保险	终身	30 年	5 610 元	①重大疾病保险金 50 万元，分 6 组赔 6 次，每次保险金按照 100％～150％递增，即 6 次合计可赔 375 万元 ②轻症赔付 3 次，每次保险金 15 万元 ③中症赔付 2 次，每次保险金 25 万元
意外险	1 年	每年	300 元	①意外身故/伤残保险金 30 万元 ②意外医疗(100 元免赔额，剩余 100％赔付，限社保范围)3 万元 ③意外住院津贴 150 元/天
保费测算：7 482 元				

3. 学龄前儿童——王小帅

年仅 1 周岁的王小帅与张美丽一样，都没有承担家庭经济责任，因此，只需要按照其本人如果发生疾病、意外花费的开销配置保障即可。只不过使用少儿重大疾病保险替代了成人普通重大疾病保险，让保障范围更加精准。因此，此处不再赘述解读过程，仅展示方案供参考。

（1）入门版（见下表）

入门版保障方案

被保人信息：王小帅，男，1 周岁					
险　种	保障时间	交费年限	年交保费	保障责任	备　注
百万医疗险	1 年	每年	1 094 元	①一般医疗保险金 200 万元 ②恶性肿瘤保险金 200 万元 ③恶性肿瘤津贴保险金 1 万元 ④住院绿通 1 次/恶性肿瘤国内第二诊断意见 1 次 ⑤免赔额 1 万元 ⑥保证续保 6 年	—
少儿重大疾病保险	30 年	10 年	1 034 元	①重大疾病保险金 50 万元，不分组赔付 3 次，每次 50 万元 ②轻症赔付 3 次，每次保险金 15 万元/20 万元/25 万元 ③中症赔付 2 次，每次保险金 25 万元/30 万元 ④含少儿特定疾病 20 种和罕见疾病8 种，在 25 周岁前初次确诊可额外赔付50 万元 ⑤含身故责任，已交保费和现金价值取大	将风险较高的王大帅作为投保人，附加投保人豁免功能
意外险	1 年	每年	100 元	①意外身故/伤残保险金 10 万元 ②意外医疗（100 元免赔额，剩余 100%赔付，限社保范围）1 万元 ③意外住院津贴 50 元/天	—
保费测算：2 228 元					

(2)标准版(见下表)

标准版保障方案

<table>
<tr><td colspan="6">被保人信息:王小帅,男,1周岁</td></tr>
<tr><th>险　种</th><th>保障时间</th><th>交费年限</th><th>年交保费</th><th>保障责任</th><th>备　注</th></tr>
<tr><td>百万医疗险</td><td>1年</td><td>每年</td><td>1 094元</td><td>①一般医疗保险金200万元
②恶性肿瘤保险金200万元
③恶性肿瘤津贴保险金1万元
④住院绿通1次/恶性肿瘤国内第二诊断意见1次
⑤免赔额1万元
⑥保证续保6年</td><td>—</td></tr>
<tr><td>少儿重大疾病保险</td><td>至60周岁</td><td>20年</td><td>1 260元</td><td>①重大疾病保险金30万元,不分组赔付3次,每次30万元
②轻症赔付3次,每次保险金9万元/12万元/15万元
③中症赔付2次,每次保险金15万元/18万元
④含少儿特定疾病20种和罕见疾病8种,在25周岁前初次确诊可额外赔付30万元
⑤含身故责任,已交保费和现金价值取大</td><td rowspan="2">将风险较高的王大帅作为投保人,另增加投保人豁免功能</td></tr>
<tr><td>重大疾病保险</td><td>终身</td><td>30年</td><td>869元</td><td>①重大疾病保险金20万元
②轻症赔付3次,每次保险金6万元
③中症赔付2次,每次保险金10万元
④前10年罹患重疾额外赔付6万元</td></tr>
<tr><td>意外险</td><td>1年</td><td>每年</td><td>200元</td><td>①意外身故/伤残保险金20万元
②意外医疗(100元免赔额,剩余100%赔付,限社保范围)2万元
③意外住院津贴100元/天</td><td>—</td></tr>
<tr><td colspan="6">保费测算:3 423元</td></tr>
</table>

(3)高配版(见下表)

高配版保障方案

被保人信息:王小帅,男,1 周岁					
险　种	保障时间	交费年限	年交保费	保障责任	备　注
中端医疗险	1 年	每年	2 134 元	①特需部住院年度限额 200 万元 ②恶性肿瘤年度限额 200 万元 ③恶性肿瘤住院津贴年度限额 1.8 万元 ④住院费用垫付/就诊绿通/知名专家手术安排/含质子重离子治疗等服务 ⑤门诊及住院均 0 免赔	—
少儿重大疾病保险	终身	20 年	3 022 元	①重大疾病保险金 50 万元,不分组赔付 3 次,每次 50 万元 ②轻症赔付 3 次,每次保险金 15 万元/20 万元/25 万元 ③中症赔付 2 次,每次保险金 25 万元/30 万元 ④含少儿特定疾病 20 种和罕见疾病8 种,在 25 周岁前初次确诊可额外赔付50 万元 ⑤含身故责任,已交保费和现金价值取大	将风险较高的王大帅作为投保人,另增加投保人豁免功能
意外险	1 年	每年	300 元	①意外身故/伤残保险金 30 万元 ②意外医疗(100 元免赔额,剩余 100%赔付,限社保范围)3 万元 ③意外住院津贴 150 元/天	—
保费测算:5 456 元					

(4)教育金方案

假设王小帅未来教育花费如下。

6～12 周岁小学阶段:每年花费 1 万元,合计 6 万元。

13～15 周岁初中阶段:每年花费 2 万元,合计 6 万元。

16～18 周岁高中阶段:每年花费 2 万元,合计 6 万元。

19～22 周岁本科阶段:每年花费 3 万元,合计 12 万元。

综上,王小帅未来预计教育费用合计 30 万元,时间跨度覆盖 6～22 周岁,这是基于国内普通城市中等标准估算的金额,不包括出国留学、就读私立学校、课外名师家教、才艺培养等额外支出。方案建议具体见下表。

教育金方案

方案	险种	投保人	被保人	生存受益人	身故受益人	交费年限	年交保费	权益	备注
一	年金保险	王大帅	王小帅	王小帅	王大帅	1年	14.5万元	18～20周岁每年领取2.76万元,合计8.28万元,21周岁一次性领取22.41万元,两次合计领取30.7万元	一般教育年金领取时间为18周岁起
二	终身寿险	王大帅	王小帅	无	王大帅	3年	6.5万元	6～12周岁每年领取1万元,合计6万元; 13～15周岁每年领取2万元,合计6万元; 16～18周岁每年领取2万元,合计6万元; 19～22周岁每年领取3万元,合计12万元; 领取之后剩余现金价值1.9万元,放账户继续增值,至其60周岁为6.8万元,70周岁为9.6万元,80周岁为13.4万元,90周岁为18.5万元,100周岁为24.7万元,105周岁为28万元	需选择高现价/支持减保取现的终身寿险

方案解读

年金保险是我们准备教育金的常用工具,但这并不是年金保险的专利,终身寿险同样能够实现此功能,并且可能更加灵活。

在本案例中,因为王小帅对教育金的第一笔需求发生较早(6周岁),距离投保时间仅经过了5年,并不符合绝大多数教育年金的分配规则。相反,终身寿险因为可以使用减保取现功能,反而可以按照王小帅的需求精准匹配现金流,把需要使用的钱取出,剩下的钱继续留存保单复利增值,让每一分钱都发挥价值。

需要说明的是,市场上每一款保险产品都是相互独立的。某款年金保险的现金流表现并不能代表其他年金保险,同时,王小帅的现金需求也不能代表其他人的需求。因此,对于保险方案,我们只能个案分析,不能以点概面。还是那句话,黑猫(A方案)白猫(B方案),只要能抓住老鼠(需求)就是好猫(方案)。

第五章

锦上添花：小知识有大用处

保险家族成员众多，除了常见形态的健康险、意外险和寿险之外，还有旅游险、万能险、投连险等细分领域的保险产品，同样发挥着不可或缺的作用。保险也是一门“杂学”，关于交费期、产品定价、核保核赔等小知识，有时往往能帮助我们解决大问题。本章就是给大家讲一讲那些关于保险的“小秘密”。

养成买旅游险的好习惯

不少人喜欢通过产品名字来判断一款旅游险是否适合自己，事实上，用名字来判断保险，不亚于认为只要叫王昭君的人都一定是美女（王昭君是古代四大美女之一），可全国名叫王昭君的人有几百个，怎么可能个个都是绝世美人呢？

旅游这个词想必大家都不陌生，短到只有两天的周末，长到国庆、春节这样的长假，我们即使足不出户，都能在朋友圈观摩到外出旅游的圈友“自发组织”的“朋友圈摄影大赛”，里面不乏高水准的作品，生动展示着高中低端的国际游、国内游或者所在地一日游，游者和看客的自拍和自嗨，再配上一点幽默的自黑，充满着热气腾腾的生活气息。

而另外一些人，比如想要旅拍婚纱照的新婚夫妻、专业的“驴友”、创作旅行内容的自媒体、探访地方美食的节目组、长期出差的金融人等，对他们而言，旅游已经不仅是外出游玩那么简单，而是与他们的情怀、生活、事业融为一体，成为不可或缺的一部分。

旅游和我们关系如此紧密，旅游险也就应运而生。

像我们在某程 App 购买机票后，就会被系统推荐如航空意外险、航班延误险、航意航延组合险、国内旅行险、退票险等一系列保险，价格从 20 元到近百元不等，这就是旅游险。本节我就来讲一讲关于旅游险的那些事儿。

想要了解旅游险，就需要搞清楚以下两个问题。

一、旅游险是什么

旅游险属于意外险的范畴，可以理解为意外险的一个分支，专门保障旅游过程中可能发生的意外风险。相对于普通综合意外险而言，旅游险的保障责任会设计得更加细分和有针对性，会根据旅游地域、交通方式、游玩项目、风险系数的不同，在保障内容设计上各有侧重。

案例

王大帅和张美丽夫妻是一对旅游积极分子，两人稍有空闲就会外出小游一番，一是让自己从平时的柴米油盐中抽离出来，感受一下“诗和远方”；二也是带儿子王小帅开阔眼界，感受一下外面的世界。这不，国庆长假，一家三口又打算出游，目前有两个选择：要么去四川青城山泡温泉，感受一下道家圣地的清雅；要么去皮皮岛潜水，感受一下东南亚的温暖。

这两种旅游方案对应的风险有什么不同呢？

（一）青城山泡温泉

1. 交通风险

青城山泡温泉属于国内游，交通工具主要是大巴、私家车等地面交通工具，对于外地的朋友，最多再加上飞机，涉及风险就是国内的交通风险。

2. 意外伤害风险

一般情况下，泡温泉时可能发生的意外就是因汤池地滑导致摔伤，因水温过高或低导致脱水或感冒等。在有未成年子女的情况下，如果看护不当，还有一定概率发生溺水风险。

3. 国内医疗风险

在发生上述交通和意外伤害风险时，必然会需要在国内医院进行门诊或住院治疗，因此医疗风险也是一种必须考虑的伴生风险。

（二）皮皮岛潜水

1. 交通风险

如果选择去皮皮岛潜水，交通工具必然包括飞机，再加上国内和国外的大巴、的士、私家车等地面交通，涉及风险包括国内和国外的交通风险。

2. 拒签风险

既然是出境，则必然涉及签证。虽说泰国是允许落地签的国家，但在非常时期，也是可能存在拒签风险的。

3. 证件及财物遗失、盗抢风险

出门在外需要随身携带重要证件和现金、行李等财物，而随身财物存在被盗抢或遗失的风险。在国内，财物被盗抢是不可想象的事情。但纵观全世界，能够做到像我国这样治安水平的国家是寥寥无几。所以，有人在国外被盗抢，也是司空见惯的事情。

4. 突发急病需要就地治疗的风险

出门在外，在国内的小事在国外也会变成大事。如果在国外有人突发急病而又来不及送回国内，必须就地治疗，那时需要支付的医疗费可能是在国内无法想象的。

举几个的例子让大家感受一下。

案例一

一位在美国曼哈顿游玩的游客因突发肚子痛被诊断为肠叠套，需要立刻手术治疗，最终医药费接近5万美元，而同类手术在国内三甲医院只需要1万元。5万美元对比1万元人民币，翻了近35倍。

案例二

一位同样在美国游玩的游客被狗咬伤，处理伤口最终花费3 000美元，而同样伤口在国内处理只需要300元。3 000美元对比300元人民币，翻了近70倍。

当然，东南亚国家的医疗费不会像美国那么高，但因为人生地不熟，再加上语言不通(泰国除曼谷之外，其他城市英语普及率不高且口音浓重，要想顺利交流并不容易)，大概率需要用到翻译协助办理疾病咨询和治疗手续，并且在国外看病往往无法等待排期，如果需要加急处理或者不得不去私立医院，都会产生更多的费用。

5. 紧急医疗运送和送返的风险

我们想象一下，假如王大帅正在皮皮群岛边上的一个无人岛惬意地晒着太阳，突然急性阑尾炎发作，腹痛无比，需要马上手术，而负责运载游客的快艇每天只有两班，最快都要5个小时后才会过来，并且小岛距离可以手术的曼谷医院还需要坐1个小时飞机。

如果遇到这样的情况，我相信此时的王大帅会非常希望有一架直升机飞来立刻将自己接走。我们帮他计算一下，如果他没有购买保险，就需要自掏腰包支付直升机救援服务的费用，价格一般每小时4万元人民币以上，哪怕超出了一分钟，都会以0.5小时单位计费。而且，在泰国能够做到不预约立刻手术的医院多为私立医院，一例普通阑尾手术需要花费约4万元人民币，远高于国内公立医院的3 000～5 000元。因此，仅仅治疗阑尾炎这样一件小事，如果发生在王大帅的旅行途中，运送加治疗保守就需要花费 10 万元，实在不是一般人能承担得起的。

6. 其他未知风险

除了上述风险之外，还有例如旅行变更、银行卡盗刷、ATM 提款抢劫、潜水溺水、身故遗体送返、航班及行李延误、未成年子女逾期停留、未成年子女旅行送返、亲友慰问探访、旅行期间家财损失、绑架及非法拘禁、传染病强制隔离等风险或费用可能在境外游的过程中发生。

通过以上内容，我们可以看到，不管是境内游还是境外游，都会面临一系列的风险，只不过因为地区、环境、标准、语言、项目、交通等要素的不同，会呈现不同的应对代价。比如，王大帅在国内 5 000 元可以搞定的阑尾炎，在泰国加上直升机救援和私立医院手术费可能就需要 10 万元，而一份包含 50 万元医疗费（含门诊）和 80 万元直升机紧急救援服务的境外旅游险7 天只需要 245 元。

245 元 VS 10 万元，这就是有保险和没保险的区别。

因此，我们当然需要一份专门的保险来转嫁上述风险，这就是旅游险存在的意义。

二、旅游险应该怎么买

我们前面已经解决了买不买的问题，现在来解决怎么买的问题。关于这个问题，又可以细分为四个方面。

（一）已经有普通综合意外险了，还需要买旅游险吗

要回答这个问题，需要分以下三种情况。

（1）旅游地在国内且不会涉及专业爬山、攀岩、潜水、蹦极等危险运动。

（2）旅游地在国内但可能涉及专业爬山、攀岩、潜水、蹦极等危险运动。

（3）旅游地在国外。

针对第（1）种情况，我们不用单独配置旅游险，通用之前购买的普通综合意外险即可，保障期间一般为 1 年，再强调一下，一定记得附带意外医疗责任。

针对第（2）种情况，需要根据具体风险单独购买旅游险，因为危险运动不在普通综合意外险的保障范围，我们需要根据计划的游玩项目去选择有对应保障责任的旅游险。目前，我们国内旅游险的责任已经做得非常细分了，有专门针对滑雪、攀岩等地面运动设计的意外险，还有针对潜水、冲浪、水上飞伞、帆船等水上运动设计的意外险，我们可以对号入座，选择最适合的产品。

针对第(3)种情况，一定需要单独购买境外旅游险，因为国内的普通综合意外险只保障国内发生意外的部分，对境外发生的意外及产生的救援、医疗费用是不保的，而在出境游时“无保裸奔”是非常危险的事情，稍有不测，我们的钱包就面临着巨大的挑战。

(二)应该在什么时间买旅游险

因为旅游险是按天计算的，所以价格也非常便宜，200多元就能够买到非常“豪华”的境外7日游综合旅游险了。意外险没有等待期的概念，但仍然存在生效时间的要求，在没有预约生效时间的情况下，一般生效时间为投保当天晚上的12点后，也就是次日0时。

正常情况下，我们购买旅游险时都会使用预约生效功能。

投保前，我们首先确定自己在什么时间段外出旅游，然后建议在投保预约时往前和往后同时扩充几天时间，以防止临时计划有变导致提前出行或延迟返回，这样可以让我们的计划更加宽裕和有灵活性。

(三)据说旅行社都会购买旅游责任险，这和旅游险重复吗

如果我们是跟团出游，旅行社往往会宣传说:“我们已经购买了旅行社责任保险，请大家放心!”于是，“小白”消费者往往把旅行社责任保险与个人的旅游意外险混淆在一起，认为既然旅行社已经买了保险，自己就没有必要再购买旅游险了。

真的是这样吗?

根据《旅行社责任保险管理办法》的规定，旅行社责任保险是指以旅行社因其组织的旅游活动对旅游者和受其委派并为旅游者提供服务的导游或者领队人员依法应当承担的赔偿责任为保险标的的保险。简单地说，旅行社责任保险就是承保旅行社在组织旅游活动过程中因疏忽、过失造成事故所应承担的法律赔偿责任的险种，该险种的投保人为旅行社。投保后，一旦发生责任事故，将由保险公司在第一时间对无辜的受害旅客进行赔偿。

因此，旅行社责任保险其实是旅行社为转嫁自己的责任风险所购买的保险，目的是如果因自己的疏忽、过失造成事故，可以由保险公司对游客进行赔偿，具有很强的社会公益性，但这并不包括游客在境外自己遭受外界意外伤害所造成的损失。

案例一

王大帅跟团去泰国皮皮岛旅游，落地曼谷机场后，王大帅因为内急需要赶紧

去厕所，于是将一个手提箱托付给旅行社专门负责照看行李的李大强。可等王大帅回来之后，发现手提箱不翼而飞，一问才知道，原来李大强在王大帅离开后也因内急赶去上厕所，却忘了还有手提箱这件事情，直到王大帅问到才发现已经不见了。王大帅因此丢失现金、随身衣物等财物，价值5 000元。

此时，旅行社责任保险就派上了用场，保险公司应该赔偿由旅行社的疏忽（李大强属于旅行社员工）所导致的王大帅的损失 5 000 元。

案例二

王大帅跟团去泰国皮皮岛旅游，落地曼谷机场后，王大帅因为内急正在找厕所，这时冲出一个人趁其不备突然将其手提箱抢走，然后飞快消失在人群中。王大帅因此丢失现金、随身衣物等财物，价值 5 000 元。

此时，王大帅被抢并非因为旅行社的疏忽、过失，因此不属于旅行社责任保险的保障范畴，造成的 5 000 元损失只有靠王大帅自己购买的含盗抢责任的旅游险来补偿。

（四）购买旅游险还有哪些注意事项

其实，购买旅游险最重要的注意事项就是要看清条款，特别是里面对保障责任的具体定义和除外责任，不要仅看着产品名字差不多就匆忙下单。

在现实生活中，不少人喜欢通过产品名字来判断保险是否适合自己。比如，认为××户外运动保障保险一定是户外运动都保的，不管潜水、跳伞，还是攀岩出了事都是该赔的。事实上却并非如此。

具体而言，同样是户外运动的旅游险，有的旅游险会明确约定针对海拔 6 千米以上的户外运动及潜水深度大于 18 米的活动，需要经过保险公司的风险评估后才能承保，否则属于免责范围；或者要求被保险人在借助水下供气瓶（非呼吸管）设备完成潜水活动期间，必须有旅游景点的专业潜水教练指导下才能进行，否则属于免责范围；或者要求被保险人不能参与任何职业体育活动或任何设有奖金或报酬的体育活动，否则属于免责范围。

所以，只有看清楚这些细节，我们才能正确知道自己在旅游时到底是“金钟护体”还是“无保裸奔”。我们不仅要养成买旅游险的好习惯，还要养成认真挑选保险的好习惯，知其然同时知其所以然，我想这才是大家学习这本书的意义吧。

投资连结险：不一定保险的保险

投连险是一种非保本的投资产品，因此，只适合具有理性的投资理念、一定的项目甄别能力、追求高收益同时又有较高风险承受能力的投保人选择，即使亏了，也不至于走上“拉横幅，上天台”的不归路。毕竟，理财也是为了更好的生活，聪明理财，智慧生活，才是正确的投资态度。你认为呢？

让投资连结险用最吸睛的方式迈入公众视野的，就是2019年的“安盛香港4亿暴雷事件”。

据报道，事件起因是安盛香港有一款105投连险产品叫Evolution，背后有上千支基金可以作为投资标的供投保人选择。其中，有一支基金叫HKIF出现了严重违约，致使投资这支基金客户的账户价值一夜暴跌95%，让200多名投保人的总损失高达4亿港币。

此事让安盛香港声誉受到极大影响，在这些亏损的投保人眼里，安盛作为全球最大的保险公司之一，其售卖的保险产品出现“账户价值一夜清零”这样蹊跷的事件，安盛应该承担不可推卸的责任。于是，他们联合起来向保险公司提出追责。

很快，安盛公司发布声明表示，投保人购买的Evolution保单是一份非保证连结式寿险产品，客户明白投资风险需自行承担，并且，该保单加入HKIF基金也是根据客户的要求。

该事件到目前为止，全部真相还未水落石出，关于安盛香港在此事件中应该承担何种责任，我们还不便评论，但是有必要关注一下该事件的主角——投资连结险。

一、四大人身险

在讲投资连结险之前，我们先来看一下人身险。按照产品的设计方式，人身险产品主要分为传统型、万能型、分红型和投连型四个大类，它们的区别具体如下。

（一）传统型

传统型人身险是覆盖面最广的保险，我们家庭必备的重疾、医疗、意外、定寿、普通年金等保险都属于此范畴。此类产品最大的特点是，保障与收益的金额在保单签发时就完全确定，不存在任何非保证成分与投资选项等内容，消费者所有的权益都白纸黑字写进保险合同，因此非常安全。

（二）万能型

万能险本质是一种寿险，可以作为主险与重疾、医疗、定寿、意外等附加险搭配为保障型万能险，也可以作为理财账户与年金险、终身寿险等险种搭配为收益型万能险。

收益型万能险具有投资理财功能，在保费进入万能账户后，会按照约定的收益方式（固定＋浮动）进行增值，保险的风险保障成本与管理费用会定期从账户中扣除。一般来讲，万能险的固定保证收益率为1.75％～3％，各家公司有所不同，浮动非保证收益率为4％～6％，为目前市场主流结算行情。

（三）分红型

分红保险的收益与保险公司实际经营成果相关联，简单地讲，就是我们把保费交给保险公司之后，公司除了预留准备金和公司开支之外，会将其余保费用作投资和经营，而投资经营产生的高于定价假设的可分配盈余部分，保险公司又会按一定比例向保单权利人进行分配。

因为分红资金来源于保险公司的经营收益，所以必然会随着市场投资行情和保险公司实际经营情况（比如“三差”）而波动。一般情况下，分红险收益会由较低的保证收益（比如1％）和较高的非保证预期收益（比如6％）组成。

（四）投连型

投连险是一种融合了保险与投资功能于一身的新险种，按照不同的投资领域，下设股票、基金、存款、期货等多个账户，每个账户对应的投资组合不同，收益率和投资风险也随之不同。

比如说，投保人可以选择一支或几支基金进入投连账户，就像前面安盛事件中，投资人就是从上千支备选基金中偏偏选中了HKIF基金进入账户，于是保单的风险与收益就与此基金绑定，基金涨则保单涨，基金亏则保单亏，于是出现了基金价值暴跌导致保单价值同步蒸发95%的"惨案"。

在香港,这些基金通常由专业投资机构运营,保险公司的作用是对拟入围基金产品进行前期甄选,把合格产品放入白名单供投资人选择,同时收取资产管理费,保险公司本身不对基金的投资收益及风险承担责任,类似于一个中介。在内地,投连险产品由保险公司负责发行和投资运作,选择范围小,相对风险也小很多。

不过,这里的相对风险小,并不代表能够"闭着眼睛"投资产品,特别是投资标的大部分为股票的情况下,随二级市场波动呈波浪式涨跌是非常正常的。

根据某券商发布的投连险报告,从2018年年中至2019年年中,平均7个月份收益为负,5个月份实现正收益,月平均回报率从－3.45%到4.9%不等,可谓是起起落落,最后算下来还略有浮亏。

鉴于此,投连险与传统险、分红险、万能险等保险产品有着本质不同,不适合作为"傻瓜式"的"入门级"理财产品。

(五)风险及收益对比

如果我们把前面四类人身险产品的风险和收益做一个对比,可以得到下表。

四大人身险风险及收益对比

险种	收益		资产		风险等级	备注
	保证	非保证	固收	权益		
传统型	3%	0	100%	0	最低	数据及比例均为根据市场产品情况大致估算,目的是形成对比,非精确值
万能型	1.75%～3%	2%～3%	50%	50%	低	
分红型	1%	5%	20%	80%	中	
投连型	0	8%	0	100%	高	

从上表我们可以看出,从风险承担的角度,传统险的风险完全由保险公司承担;万能险因为有相对分红险而言还不错的最低保证收益,我们可以认为相对稳健,风险主要由保险公司承担;分红险是由投资人与保险公司共享盈余、共担投资风险;投连险的投资风险则完全由投保人自行承担。

那么,这时可能有人会问:"既然投连险的风险全部由投保人承担,那为什么还会有人买呢?"

其实道理很简单,那就是投连险的预期收益比较高。

据资料显示，曾经某款2012年发售的投连险(已停售)，单年最高收益率达到了48%，复合年化收益率也有30%，这可比不少专业炒股人士的业绩都还要高，而这款投连险的投保人却没有付出任何智力成本，只是拿一笔钱放在保险公司，让保险公司的智囊团为其打工。

但是，并非每个投保人都可以如此幸运。在投资领域，风险和收益永远是一对同台演出的孪生兄弟，我们无法抛开风险谈收益，就好像我们无法去超市购物却不付钱一样，金钱是我们为获得商品需要付出的代价，而风险也是我们为获得收益所需要承担的代价。

因此，高明的投资术就是在"风险"与"收益"之间找到恰当的"平衡"。

从上述四类保险产品的特点来看，也充分印证了"高收益必然伴随高风险"的铁律：对投保人而言，没有任何非保证成分的传统险收益通常是最低的，而没有任何保证成分的投连险预期收益通常是最高的。

二、什么是投资连结险

投资连结险简称投连险，是一种集保障和投资于一体的寿险产品。和万能险类似，投连险也将投保人的保费分成"保障"和"投资"两个账户，分开管理，独立运作。与万能险不同的是，投连险的"投资"账户没有保证收益的概念，也就是说，投连险"投资"账户资金的全部投资风险，都由投保人自行承担。

根据中国银保监会的规定，投连险产品必须包含一项或多项保险责任，所以，与传统保险产品类似，投连险也具有一定的保障属性，不仅有死亡、残疾给付等基本保险责任，一些产品还附加了豁免保费、失能保险金、重大疾病等保险责任。但是，从投连险的设计目的上讲，投资功能才是重中之重，保障功能属于非常微弱的附属品，就好像100元保费，投连险可能只拿10元用于风险保障，剩余90元全部用来投资。所以，对消费者而言，与其指望用投连险来覆盖风险，远不如单独购买专门的保障类保险，而把投连险仅仅定义为理财，才更加符合它的特点。

三、投连险的特点

具体而言，投连险产品具有以下四大特点。

(一)投资风险完全由投保人承担

前面的内容已经讲过，投连险的投资风险完全由投保人承担，但投保人可以根据自己的风险承受能力和投资偏好选择不同的账户类型。

一般来讲，投连险账户分为保守型、稳健型、成长型、指数型四类，每个账户对应不同的投资标的配比。比如，保守型的账户基本只投资于货币市场，稳健型账户则以固定收益类资产和债券型基金为主，而激进或成长型账户以配置股票型基金为主。

与分红险的利润来源为保险公司的“三差”不同，投连险与万能险的利润来源为投资账户的投资收益，但由于投连险没有最低保证收益（万能险有1.75%～3%的最低保证收益），同时保险公司也不需要为其投资表现负责，所以对投保人而言，投连险是一种风险等级较高的产品，需要谨慎购买。

（二）信息透明度高

投连险的信息透明度高主要体现在以下两个方面。

1. 手续费透明

投连险的手续费有七个项目，具体如下。

（1）初始费用

投连险保费在进入投资账户之前，需要先扣除保障和管理相关费用，这部分费用就叫作初始费用。因此，如果初始费用扣除较多，则进入投资账户的金额相应变少，从而影响投资收益。

如果按照精算标准，期交保费的投连险保单第一年初始费用上限为50%，第二年降低到25%，第三年为15%，第四、第五年为10%，以后各年不得高于5%。而趸交保费的投连险保单，初始费用的比例不得超过10%（人民币5万元及以下部分）或5%（人民币5万元以上部分）。

在实际操作中，各家保险公司初始费用的提取比例差别很大，一般来讲，趸交保费的投连险产品初始费用比例在2%左右。

（2）风险保费

投连险产品因为有一定的保障功能，因此需要扣除风险保费。与万能险相同，投连险的风险保费扣除采用自然费率，这意味着保费会随被保险人年龄的增长和健康状况的变化而逐渐增加。因此，对于附加了保障责任（特别是健康险）的投保人而言，随时保证投连险账户有充足的资金可供扣除风险保费是非常重要的。

(3)账户管理费

此为保险公司按月收取的固定费用，比如 5～7.5 元/月，用于支付保单管理的日常行政成本，目前大部分产品对此费用做了减免。

(4)资产管理费

投连险属于专家理财产品，对投保人而言，保险公司的投资团队或专业第三方公司扮演了类似投资顾问的角色，中间必然产生与投资相关的各种成本费用，如投资团队建设、日常交易成本、投资模型建立、系统维护和开发等。这类费用大多以投资金额的一定比例(约 1.5%)为标准按年收取，会由保险公司从账户净值中直接扣除。

(5)买卖差价

类似于我们在银行兑换外币时的买入价和卖出价，投连险账户每天也会对应一个买入价和一个卖出价，投保人买卖投连险的中间差价部分，保险公司也要来分一杯羹。虽然说，按照保险公司的说法，收取买卖价差是为了支付信息披露费、第三方审计费等服务成本，但对投保人而言，买卖差价除了进一步削减了投资收益，也没有其他任何好处。所以，现在许多保险公司为了吸引投资，打出低差价的口号来吸引投保人，甚至部分新推出的投连险已经不收取买卖差价了。

(6)手续费

手续费是投资资金在不同账户之间转换的费用，各家公司对其的规定不同。目前，大多数投连险产品都不再收取账户转换费，或者每年提供一定的免费转换次数，所以转换账户几乎是没有成本的。

(7)退保费用

如果投保人想在投保的前 5 年退保，会被收取一定的退保费用。一般来说，第一年退保收取不超过账户价值的 10%，此后逐年递减，到第 6 年起不收取退保费用。

2. 投资单位价格透明

投保人可以随时登录各家保险公司的官网查询投连险的单位价格，保险公司每月也会向客户公布投资单位价格，同时为客户提供年度投资报告。相对而言，分红险和万能险的信息透明度就相对较弱。比如，保险公司一般不会将分红险资金运作情况向客户说明，而只在每个保险合同周年日，以书面形式告知保单持有人该保单的红利金额；万能险则会在每月或者每季度由保险公司向客户公布投资收益率。

(三)保障部分采用自然费率

该部分内容在“风险保费”中已有涉及，此处不再赘述。

(四)交费方式灵活可调整

投连险允许投保人不必按约定日期交费，不会因为超过60天宽限期而导致保单失效，同时还可以随时追加额外投资金额，或者根据自身的不时之需将部分投资账户内的投资单位转化获利从而支取现金，具有交费灵活、保额可调整、保单价值领取方便的特点。

四、投连险适合什么人

投连险作为一款“不一定保险的保险”，适合什么人投资呢？

我认为，投连险只适合具有理性的投资理念、一定的项目甄别能力、追求高收益同时又有较高风险承受能力的投保人选择。这四点应该同时具备，才算是一个合格的投连险投保人。

1. 理性的投资理念

理性的投资理念决定了投保人知晓收益与风险相伴相生的投资铁律，不会为了盲目追求高收益做出冲动的投资决定。

2. 一定的项目甄别能力

一定的项目甄别能力决定了投保人知晓如何判断投资标的的风险等级。最起码的，投保人应该明白股票类资产的风险高于债券类资产的风险，债券类资产的风险又高于货币基金类资产的风险，那么不同比例的资产组合也对应着不同大小的风险等级，在选择时会有一个合理的心理预期。

3. 对收益有较高预期

如果一位投保人不是为了高收益而选择投连险，那么TA大可以用更低风险的分红险和万能险进行替代。

4. 较高的风险承受能力

因为投连险是非保本的投资产品，像“安盛香港账户价值一夜清零事件”也是真实发生，有较高风险承受能力的投保人在不幸亏损后至少可以维持其正常生活，不会因过于悲伤走上“ 静坐，拉横幅，上天台”的不归路。毕竟，理财也是为了更好的生活，聪明理财，智慧生活，才是正确的投资态度。你认为呢？

万能账户的“红”与“黑”

万能账户最大的特点就是“万能”，搭配保障险变保障，搭配理财险变收益，类似有最低保证收益的余额宝。但正因为其千变万化，对于“小白”消费者会显得比较复杂，所以我们需要正确理解它的功能，同时明白它的使用限制，把它当成一个做加法的工具，让它成为我们保险组合中的“神助攻”。

什么是万能账户？万能账户也叫万能险。首先，它是一种寿险，在实际操作中，可以作为主险与重疾、医疗、定寿、意外等附加险搭配，组成万能型重大疾病保险、万能型定期寿险这样的“变形金刚”；其次，它也可以作为理财账户与年金保险、终身寿险等险种搭配，形成兼顾储蓄性、收益性和二次增值功能的“王中王”组合。

为什么万能险又经常被称作万能账户呢？

因为当它附加在长期年金险、终身寿险上时，自己本身不提供任何风险保障，开立也没有太高的成本，还具有一定的流动性，这时的万能险就更像是我们的一个装闲钱的口袋，类似余额宝一般，是一个随用随取的“储蓄账户”，所以也称为“万能账户”。

前面说了，万能险在实际运用上有两种模式，下面我就来分别介绍一下具体怎么操作。

一、万能主险+保障附加险，保险中的“变形金刚”

万能险最大的特点就是“万能”，搭配保障险变保障，搭配理财险变收益。与普通险相比，既有相似，又有不同，具体如下。

（一）普通险 VS 组合万能险，到底区别在哪里

首先，我们来看一下“变形”后的组合万能险与普通险相比有什么区别。

1. 普通险

假设我们购买任何一个普通保险，保险合同上都会清楚写明我们每年需要交

多少保费，需要交多少年，以及这张保单会带来什么保障，这三大要素实际上决定了我们买的是一份什么样的保险，一旦确定就不能更改。即使有的产品支持保单转换功能，比如投保人可以在一定条件下申请将购买的产品转换为保险公司指定的其他产品，那也是用B产品替代了A产品，而非A产品自己发生了变化。

案例

王大帅购买了一份传统的终身型重大疾病保险，保额30万元，约定保费每年1万元，连续交费20年。当他投保成功之后，这个事情就定下来了，不能更改了。如果到了第二年，王大帅认为30万元重疾保额有些少，想要再增加10万元保额，他能不能要求保险公司把保额变更为40万元呢？

答案：不能。想要获得40万元的保额，王大帅需要另外再投保一份10万元的保单。这30万元和10万元的重大疾病保险会分别归属于两张保单，分别履行两次健康告知义务，分别承担两份保险合同的法律责任。

那么，王大帅能否申请将交费期限20年缩短到15年，同时把终身型重疾变更为定期，比如只保障到60周岁或70周岁呢？

答案：同样不能。因为之前的保险合同已经生效并且没有灵活调整保费和保期的约定，所以无法变更。

2. 组合万能险

假如我们购买的是一份组合万能险，就会有很大的差异，因为组合万能险既非A产品，也非B产品，而更像是X产品，像保费、保额、期限这些普通险中必须确定的三大要素，到组合万能险这里居然可以在一定程度上灵活变化。

案例

王大帅购买了一份万能型重大疾病保险，保额30万元，约定保费每年1万元。到了第二年，王大帅认为30万元重疾保额有些少，想要再增加10万元保额，他能不能要求保险公司把保额变更为40万元呢？

答案：可以。王大帅不仅可以要求保险公司增加保额，在保单剩余现金价值足够的情况下，还可以要求保持原有的1万元保费不变。

又过了几年，王大帅因为资金紧张，想要暂停交纳三年保费，计划在第四年把前面保费补上，这时保单效力会不会受到影响呢？

答案：不会。在保单剩余现金价值足够的情况下，保障不会受到任何影响。

看到这里，大家可能就明白了，组合万能险之所以万能，就在于其是一个把一张保单保多少钱、用多少钱保多少保额、剩余多少现金价值等要素的决定权交回给了客户自己，让客户可以根据自己情况 DIY 匹配的产品模型。

（二）原理解析：组合万能险为何如此万能

组合万能险之所以可以如此灵活，归因于它的“分账模式”，即：投保人的每一笔钱进入组合万能险时，就会按照一定比例进入两个账户，分别是保障账户和理财账户。这个比例怎么来的呢？就是按照投保人想要达到的保障或理财效果来确定的。

我们用倒水来举例说明一下：

投保组合万能险的逻辑就像倒水，我们把投入万能险的总金额比作一大桶水，在除掉保险公司舀走的一部分水（初始费用）之外，我们需要把剩余部分倒进两个小桶，A 桶叫作保障，B 桶叫作收益。我们也可以只选择 B 桶进行倒水。但是，我们一旦保留了 A 桶，就需要先把 A 桶倒满之后，再把剩余部分倒入 B 桶。除此之外，保险公司也会从大桶里舀出一部分水作为初始费用。

A 桶特点：

（1）重疾、医疗、意外、寿险……所有保障，既能为 0，也能为 all，可以完全不要，也可以无所不包，万能险的万能可窥一斑；

（2）保障按年计算，按照自然费率每年扣费，所以随着被保险人年龄的增长，每年保费也会水涨船高，如果扣费不足，则保障也随之终止。

B 桶特点：

设有 1.75％～3％的最低保证收益（保证），剩余部分为 B 桶资金的投资收益（非保证），最低保证收益＋浮动收益合计称为结算收益，由各大保险公司每月公示，复利计息。

保险公司的大勺：

我们倒进大桶的水会被保险公司舀走一部分作为桶的运营成本，也叫作初始费用，按照基本保额的一定比例确定，比如第一年 50％，第二年 25％，第三年 15％，第四年 10％，第五年 10％，第六年起为 5％或者 0，各公司规定可能不同。

从上述特征我们可以看到，因为总水量是一定的，所以，A、B 桶的水量呈现此消彼长的关系，即：我们往 A 桶倒得多了（重保障），B 桶的水自然就少（轻收益),反之同理,具体如下图所示。

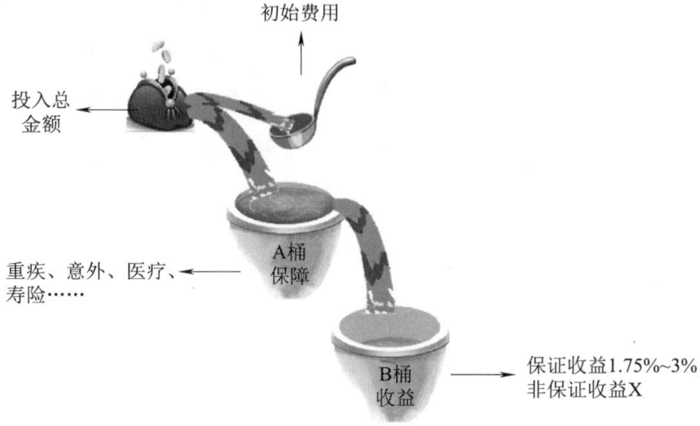

投保组合万能险的逻辑示意图

二、年金保险+万能账户,保险中的"王中王"组合

年金保险+万能账户堪称保险中的"王中王"组合,因为它将年金保险的确定和万能账户的灵活完美结合在一起,进可攻,退可守。下面,我将详细介绍。

在具体分析之前,我们首先要清楚保险公司为什么要设计"万能账户"。我们要知道,市场上绝大部分年金保险都会从第 5 年开始返钱,直至被保险人终身,但问题是,并不是每个消费者都愿意从第 5 年就开始领钱的。

举例来讲,假设王大帅预计儿子王小帅会在 5 年后开始上兴趣班,预计每年花费 2 万元,于是他为王小帅购买了一份年金保险,刚好从第 6 年起每年可领取 2 万元。可到了第 5 年时,王小帅的爷爷奶奶觉得退休金花不完,想要替王小帅支付这笔钱,于是王小帅的生存金就用不上了。如果到第 5 年时,市场上安全保本的理财产品利率已经降到 2%了,那么王小帅每年 2 万元的生存金应该放到哪里?这就成了一个问题。

而如果王大帅当初在为王小帅投保年金保险的同时开立了万能账户,结果会有什么不同?最大的不同点在于,王大帅一家不用在 5 年后为把生存金放在哪里而发愁,他们完全可以把从第 5 年起每年派发生存金的年金主险看成"左口袋",把开立的万能账户看成"右口袋",每次"左口袋"派发生存金了,就顺手装到同样可以复利生息的"右口袋"进行二次增值。不仅如此,"右口袋"二次增值的结算收益,在目前的市场数据下是非常可观的。

我们用一款真实产品来看看“左口袋”与“右口袋”的数据。

假设王大帅为 1 周岁的儿子王小帅购买了年金保险(见下表)，年交保费 4 万元，交费期 5 年，合计 20 万元，自第 6 年起领取生存金，在王小帅7～9 周岁时每年领取 2 万元，10～60 周岁时每年领取 6 340 元，61～105 周岁时每年领取 1.27 万元，终身合计领取 95.39 万元。

“年金保险＋万能账户”利益演示表

保单年度	被保险人年度末年龄(周岁)	年金保险		万能账户					
		年度保险费(元)	保单年度初生存给付(元)	万能险保单年度末现金价值(元)			死亡给付金额(元)		
				低	中	高	低	中	高
1	2	40 000	0	9.69	9.83	9.97	10.2	10.35	10.49
2	3	40 000	0	10.09	10.39	10.68	10.51	10.82	11.12
3	4	40 000	0	10.51	10.97	11.44	10.83	11.31	11.79
4	5	40 000	0	10.93	11.58	12.25	11.15	11.82	12.5
5	6	40 000	0	11.37	12.23	13.12	11.48	12.35	13.25
6	7	0	20 000	20 406	20 704	21 002	20 406	20 704	21 002
7	8	0	20 000	41 412	42 327	43 250	41 412	42 327	43 250
8	9	0	20 000	63 048	64 922	66 833	63 048	64 922	66 833
9	10	0	6 340	71 405	74 403	77 496	71 405	74 403	77 496
19	20	0	6 340	171 380	197 603	228 107	171 380	197 603	228 107
29	30	0	6 340	305 204	338 319	497 135	305 204	388 319	497 135
39	40	0	6 340	485 051	684 495	978 923	485 051	684 495	978 923
49	50	0	6 340	726 752	1 144 448	1 841 732	726 752	1 144 448	1 841 732
59	60	0	6 340	1 051 577	1 858 741	3 386 892	1 051 577	1 858 741	3 386 892
69	70	0	12 680	1 562 667	3 049 088	6 242 240	1 562 667	3 049 088	6 242 240
79	80	0	12 680	2 249 860	4 898 036	11 356 162	2 249 860	4 898 036	11 356 162
89	90	0	12 680	3 173 390	7 769 396	20 514 417	3 173 390	7 769 396	20 514 417
99	100	0	12 680	4 414 537	12 228 531	36 915 457	4 414 537	12 228 531	36 915 457
104	105	0	12 680	5 187 018	15 311 495	49 477 019	5 187 018	15 311 495	49 477 019
合计		200 000	953 940						

注：为了表格美观，我把中途每年领取金额做了折叠，大家看合计数或者根据上述领取方式倒推即可。

我们可以看到，仅考虑“左口袋”的情况下，该款保险终身可领取生存金 95.39 万元，相当于 20 万元本金的 4.77 倍。

而如果我们把“左口袋”的钱存入“右口袋”进行二次增值，即使按照最低的保证收益率(3%)计算,该款保险最终的现金价值(等同于身故金)可变为518.7万元,相当于20万元本金的25.94倍。

而25.94倍和4.77倍的区别,就是“右口袋”二次增值和“左口袋”单次增值之间最保守的区别,如果按照现在市场产品主流实际结算收益率4%~6%来计算,两者的差距还会进一步拉开,实在是非常可观。

当然,如果王小帅无法生存至105周岁,那领取的生存金以及剩余现金价值就需要根据对应年份重新计算,或者王小帅中途需要将部分生存金取出使用,无法全部放进万能账户二次增值,那么上面利益演示表的右边部分也需要扣减相应的份额。

但无论如何,对于用款不确定的绝大部分家庭而言,在购买年金保险时搭配开立万能账户,都是一个有备无患的上佳选择。

三、万能账户“红”在哪里

万能账户的“红”(优势)体现在以下三个方面。

1. 非常灵活

通过上面的内容,我们可以知道万能账户实在是很灵活,这种灵活不仅体现在交费灵活、保额可调整、非约束性,还可以与各种保障类产品任意搭配,让消费者把同一笔钱DIY出万花筒一般的保障效果。

2. 有最低保证收益,投资风险低

万能账户有着1.75%~3%的最低保证收益,投资风险已经从制度层面降到最低。相对于投连险和分红险,万能险在低风险的前提下有固定+浮动双重收益,并且保费、保额灵活可变,也算是一种均衡的优势,具体见下表。

万能险的优势

险　种	保　障	投资功能	风　险	收益来源	保费及保额变动
万能险	生存、残疾、疾病、死亡等基本保障	有	低	投资账户收益,有最低保证收益	灵活可变
分红险	生存、死亡保险金给付	有	中	保险公司经营盈余	不变
投资连结险	生存、残疾、疾病、死亡等基本保障	有	高	投资账户收益,无最低保证收益	不变

3. 保费追加“搭便车”的妙处

万能账户的资金流入一般分为两个渠道，第一是我们年金保险的收益转入，第二是额外的保费追加。

我在前面的内容里提到过，现在市场主流万能险产品实际结算收益率能够达到 4%～6%，这已经算是非常可观的理财收益了，那有没有办法把这个收益进一步放大，比如说把其他的闲置资金也存入万能账户，搭一把保险公司理财的便车呢？

答案：可以。保险公司是允许我们追加万能账户资金的，但一般需要满足两个条件。

(1)保险公司会一次性收取 1%～2%的追加手续费。

(2)追加金额不超过购买主险的一定倍数，比如两倍。

因为万能账户的结算利率在最低保证收益利率以上的部分都是不确定的，所以我们可以在利率相对较高时（比如投保前 5 年）将闲置资金追加进去，搭乘保险公司智囊团免费理财的便车，在结算利率低位时再取出来，这样即使扣减下手续费，也是有差额收益的。

另外，需要说明的是，从年金主险也就是“左口袋”派发的生存金进入“右口袋”万能账户时，也是需要按照 1%～2%的标准收取手续费的，不过这些手续费会在后面年度（一般为第 5 个保单年度末）以“持续奖励”的形式返还，也就是说，“左右口袋”之间的资金腾挪是不需要手续费的，只有外部追加的资金才会收取真正的手续费。

四、万能账户“黑”在哪里

万能账户的“黑”（劣势）体现在以下两个方面。

（一）结算利率易被误导

在现实生活中，许多保险公司和业务员会过于拿万能险的高收益做文章，用不保证的中高档预期利率制作计划书，诱导客户将“非保证”收益理解为“保证”收益，或者，将“左口袋”利率与“右口袋”利率加总向客户进行描述，这和真实的情况可是有天壤之别的。

1. “低、中、高”利率：差之毫厘，谬以千里

我们通过前面的示例可以看到，万能账户的收益是分为“低、中、高”三个档次的。其中，低档为最低保证收益率，根据中国银保监会的要求最高不能超过3%，目前市场上产品最低保证收益一般在1.75%～3%。而中档和高档的数据，均为不确定、不保证的收益，一般公司会以4.5%作为中档演示利率，用6%作为高档演示利率。

虽说后者利率分别只比前者提高了1.5%，可经过几十年复利，演示利益也会有巨大差异，像前款王小帅年金险的万能账户，中档收益可达低档(最低保证)收益的3倍，高档收益又可达中档收益的3.26倍，同时达到低档(最低保证)收益的9.55倍，差距不可谓不惊人。

所以，很多人看到业务员精心准备的以中高档利率测算的演示表非常心动，却不知只有低档收益才是合同保证的部分。不对称的信息加上过高的期望，最终在看到真实结算数据时难免产生心理落差，让本来挺“美”的年金险都不“美”了。

因此，对于消费者而言，我们需要对实际收益率与预期收益率有正确的认识。比如，我们在参看业务员提供的测算表之外，还可以登录保险公司官网查询各个产品的实际结算收益，这些数据都会按月进行公示，可以关注查询，一目了然。

同时，在查阅历史收益时不仅要看最近几期的数据，更重要的是需要关注收益的持续性和稳定性，因为我们购买一张保单并不是为了在短期的一两年内获得收益，更重要的是需要它提供未来10年、20年、30年甚至一辈子的保障，那么对我们而言，在几十年这样漫长的过程中，一张保单的结算利率趋向于稳定、合理一定会比忽高忽低更有意义。

2.“左口袋”VS“右口袋”:收益岂能混为一谈

万能账户的实际收益率，不代表“年金+万能”产品组合的收益率，更不能计算为“左口袋”收益与“右口袋”收益的简单加总。因为，除了额外追加的资金之外，在我们投保年金主险的前5年，万能账户里面都是没有钱的，既然账户空空如也，当然谈不上复利生息。只有从第6年开始，“左口袋”开始每年往“右口袋”派发生存金，“右口袋”才逐渐有了二次增值的本金，并且是一个逐年积累的过程。

所以，我们不能排除存在一种情况，即在目前全球降息的大趋势下，我们要求一款产品长期保证4%～6%的结算收益并不现实，因此在很大概率下，我们的市场利率会逐渐往下走，保险产品也并不例外。而年金主险派发的生存金需要在5年后才逐步进入万能账户，如果那时的万能账户的结算利率已经降低到1.75%～3%的保证利率了呢？这也并非不可能的事情。

因此，我认为，对于一个保守的消费者来讲，在挑选万能账户时，选择一个较高的最低保证收益利率是非常重要的。

（二）提取费用及限额

如果我们在投保前5年就需要从万能账户里支取费用，保险公司会要求收取一定的手续费，一般标准为5%、4%、3%、2%、1%，按年递减，从第6年开始，费用为0。

不过，如果我们不涉及自行追加资金进万能账户又取出的情况，这个费用就可以略过，因为根据中国保监会2017年发布的《关于规范人身保险公司产品开发设计行为的通知》（简称134号文）的规定，年金保险必须在保单生效满5年以后才能开始领取第一笔保险金。所以，对我们而言，年金主险派发生存金进万能账户的最早一年，就已经是投保的第6年，不需要扣取手续费了。

同时，134号文还规定，从万能账户中每次领取的年金金额，不能超过已付保费20%，也就是说，我们如果想要将一份年金型万能账户的资金取完，至少需要6年的时间：前5年每年取20%的本金，第6年取剩下的利息。

但是，需要注意的是，这个限制约束的是年金型万能账户，而非终身寿险型万能账户。这两者有什么区别？

主要区别是：终身寿险因为具有身故保额，从监管和精算的角度会有比年金保险更高的投保要求，比如更严格的健康核保和更高的保障成本消耗，会导致大额险的投保门槛更高以及资金收益略微降低。

总之，对于普通家庭基于理财目的的投保来讲，两者没有太大差别。并且，不管是退保还是基于现金价值一定额度的保单贷款，都不会受到上述规定的限制。

关于万能账户的内容，到这里就差不多讲完了。综上所述，万能账户是一种非常灵活的保险产品，如果运用得当，比如与终身寿险、年金保险等产品搭配使用，更是可以起到有最低保证收益的二次增值作用。同时，我们也需要对万能账户的收益和风险有一个正确的认识，不要被市场上过于高估的计划书演示数据所迷惑，掉进失望的“坑”里。

20年VS 30年，如何交费最划算

如果我们把买保险比作吃自助餐，那么在餐区任意“胡吃海喝”就是我们的全部权益。至于我们是选择吃两盘鲜虾，一杯白葡萄酒再加一块牛排，还是选择吃一份意面，一块可可蛋糕再加一份烤龙虾，可以由我们自主决定。所以，当我们进行产品PK时，也应该从菜品（权益）的角度来考虑问题。

我们在购买期交型的保险产品时，都会遇到选择交费期的问题。比如我们在购买重大疾病保险时，往往会出现20年交费和30年交费这两个选择，并且算下来保费差了不少，不禁让人纳闷：“这两种交费方式，到底哪种更划算呢？”

其实，对于不同的产品类型，交费期的意义有所不同。

以常见的保险产品为例，终身寿险和年金保险的购买用途主要为储蓄，交费期只与投保人的现金流压力和储蓄金额相关，我们既可以多存，也可以少存，不存在是否划算的问题。定期寿险则因为期末现金价值为0，决定其价值的最大变数在于被保险人何时身故，也不便于评估。

而重大疾病保险的主要形态为终身型产品，兼有保障功能和现金价值，在不同的交费方式下，其流动性压力、保费总额、现金价值和豁免概率都有所不同，因此值得我们好好去分析比较。

以某款重大疾病保险为例，我们来看看这两种交费方式下的区别，见下表。

两种交费方式的区别

保　额		10万元	30万元	50万元	100万元
年交保费（元）	20年	2 527	7 581	12 635	25 270
	30年	2 012	6 036	10 060	20 120

续上表

保　额		10 万元	30 万元	50 万元	100 万元
保费总额(元)	20 年	50 540	151 620	252 700	505 400
	30 年	60 360	181 080	301 800	603 600
现金价值(元)	20 年	39 068	117 204	195 340	390 680
	30 年	28 117	84 351	140 585	281 170

上表展示了三个比较维度。

(1)年交保费。同样是 100 万元保额，按照 20 年交费比按照 30 年交费每年多交 5 150 元。

(2)总保费。同样是 100 万元保额，按照 20 年交费比按照 30 年交费的总保费少交 9.82 万元。

(3)现金价值。同样是 100 万元保额，在刚好交完保费时，20 年交费期满时的现金价值比 30 年交费期满时高了 10.95 万元。

但是，单看这些数据，我们依然很难知道这两种交费方式会给我们分别带来什么影响。下面，我们以 20 年交费期为“正方”，30 年交费期为“反方”，从流动性压力、保费总额、现金价值、保费豁免这四个维度，对两种交费方式逐一进行 PK，看最终谁会胜出。

一、第一轮 PK:流动性压力

这里的流动性压力是指年交保费金额对投保人产生的交费压力。

以前款 100 万元保额的重大疾病保险为例，我们可以看到，在投保人选择 20 年交费时，年交保费为 25 270 元；在选择 30 年交费时，年交保费为20 120元。两者相差了 5 150 元，达到后者的四分之一。

这整整四分之一的保费差别，对于现金流较紧张的家庭来讲会是不小的压力。从这个角度，选择 30 年交费期会优于选择 20 年交费期。

所以，第一轮 PK 的结果是:反方胜。

二、第二轮 PK:保费总额

虽然 30 年交费期的年交保费显著低于 20 年交费期的年交保费，但是前者的交费时间也整整多了 10 年，因此，我们除了比较单年保费金额之外，还应该比较完整交费期下的保额总额，具体如下。

（一）初级比较——保费总额

依然以前款100万元保额的重大疾病保险为例，在30年交费方式下，总保费为60.36万元；而在20年的交费方式下，总保费只需要50.54万元。前者比后者多了9.82万元，接近后者的五分之一。

也就是说，虽说30年交费方式下的年保费比20年更低，但因为交费期多了10年，所以总保费反而比20年交费期多了近10万元，这可是一个不小的数字。

那么，我们此时是否可以得出结论：按照30年交费实在是太亏了？

其实，此时下结论还为时过早，因为不管是20年还是30年，它们都属于相当长的时间范围，而交纳保费的现金流是按年发生的，考虑货币的时间价值，我们不应该将两者直接比较。

具体来讲，不管是30年的总保费60.36万元，还是20年的总保费50.54万元，它们都是终值的概念，是20年末和30年末的时点数，并没有站在同一个“时间舞台”。因此，我们应该用统一的折现率将两种交费方式下的现金流折算到同一时点（0时点），这两个数字才有直接的可比性。

（二）高级比较——现金流价值

比较之前，我先科普一个概念——货币的时间价值。

1. 什么是货币的时间价值

所谓货币的时间价值，就是货币经历一定时间的投资和再投资所增加的价值。简单地讲，就是货币的价值是随着时间的变化而变化的，现在的1元钱和1年后的1元钱其经济价值不相等，或者说其经济效用不同。现在的1元钱，比1年后的1元钱的经济价值要大一些，即使不存在通货膨胀也是如此，并且经历的时间越长，价值的差别就会越大。

打个比方，我现在将手上的1元钱存入银行，1年后得到了1.1元（假设存款利率为10%），这就意味着，这1元钱经过1年时间的投资增加了0.1元，这就是货币的时间价值。

由于不同时间点的货币价值并不相等，那么，20年交费期的1元钱和30年交费期的1元钱的经济价值也不相等，所以，当我们想要比较两种交费方式下的总保费时，也应该将两者的现金流折算到同一个时点（比如0时点）才具有可比性。

2. 计算过程

既然需要进行现金流折现，那么首先需要确定的就是折现率。一般来讲，计算货币时间价值采用的折现率是在没有风险和通货膨胀条件下的社会平均利润率。在实务中，通常用无风险报酬率来替代，比如国债利率。

考虑到我国 2019 年公布的 3 年期国债利率为 4%，5 年期国债利率为 4.27%，为了简便，我这里暂时以 4%作为折现率进行计算，分别将 20 年和 30 年两种交费方式下的现金流折现到 0 时点，可以得到调整后的现金流现值（注：关于下列计算中的年金现值系数，可添加作者微信领取完整版《年金现值系数表》）。

20 年期：2.53 万元＋2.53 万元×13.133 9（年金现值系数）≈35.76 万元。

30 年期：2.01 万元＋2.01 万元×16.983 7（年金现值系数）≈36.15 万元。

两者相差：36.15 万元（30 年期）－35.76 万元（20 年期）＝0.39 万元。

通过上面的数据我们可以看到，经过折现调整后，两种交费方式下的总保费差额已经从之前的 9.82 万元缩小到了 0.39 万元，虽说仍然是 30 年的总保费大于 20 年的总保费，但差额已经非常小了，相对来讲已经显得不那么重要。并且，按照 30 年交费会比按照 20 年交费时，每年多释放 5 150 元的自由资金可以用于其他用途，我们既可以将其用于日常生活缓解经济压力，也可以用于应对不时之需，还可以用于灵活稳健的短期投资，综合来讲，我认为选择 30 年交费期会比 20 年期更划算。

所以，第二轮 PK 的结果是：反方胜。

三、第三轮 PK：现金价值

看到这里，可能很多人会好奇："为什么我们需要比较现金价值呢？"

因为任何一份保险的存在，都是我们花了一笔钱购买了一份权益，这份权益的形式可以体现为保障权（比如健康险），可以体现为现金期待权（比如高现价的终身寿险），可以体现为生存受益权（比如年金险）等。每种形式的权益既可以单独存在，比如不带身故责任的重大疾病保险只有保障权而没有现金期待权；也可以集合存在，比如带身故责任的重大疾病保险既有保障权也有现金期待权。因此，当我们评价一款保险产品时，更应该从完整权益的角度入手，而非局限于某个权益形式。

如果我们把买保险比作吃自助餐，那么在餐区任意“胡吃海喝”就是我们的全部权益，至于我们是选择吃两盘鲜虾，一杯白葡萄酒再加一块牛排，还是选择吃一份意面，一块可可蛋糕再加一份烤龙虾，可以由我们自主决定。所以，当我们进行产品 PK 时，也应该从菜品(权益)的角度来考虑问题。而现金价值就像是包含在餐券这个总权益里面的子权益，当然应该被纳入考虑的范畴。

明白了这个道理，我们依然以这份 100 万元保额的重大疾病保险举例，如果按照 20 年交费，20 年后它的现金价值为 39.07 万元；如果按照 30 年交费，30 年后它的现金价值为 28.12 万元。我们同样按照 4%的折现率将其折现到 0 时点，可以得到如下数据(注：关于下列计算中的复利现值系数，可添加作者微信领取完整版《复利现值系数表》)。

20 年期现金价值现值：39.07 万元×0.456 4(复利现值系数)≈17.83 万元。

30 年期现金价值现值：28.12 万元×0.308 3(复利现值系数)≈8.67 万元。

两者相差：17.83 万元(20 年期)－8.67 万元(30 年期)＝9.16 万元。

从上面的数据我们可以看到，按照 20 年交费的保单现金价值显著高于按照 30 年交费的保单现金价值，而在没有发生赔付的情况下，现金价值就可以等同于保单的价值，所以，从这个角度看，20 年交费的保单比 30 年交费的保单更值钱。

所以，第三轮 PK 的结果是：正方胜。

四、第四轮 PK：保费豁免

前面三轮 PK 已经结束，反方以 2 胜 1 负的成绩赢过正方。但到这里，PK 还没有结束，我们还需要考虑一个非常关键的问题——保费豁免。

1. 什么是保费豁免

保费豁免是指在保险合同规定的交费期内，如果投保人或被保险人发生了某些特定状况，如轻症、中症、重疾、身故、全残等，经保险公司批准或保险合同约定，投保人可以不再交纳后续保费，但保险合同仍然有效的一种情况。

以某款重大疾病保险合同为例，关于豁免的描述如下。

如果被保险人符合特定疾病保险金给付条件，我们在给付第一次特定疾病保险金的同时，将豁免本合同在第一次特定疾病确诊日后的首个保费约定支付日至交费期满之间本合同剩余的各期保费，但不包括第一次特定疾病确诊日之前所欠交的保费及利息。

2. 保费豁免和缴费期长短有什么关系呢

大家想一想，在其他条件相同的情况下，被保险人是在 20 年内发生风险的概率大，还是在 30 年内发生风险的概率大？

答案是简而易见的，当然是 30 年的概率更大，因为 30 年从时间上已经完全覆盖了 20 年，还整整多出了 10 年。

因此，在考虑豁免功能的情况下，选择 30 年交费的保单会有更大概率使用到豁免功能，这样就可以极大地节省保费，让保单变得更“划算”。

所以，第四轮 PK 的结果是：反方胜。

至此，四轮 PK 已经结束了，最终反方以 3 胜 1 负的成绩稳赢正方。

现在，你知道怎么选了吗？

为什么相同保额，不同公司价格差了近一倍

在保险的世界里，是不存在“一分钱一分货”的概念的。当然，这并不是说，贵的产品一定不好，便宜的就一定好。贵的产品的确可能对应着更齐全的保障，但同样存在另外一种可能，就是它的贵，只是因为附加了更多的营销成本而已。

不知道大家有没有思考过这样一个问题:假设我购买A公司的一款50万元保额的终身型重大疾病保险产品,按照30年交费,计算出的保费价格是11 150元,那么,为什么它的价格刚好是11 150元,而不是10 000元,或者12 000元呢?假如我按照同样的保障标准,但是把产品换成B公司,保费价格却立刻降到了5 614元,这接近50%的保费差距,是一分钱一分货,还是赤裸裸的智商税?保费里到底有多少是保障成本,又有多少是营销费用呢?

上述种种疑问,都指向了同一个问题——保险产品到底是如何定价的?

一、揭开保险定价的神秘面纱

下面,我就用通俗易懂的语言,给大家讲一讲关于保险定价的问题。

(一)定价构成

亚当·斯密在《国富论》里说过:“(保费)必须足以补充通常的损失、支付管理费,并提供一份同额资本在任何通常的贸易中所能获得的相等的利润。”我们拆解一下这句话可以看出,一款保险产品的定价至少应该涵盖以下三部分的内容。

(1)保障成本(风险成本,即纯保费)。

(2)管理费(人员开支、运营成本、广告费等)。

(3)期望利润(弥补机会成本)。

那么,我们可以得出一个简单的等式,即:

保险价格＝保障成本＋管理费＋期望利润＝保障成本＋附加费用。

所以，保险产品定价的过程，也就是对保障成本和附加费用的测算、预估的过程。

（二）定价思路

从思路上讲，保险产品的定价可以从两个角度来考虑。

1. 宏观角度——保险经济学

保险经济学主要从宏观角度解决“消费者愿意买”的问题。也就是说，从经济学角度讲，一款保险产品的定价并不完全是由保险公司自己决定的，而是保险公司与市场的其他参与者（竞争对手、消费者、监管机构等）共同博弈决定的，是一种充分考虑市场作用后的风险与收益的均衡。

当然，从保险公司角度，高明的精算团队会使用复杂的经济学模型来对现实情况进行真实模拟，在充分考虑信息不对称、市场摩擦等作用的情况下，尽量推算消费者愿意支付的最高金额。

总体而言，保险经济学是从宏观层面确定该款产品“在市场上应该是什么价格”。

2. 微观角度——保险精算学

保险精算学主要从微观角度解决“保险公司愿意卖”的问题。因为每款保险产品的成本都有自己的风险成本，保险公司需要通过对未来的一系列假设，如预期死亡率、费用率、准备金影响等，通过预测出安全的未来现金流从而确定现在产品的价格。

我们要知道，有许多保障终身型的保险产品，其交费周期只有 20 年到30 年甚至更低，那么我们如何可以估算确定前期交纳的保费足以覆盖被保险人一生的全部风险？这就需要精算师根据生命表、行业数据、本公司历史理赔情况或者再保险公司的要求等一系列信息进行分析估算，这是一个非常主观的过程。

因此，保险精算学更像是各家保险公司精算团队站在公司角度对保险价格进行的测算和思考，是从微观层面考虑该款产品“定多少价格对公司最有利”。

综上，在保险产品定价实务中（如下图所示），我们既离不开经济学的理论，也离不开精算学的方法，前者就像中医的“望闻问切”，后者就像西医的“打针开药”，战略与战术搭配，抽象与具象结合，共同确定出最后的保险产品价格。

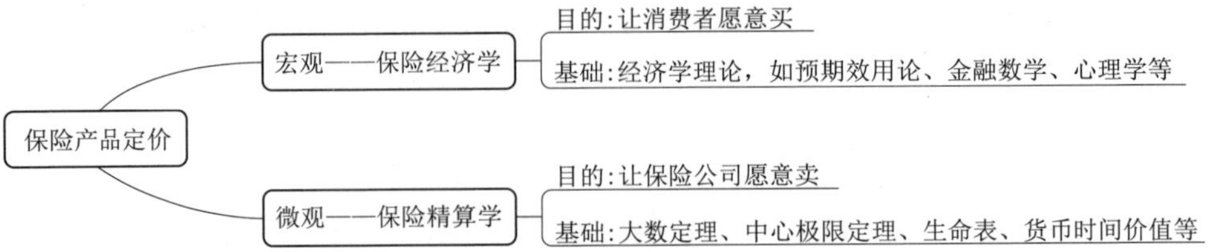

保险产品定价实务

（三）定价流程

一款保险产品的面世，需要经过市场需求分析、保险条款确认、保费率厘定等一系列流程。其中，在费率厘定部分又可细分为从公司、市场和监管三种不同的角度，对产品进行盈利测试（敏感性测试）、评估新业务价值、重大风险测试等系列考评，其目的在于确认以下若干问题。

这款产品是否能够满足消费者的需求？

这款产品是否有助于提升投资者眼中的公司整体价值？

这款产品是否会对公司经营产生重大影响，甚至影响偿付能力？

这款产品的定价是否充分考虑了市场、法规、竞争对手定价以及公司整体资产负债的情况？

……

总之，在实务中，保险产品定价并非根据公式确定数据结论这么简单，而是根据一系列流程和内外部各种维度进行综合考量的过程，稍有不合适，就会推倒重来，因此一款产品的面世，也是非常不容易的过程。保险产品定价流程具体如下图所示。

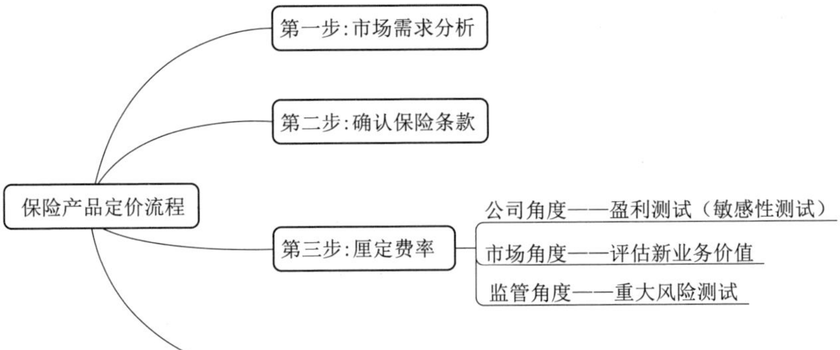

保险产品定价流程图

二、保障成本怎么来

保险公司承担的保障成本可以简单区分为风险保费和储蓄保费两部分，分别对应保险产品中承担疾病、意外等人身风险责任的部分和不承担风险仅作为储蓄的部分。

需要说明的是，本节中的风险保费和储蓄保费并非保险精算学中的准确概念，而是为了便于理解，同时与后述管理费和期望利润相区分，所以把精算学中的自然保费、纯保费、法定纯保费、风险净额等复杂概念进行了抽象表达。

（一）风险保费

但凡涉及承担人身风险的保险产品，定价中都会涉及风险保费。简单地讲，也就是按照每一年既定的风险概率所测算出来的保费，一般会参考《中国人身保险业经验生命表（2010—2013）》（以下简称《生命表》）的数据，再结合再保险公司的生命表以及本公司的理赔数据等来确定。

《生命表》（注：因《生命表》内容较多，有兴趣的读者可以添加作者微信领取完整版）针对不同保险人群的特点，分为三张六份：CL1－2 表作为保障型产品定价使用（如定期寿险和终身寿险）、CL3－4 表作为储蓄型产品定价使用（如两全险和分红险）、CL5－6 表作为养老金产品定价使用（如年金险）。

《生命表》在风险保费的计算中是如何使用的呢？

其实原理很简单：《生命表》显示了不用年龄和性别的个人发生不同风险的概率，那么用总保额乘以风险概率就能得到预期每一年的风险损失金额，我们再根据不同时间对应的贴现率进行折现，就能够得到站在现在时点所能确定的价格。

所以，对保障期间内的每一年可能发生的理赔金进行贴现的总额就是风险保费。

短期险的风险保费＝保额×当年风险概率÷（1＋贴现率）。

长期险的风险保费同理，只是因为保障期限、交费期长短和每年的贴现率的不同，计算稍微有些复杂。总的来说，交费期越短，保险期间越长，则每年的保费就越高，同时，贴现率越高，则保费越便宜，反之则越贵。

案例

假设 30 周岁的王大帅购买了一份保额 50 万元的 1 年期定期寿险，产品预定利率等同于贴现率为 3.5％。请问该保单的风险保费是多少？

计算步骤

(1)明确《生命表》

王大帅为男性,购买的是终身寿险,属于《生命表》CL1 的内容,王大帅 30 周岁,因此对应参数为 0.000 797。

(2)保额计算

根据风险保费的公式,我们可以得到该笔保单的风险保费为 385.02 元,计算过程:

500 000 元×0.000 797÷(1+3.5%)≈385.02 元。

(二)储蓄保费

对于终身型保险产品而言,交费期会远远短于保障期。以一款普通终身型重大疾病保险为例,我们只需要在前期交费 20~30 年,之后不用再交纳一分钱,但是终身都可以享受保障,我们在等待期后的任一时间发生保险事故,保险公司都会按照合同约定支付保险金。

这就出现了以下两个问题。

(1)保险公司不是慈善家,岂有免费赠送保障之理,那它是如何做到在定价时全面覆盖我们后面发生的风险成本呢?

(2)如果是因为我们提前多交了保费,如果最终一直没有发生风险,那是否可以有钱退回呢?

要回答第一个问题,需要先介绍两个名词:自然保费和均衡保费。

1. 自然保费

自然保费是以人的每一年龄及一年期间的死亡率为基础所制定的各年龄的保费。

因为人的死亡率会随年龄增长而升高,因此自然保费也会逐年增加。

一般来讲,一年期的保险产品均采用自然保费。

案例

我们假设王大帅一直符合投保条件,那么,当他 30 周岁时购买某款百万医疗险只需要 293 元,到他 40 周岁时需要 473 元,到他 50 周岁时需要896 元,而到他 60 周岁时则需要 1 456 元。

这样的特点将会导致两个后果。

(1)人们老年时负担的保费比年轻时显著提高,而人们老年时的创富能力又显著弱于年轻时，因此可能造成较大的经济负担。

(2)过高的保费可能导致人们的逆向选择，即健康的人选择退出保险，不健康的人则选择继续投保。

因此，为了规避这样的问题，对于长年期的保险产品，保险公司大多用均衡保费来代替自然保费。

2. 均衡保费

均衡保费是指保险人将人的不同年龄的自然保费结合利息因素，均匀地分配在各个年度，使投保人按期交付的保费整齐划一，处于相同的水平。

一般来讲，长年期的保险均采用均衡费率。

案例

30周岁的王大帅购买了一份50万元保额，30年交费的终身型重大疾病保险，每年保费需要9 000元。那么，在这30年间，王大帅每年的交费金额都是9 000元，不会随着王大帅年龄和身体状况的改变而改变。

为什么我们需要首先理解这两个名词呢？因为这会影响到长期险产品的定价模式。

我们来思考一下：

对于保险公司来讲，使用自然保费和均衡保费为保险产品定价，哪一种对应的精算风险更低？

答案：自然保费。

道理很简单，采用自然保费定价，就像菜市场老板的"一手交钱，一手交货"，客人当年是什么情况，就按照当年的情况对其进行定价，保障期间也就是当年，不用担心未来的不利变化，即使这个产品当年可能赔多了些，第二年随时可以停掉。对保险公司来讲，长期的经营风险可以降到最低。

那我们扩展思考一下：

如果全部保险产品都采用自然保费定价法，并且全部产品都仅为1年期，这对于消费者和保险公司来讲，会是好事吗？

我看未必。

对消费者来讲，买保险最重要的意义在于转嫁未来可能发生的未知风险，时间跨度是整个未来，而非具体某一年。如果我们都能算准自己哪一年会发生什么风险，那就不叫买保险了，那叫买彩票。另外，不断攀升的自然费率和投保资格的不确定性，会让投保过程本身变得不那么“保险”，更像是看天度日、走步看步，这本身就失去了科学规划的意义。

对保险公司也是同理，持续、确定的保费流入会更有利于保险公司的持续经营，因为保险运营本身就需要高昂的成本，不管是牌照、日常监管要求、信息IT系统、人才梯队建设、准备金提取、保险金赔付……无不要求保险公司具备雄厚的资本实力，而“短钱”显然不如“长钱”对保险公司的经营更有利。

回到主题，因为长年期保险一般采取“一时交费，一直享受”的策略，保险公司为了平衡初始低保费、后期高保费的不平衡，于是设计出了一个均衡费率，即每年的保费都是一样的，这样前期势必保费需要多交，后期少交甚至不交，从而使前后资金在整个保障周期内进行平滑，实现全面均匀的覆盖。而消费者在前期多交的保费就按照一定的规则先行储蓄起来并按照既定的利率计息，这部分积累下来的资金就是现金价值。

看到这里，大家是否对现金价值的由来恍然大悟？

原来，现金价值就是我们前期多交的钱，留存下来用于平滑后面少交或不交费时期的风险，也就是我们前面所说的储蓄保费，而不同的产品保障期限（定期或者终身）和保障方式（纯保障或者带身故责任），都会通过影响保单的储蓄保费而影响产品定价。

现金价值也可以用一个计算公式来说明：

现金价值＝已交保费－保险公司管理费－佣金－风险保费＋剩余保费所生利息。

为了更好地帮助大家理解，我们用定期重大疾病保险与终身型重大疾病保险再举例解释一下“保障内容→现金价值→储蓄保费→产品定价”的传导影响关系。

方案一

30周岁的王大帅购买了一份定期重大疾病保险，保额50万元，交费期30年，保障期限到70周岁，无身故责任，年交保费4 000元。

方案二

30周岁的王大帅购买了一份终身型重大疾病保险，保额50万元，交费期30年，身故赔50万元保额，年交保费8 000元，价格刚好是方案一的两倍。

从上述两个方案看，方案二的产品价格显著高于方案一，这是由什么因素导致的呢？

（1）保障内容

方案一保障期限到70周岁，无身故责任；方案二保障终身，身故赔付保额。我们可以看到，后者责任显著大于前者，因此定价高于前者也是合理。

（2）现金价值

在方案一中，因为保单不含身故责任，王大帅保单的现金价值会呈现抛物线状，先往上走，到达某一顶点（假设王大帅60周岁时为现金价值的峰值）后迅速往下走，直到保险责任结束时（王大帅70周岁）变为0，如下图所示。

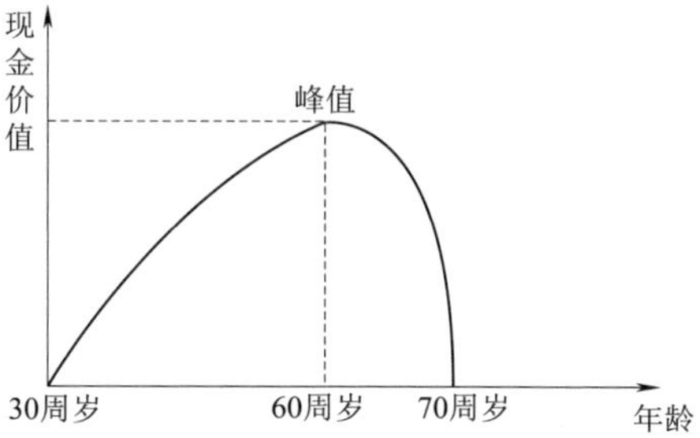

无身故责任保险产品现金价值曲线图

在方案二中，因为保单含有身故责任，王大帅保单的现金价值会呈现持续攀升状态，最终会在保单年度末（比如王大帅105周岁时）接近50万元，如下图所示。

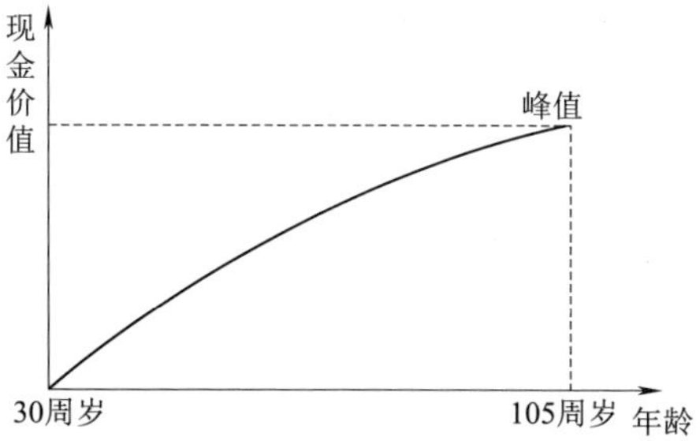

含身故责任保险产品现金价值曲线图

因为现金价值是投保人随时可以拿回的钱，同时也是保险公司的负债，并且终有一天会随着被保险人的身故而赔付，因此在产品定价上，含身故责任（现金价值上升）的保险产品价格必然会高于无身故责任（现金价值抛物线）的产品。

（3）储蓄保费

需要补充说明的是，定期重大疾病保险的现金价值问题常常被消费者忽视，甚至在许多消费者心中，认为定期型（俗称消费型）的产品都是不含现金价值的，其实这是一个很大的误区。一般来讲，定期型产品在保障期间内往往是有现金价值的，可以说，除了条款有特别约定之外，我们根据前面的“平滑原理”，可以得知任何采用均衡费率的保险产品都需要对前期保费进行平滑，平滑则必然通过前期多交保费，后期少交或者不交的方式进行。因此，前期必然产生剩余现金价值，也就是储蓄保费。

鉴于此，在购买定期型产品时，我们需要注意以下两点。

①在同样保费和保障条款的情况下，选择中间现金价值较高的产品更有利。

②如果中途需要退保，尽量选择在现金价值的“波峰”进行操作。一般来讲，某一年的“波峰”是可能基本能够等同之前付出的保费的，尽量把损失降到最低。

(4)产品定价

在“保障内容→现金价值→储蓄保费”三者的共同作用下，最终影响了保险产品的定价。因此，一款产品看着贵不一定真的“贵”，看着便宜不一定真的“便宜”，我们需要找到价格高低的出处，才能做出正确的判断。

三、附加费用怎么算

2020 年 2 月 6 日，中国银保监会发布了《普通型人身保险精算规定》，将个人期交年金保险产品定价的平均附加费用率上限由原来的 18%下调至 16%，趸交产品由 10%下降至 8%。

这里的附加费用是什么？简单地说，保险公司的毛保费减去纯保费得到的差额就是附加费用，一般由佣金、销售事务成本、维持费、税金等构成，综合考虑了保险公司的成本、费用、利润等各方面因素，形成一个最终的费用计算标准。

总体而言，中国银保监会对附加费用持开放态度，只规定了费用率的上限，由各个险企根据情况自行确定具体费率。

因为附加费用包括了险企整体运营的成本，因此，当我们把广告费、五星级酒店招待费、豪华办公楼租金、代理人佣金、渠道合作费、员工工资等一切费用算进来时就会发现，不同公司的差别相当大。

新浪保险综合频道曾在 2018 年发布了名为《四大上市险企日均广告宣传费 7 407 万，平安日均 5 502 万》的报道，称：“以四大上市险企为例，合计广告宣传费实现七连增，从 2011 年的 70.93 亿元猛增至 2017 年的 270.35 亿元，增长近 200 亿元。日均广告宣传费从 2011 年的 1 943 万元，增长至 2017 年的 7 407 万元。”具体见下表。

近七年四大险企广告宣传费

单位：亿元

险　企	2011 年	2012 年	2013 年	2014 年	2015 年	2016 年	2017 年
中国人寿	14.06	14.74	14.76	16.06	17.45	21.20	25.49
中国平安	33.97	53.62	62.23	86.37	101.93	172.46	200.81
中国太保	17.49	20.26	23.85	24.49	31.71	45.63	41.76
新华保险	5.52	3.54	3.42	3.28	3.25	2.32	2.29
四大险企合计	70.93	92.16	104.26	130.20	154.34	241.61	270.35
四大险企日均	0.19	0.25	0.29	0.36	0.42	0.66	0.74

资料来源：新浪财经。

从上表可以看到，中国平安在 2017 年的广告宣传费达到了惊人的 200 亿元，接近新华保险的 100 倍。相对于更多榜上无名的保险公司，其差距更是不在一个量级。

比如，有的保险公司主要通过互联网和经纪/银行等渠道进行销售，自己并没有设立代理人队伍，自然也不需要租赁大型豪华的办公楼用于培训和会客，这样自然也会省下许多成本。而另外一些保险公司则拥有数以百万计的代理人队伍，甚至分公司覆盖全国每个县城，月月举行的产说会和一年一度的开门红宴会更是它们盛装表演的秀场，自然也会砸下不少银子。

但是，羊毛出在羊身上。作为一个消费者，当我们在保险公司的豪华大楼里喝着免费的咖啡，享受着无微不至的贵宾服务，回家还能“顺走”精致的伴手礼时，耳边需要立刻响起一句话：“保险公司为我们提供的每一种福利，都已经提前把价格算进了保单。”

四、保险产品一分钱一分货？不存在的

在保险的世界里，是不存在“一分钱一分货”的概念的。当然，这并不是说，贵的产品一定不好，便宜的就一定好。贵的产品的确可能对应着更齐全的保障，但同样存在另外一种可能，就是它的贵，只是因为附加了更多的营销成本而已。

所以，作为理性的消费者，我们在挑选保险时需要保持清醒、擦亮眼睛、回归本源，把重点放在保险责任、保障额度、保障期限、现金价值等真正能够给我们带来价值的硬性指标上，不要被公司广告、豪华写字楼等虚幻的浮云所迷惑，做了舍本逐末的选择。

为什么相同疾病，不同公司核保结果大相径庭

正因为保险核保存在“千人千面”的现象，在A公司“判死刑”的申请到了B公司可能变“特赦”，所以我们更需要利用这样的特点为自己争取最优的核保结论，记住：

一个原则——正确告知，不要让核保人员“猜谜”；

一个方法——多方同时投保，择最优结论留之。

什么是核保？

简单地讲，核保就是保险公司对投保申请进行审核，最终决定是否接受承保或者决定以何种条件接受承保的过程。

所以，核保解决的无外乎就是以下两个问题。

(1)要不要把保险卖给客户？

(2)以什么条件把保险卖给客户？

听起来，核保似乎是一个简单轻松的工作，但其实，核保员作为掌握保单“生杀大权”的关键人物，不仅会在保单成立前承担审核审批工作，如果保单遇到了理赔争议，比如说发现客户当初存在未如实告知的行为，该份保单也会再次流转到核保员手里，因为需要查清楚：这个人当初是怎么被放进来的？如果再次对未告知事项进行审核，是否会影响承保结论？

具体而言，未如实告知可能产生的后果如下图所示。

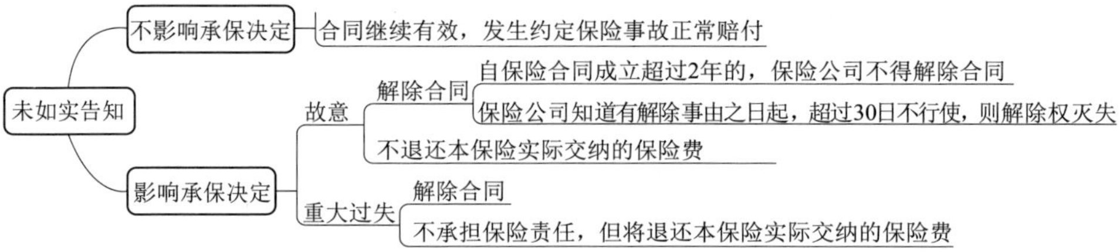

未如实告知可能产生的后果

所以，对于保险公司来讲，核保就像一个重要的守门员，他需要把风险过高的客人婉拒（延期、拒保）在门外，或者将他们与正常客人区分开，享受不同的承保待遇（加费、除外等）。

一、核保没有标准答案

练就一双识别客户的“火眼金睛”是每个核保员的重要工作，而核保之难，在于没有标准答案，但对于每一笔申请，核保员又必须在短时间内给出一个确定的答案。

在这种只有核保“方法论”而没有核保“结论”的背景下，核保变得更像是门手艺活儿，核保员需要靠“老带新”“意会大于言传”“经验积累”“自我修炼”等方式实现成长。所以，一些业内知名的核保“大咖”偶尔也会用“半路出家的核保野生专家”来自嘲，虽说只是玩笑，但也有几分道理。

二、不同公司的核保差异

因为核保没有标准答案，因此，对于同一个客户，同样的异常体况，在 A 公司投保可能标体，在 B 公司投保可能除外，在 C 公司投保可能延期，在 D 公司投保则可能加费。不仅如此，即使是在同一个公司，不同核保员得出的核保结论都可能不同。

那么，是什么原因造成了不同的核保结论呢？

原因主要有四个，归纳起来为“四个不同”：再保险公司核保标准不同；保险公司风险偏好不同；投保险种风险尺度不同；核保人员评估风格不同。具体分析如下。

1. 再保险公司核保标准不同

在我们通常的概念里，核保是保险公司的事，应该由保险公司全权处理，可事实真的是这样吗？

其实，这样的观点既“对”又“不对”。

说它“对”，是因为每个核保结论的确由保险公司核保员独立出具，符合保险公司全权处理的形式要件。

说它“不对”，是因为保险公司之所以安全，除了门槛高、监管严之外，还在于其有着另一层安全机制，即在每一家保险公司的背后，都有着更加强大的再保险公司在支撑。这样的支撑是如此重要，以至于保险公司核保员人手一份的《核保手册》都是由再保险公司编写的。

什么叫再保险？

根据《保险法》第二十八条的规定，保险人将其承担的保险业务，以分保形式转移给其他保险人的，为再保险。

因此，再保险公司也被称为“保险公司的保险公司”。再保险公司与本来的被保险人无直接关系，只对委托的保险公司负责。进行再保险，可以分散保险人的风险，有利于其控制损失，稳定经营。

所以，保险公司在核保时，往往也需要看再保险公司的“脸色”，比如根据核保手册的指引出具核保结论，宁可趋严，审慎放松。当我们发现某家保险公司的核保政策严格或者宽松，其实真不一定是保险公司自身的标准如此，有可能只是因为其背后再保险公司的政策严格或者宽松。

2. 保险公司风险偏好不同

对于未达到分保限额的小额保单，保险公司会自行决定是否承保或者按什么条件承保，这种不涉及分保的情况，也被称作风险自留。

对于这种情况，核保结论就由各家保险公司“自由发挥”了，那么各家公司也会根据风险承受能力的高低来决定不同的核保尺度。

比如说，有一家公司对高血压的承保标准是160/100以下，而另一家公司的承保标准是150/100以下；有一些公司对已经手术切除的甲状腺癌，如果距今5年无复发，可以除外责任承保重大疾病保险，而在另一些公司则可能直接拒保。

3. 投保险种风险尺度不同

同样是保险，不同的险种对应着不同的保障责任，而保障责任又与风险发生概率相关，因此往往对应着不同的风险尺度和核保标准。

一般来讲，核保标准最严格的是医疗险，因为医疗险的理赔只与是否产生医疗费用有关，对所患疾病类型以及导致疾病的原因均没有要求，所以具有最强的普适性，也最容易发生理赔，特别是对包含门诊责任的中高端医疗险更是如此；其次是重大疾病保险，因为重疾险承保的是相对严重的疾病，往往需要达到合同约定的理赔条件；核保最宽松的是寿险和意外险，因为其主要保障伤残和身故。

总而言之，核保标尺的严格程度与各个险种的特性有关，对于高发生率、高损失率且容易产生逆向选择的险种，会匹配最严格的核保，将风险过高的情况拒之门外；反之，则相对宽松。

4. 核保人员评估风格不同

因为核保是一门只有“方法论”而没有唯一“结论”的技术活儿，所以核保人员自身的评估风格也很重要。对于同一个申请者，一个审慎保守的老核保员出具的核保结论，和一个灵活开放的核保新人出具的核保结论，可能完全不同。

除此之外，有的核保员还会有一些自己的特殊“偏好”。

比如，某位资深核保员曾提到他对于有酗酒史的人一律拒保。而对于酗酒问题，再保险公司是提供了“有条件承保”方案的：

(1)A 再保险公司建议，对于戒酒超过 3 年且谷氨酰转肽酶(GGT)检查正常者，重疾可加费并除外终末期肝病承保，超过 10 年者可标准体；

(2)B 再保险公司建议，对于戒酒超过 4 年者，可标准体或加费承保。

但是，因为核保员有一定的自由裁量权，所以仍然可以按照自己的“偏好”出具核保结论并且直接生效。

三、通常的核保评估标准

看了上面的内容，可能有人会产生担忧：“既然核保没有标准答案，核保员还有自由裁量权，那是否意味着核保员可以拍脑袋做出核保结论呢?”

答案：当然不是。

核保虽说是门手艺活儿，在很多情况下都没有唯一的“结论”，但却有明确的核保方法，再加上再保险公司提供的核保手册等工具，可以在很大程度上为核保员的工作提供指引。

需要说明的是，核保手册的核保意见对核保员并不具有强制力，而更像是一份参考资料，在实际操作中，核保员可以根据保险公司的风险承受能力以及客户的具体情况，在合理且有限的范围内做出自由裁量，最后汇总形成核保结论。

所以，核保员本身的性格(开放还是保守)、经验(新人还是专家)和偏好(有的核保员看见酗酒就拒保，而有的不一定)等因素，的确会在一定程度上影响申请者的核保结论。

当然，保险公司内部对核保员的工作情况也是有质检程序的，对存在明显错误的结论也会有一定的处罚措施，比如影响绩效或年终考核，从机制上把核保差错控制在可接受的范围内。

具体而言,保险公司核保的核心目的主要有两个方面。

(1)防止逆向选择——带病投保。

(2)防止道德风险——蓄意骗保。

保险公司为了防止这两种情况的发生,根据投保险种及保额的不同,得出了一系列的核保方法,归纳起来,会重点关注以下四个因素。

1. 健康因素

健康因素包括申请人的年龄、性别、体质、现在及既往疾病、家族病史等。

(1)重要的体质参考指标——BMI 值

关于体质,有一个国际通用的指标即体重指数(Body Mass Index,简称 BMI),根据美国疾病防控中心 CDC 的译文,BMI 是一种针对体重类别的简便筛查方法,结果分为过轻、健康、超重和肥胖四种,与人体代谢和疾病的发生密切相关。

计算公式:

BMI =体重(kg)÷身高(m)的平方。

BMI 适合所有 20 周岁至 65 周岁的人士使用(见下表),儿童、青少年、孕妇、哺乳期妇女、老人及专业运动员除外。

20 周岁以上成年人的 BMI 范围参考标准

BMI 值	体重状态
18.5 以下	体重过轻
18.5～24.9	正常或健康体重
25.0～29.9	超重
30.0 及以上	肥胖

资料来源:美国疾病防控中心 CDC 官网。

根据上表,我们可以看到,20 周岁以上成年人正常标准的 BMI 值是 18.5～24.9。

在投保实务中,保险公司考虑到人们的 BMI 值会因为饮食结构、工作压力和生活习惯等因素有所偏离,可能会把标准区间放宽到 16～27.5。

如果 BMI>28,申请人一般会被保险公司要求加费;如果 BMI>30,申请人就有被拒保的风险了。

(2)BMI 值不达标怎么办

如果被保险人的 BMI 值依然超出了保险公司的核定范围,怎么办呢?

此时,保险公司就会结合血脂、血糖、血压等指标来综合判断承保风险。

当然,可能有的被保险人比较"聪明",TA 会认为:虽然我的身高不会再长了,但是我的体重是可以变化的,那么如果我的 BMI 值达不到标准,我就通过虚报体重来让自己达到标准就好了。毕竟节假日吃多了就会胖,节后运动减肥了就会瘦嘛。

但是,我们要知道,健康问卷上往往有一个单独的问题是询问客户近期体重变化情况的。以某款重大疾病保险为例,问卷就有这样一句话:"过去 2 年中,您是否在 3 个月内因不明原因导致体重增加或减少超过 5 公斤(因未成年人生长发育或健身运动、分娩导致的除外)?"

所以,关于 BMI 的问题,我建议大家还是如实告知,不要"聪明反被聪明误",为后面的理赔留下隐患。

2. 财务因素

财务因素包括收入、投保保额的合理性、既往投保情况,保险公司会以此判断申请人的投保动机以及是否存在道德风险。这在高额寿险、意外险的核保中会显得尤为重要。

我们试想一下:一位月薪 3 000 元,从事安全的文员工作的人突然在一周时间内在多家保险公司给自己投保了 500 万元保额的意外险,会不会让人对其投保动机产生怀疑呢?

3. 个人因素

个人因素比如关于个人的职业类型、驾驶习惯、特殊运动爱好(如滑雪、攀岩、潜水、蹦极等)、是否有药物/毒品滥用经历、是否有犯罪记录、是否有国外旅居计划等,都会被核保员纳入综合评估个人风险的范围。

4. 心理因素

被保险人的心理健康情况也是非常重要的因素,有证据表明,患有抑郁症的人群自杀和自伤的风险会比正常人群高很多。所以,对于已经确诊为抑郁症的人群,健康险和寿险基本是拒保的。

四、如何投保最有利

因为核保没有标准答案，隐于幕后的核保员在审核时也会“千人千面”，那么，对于担心无法正常投保的申请人来讲，怎样投保最有利呢？

我们主要需要掌握一个原则和一个方法。

1. 一个原则：清楚、完整、诚实地如实告知

如实告知的重要性，在本书里多处反复强调，此处不再赘述。总之，如果大家不想走到“赔了夫人又折兵”（付了保费却没得到理赔，甚至连保费都不退）的结局，就一定要重视这个问题。

另外，我们除了在思想上重视，在操作上还有一个注意事项，就是不要让核保员“猜谜”。

“猜谜”是什么意思呢？

就是我们虽然告知了，但告知得不清不楚，模棱两可，欲言又止，可大可小，让核保员看了后一头雾水，对病症的严重程度无法得出判断。那么，从审慎稳妥和规避职业风险的角度，核保员只有要求申请人提供进一步的资料再做判断，或者直接出具最保守但对申请人最不利的核保结论了。

所以，一个正确的健康告知姿势，是在诚实勾选告知事项的前提下，对于需要手工描述的部分（一般来讲，健康告知的异常部分会需要申请人手写情况描述），申请人按照如下的思路进行描述。

（1）起因：我在××时间，发生了××症状。

（2）经过：我去了××医院做了××检查，检查报告得出××结论，医生建议××治疗方式或者不需治疗。

（3）结果：我治疗了××天，现在无症状或者还有××症状，复查报告得出××结论，医生复诊得出××建议，下一步计划××治疗或者不治疗。

2. 一个方法：多方同时投保，择最优结论留之

正因为保险核保存在“千人千面”的现象，在 A 公司“判死刑”的申请到了 B 公司可能变“特赦”，所以，我们更需要利用这样的特点为自己争取最优的核保结论，最简单的方法就是多方投保，择优留下。

比如，申请人可以尝试多方同时投保，在得到全部产品最终的核保结论之后，将承保条件最优的产品留下，其余在犹豫期退保，这样申请人不会有任何损失（部分公司有 10 元工本费），不失为一种既经济又有效的投保方法。

第六章

临门一脚：投保时不得不知的几件事儿

买保险就像“相亲”，需要申请人与保险公司“你情我愿”才可以，特别是在申请人体况异常的情况下，“联姻”就更成了一个技术活儿。

本章就是告诉大家关于健康告知的“秘密”，以及体况异常时的投保注意事项，让每个人都能买到与自己“情投意合”的保险。

没做好健康告知，结果拒赔了

一份正确的健康告知应该像“写作文”一样，虽说是短短一句话，但也应该将事情的起因、经过、结果表述完整，既便于核保员更快更准确地做出判断，也为自己减少不必要的麻烦。

在保险投保过程中，有一个非常重要的环节，叫作健康告知。

关于这个问题，《保险法》第十六条也有明确的规定，即订立保险合同时，保险人可以就保险标的或者被保险人的有关情况提出询问，投保人应当如实告知。

看，健康告知都被单独写进了《保险法》，可见这件事情有多么重要了。

一、关于健康告知的那些事儿

什么是健康告知？简单地说，就是当我们想要购买保险时，需要先把被保险人的健康情况通过填报健康问卷的形式告诉保险公司，保险公司会根据答案综合评估承保风险，之后才能确定能否接受或者用什么条件接受投保。健康告知的操作方式是填报健康问卷，具体如下。

（一）健康告知的具体形式

健康告知环节一般设置在投保步骤之前[①]，具体地讲，当我们进入投保页面时，我们会首先看到一个专门页面叫“被保险人（或投保人）健康告知”，里面一般有 3～10 个与过往健康状况相关的问题，需要我们勾选“是”或者“否”，同时，对于不便简易回答的内容，需要我们在下方用文字补充阐述。

在操作过程中，如果申请人的身体状况不符合健康告知的标准，就可能存在被保险公司拒保、延期、加费、除外的风险。而如果申请人逆向选择，故意隐瞒病

① 现在互联网保险产品、保险经纪公司产品和传统保险公司产品基本都是在网上投保，只是使用的平台或 App 不同（比如传统保险公司用自己公司的 App，由代理人与客户沟通填写），健康告知会设置在录入简单信息（年龄、性别、地区等）并计算价格之后的第一个环节，所以也算正式投保步骤之前。

情投保，而后又发生了与隐瞒病情相关的疾病，保险公司会将这种行为认定为欺骗而拒绝赔付并且不退还保费。

例如某款畅销百万医疗险的健康告知页面如下表述。

投保人应在对所有被保险人健康/职业状况充分了解的基础上履行如实告知义务。投保人承诺完全知晓所有被保险人健康/职业状况，并如实告知。若被保险人健康/职业状况与告知内容不符：

(1)一经发现，本公司将依据法律解除合同；

(2)若发生保险事故，本公司不承担赔偿或给付保险金的责任，并将依据法律解除合同，同时根据投保人不如实告知情况不退还保费。

根据以上内容，我们可以看到，是否如实地进行了健康告知，决定了这张保单的"生死存亡"。

(二)真实案例——与理赔"擦肩而过"的×阿姨

在就诊实务中，常常会出现医生将病人口述症状写进病历的情况，如果诊断疾病与描述症状恰好存在关联性，则被认定为症状由该疾病导致。那么，如果症状在投保之前已经存在，则会被保险公司认定为带病投保，有可能影响保险的赔付。

案例

×阿姨今年50周岁，不时会发生反复头痛的症状，但一直没去检查。去年，在女儿建议下，×阿姨为自己投保了一份综合医疗险。一年以后，有一天，×阿姨发生了剧烈的头痛，于是决定去医院做一个全面检查。在医生询问过程中，×阿姨告诉医生自己不时都会发生头痛，具体有多长时间了，自己也记不清。于是，医生将"病人反复头痛，时间长达数年"这句话写在了病历报告里。经过一系列检查，×阿姨被告知患有脑膜瘤，反复头痛即为症状之一，建议安排手术。

手术之后，×阿姨找到保险公司要求报销住院费用，保险公司以"投保时未如实进行健康告知，并且既往症与新发疾病存在直接关联"为由拒绝理赔。

×阿姨回到家中，翻阅了保险合同附页的健康告知记录，发现其中有一条为"过去1年内存在下列症状：反复头痛、昏厥、胸痛……"但因为自己当初没仔细阅读，业务员也没有做出提示说明，所以莫名其妙就填写了否。

1. 案例分析

×阿姨的情况非常典型，在投保过程中经常可能遇到，究其原因，主要有以下两个方面。

(1)消费者不清楚健康告知的重要性，所以在投保时，没有仔细阅读就直接略过，结果因为疏忽做出了错误的回答，为以后的理赔埋下隐患，这在自助购买互联网保险时尤为普遍。

在现实生活中，我经常遇到有人说自己在网上抢到了某款马上下架的网红保险，很是得意，可问问他们有没有做好健康告知，却换来对方的反问："什么叫健康告知?"

(2)在投保过程中，保险业务员没有尽到足够的提示询问义务，没有向消费者强调如实进行健康告知的重要性。

在现实生活中，有的业务人员因为不专业或者赚钱心切，压根就不提这码事，甚至干脆逆向误导说健康告知并不重要，或者说熬过 2 年就能赔，等等。这些都是极不负责任的表现。

2. 假如健告可以重来

在×阿姨这个案例中，假如她在投保时如实做出了健康告知，情况又会如何呢?

×阿姨投保的是一款综合医疗险，在全部的保险类型中，综合医疗险是核保最为严格的险种。因此，×阿姨有可能被拒绝承保。

那么，既然如此，这件事情是否全无办法了呢?

答案:也不一定。理由有以下三个方面。

(1)如果×阿姨知道健康告知的重要性，那么她一定会选择能够符合健康告知的产品进行投保，即:她会根据自己的身体状况去框定备选医疗险的范围，从而找出有可能承保自己情况的产品。

(2)如果×阿姨没有找到符合条件的产品，她可以经过自我评估，适当延迟投保的时间。比如，在连续 1 年没有任何症状时再行投保。事实上，许多良性脑膜瘤根本没有症状，或者症状是轻微且不连续的，也不一定需要手术治疗。

(3)如果×阿姨具有保险常识，她会懂得投保宜早不宜迟，她应该在没有确诊的情况下，尽可能为自己配齐保障，以防止未来无法投保的风险。这样，即使她最后没有买到核保最严的综合医疗险，但是买到了重大疾病保险、防癌险，也会为她以后的岁月添一份安心。

二、如何进行健康告知

健康告知最让人困惑的地方，在于度的把握。关于这个问题，我们掌握三个原则就可以。

1. 最大诚信——事实是什么就说什么

对于健康问卷的问题，一定要如实回答，不要隐瞒和撒谎，也不要心存侥幸，要知道太阳底下没有秘密，在这个大数据时代，保险公司核查骗保的手段可谓“神通广大”，调取就诊记录都是小事，连化名就诊的情况，也常常在专业核赔人员和医学专家面前无处遁形。

2. 有限告知——问题问什么就答什么

有限告知的含义就是问什么答什么，没问到的就不用回答。基于有限告知的精神，如果客户未来因为没有问到的病症发生理赔，保险公司也不能以客户违反最大诚信原则为由拒绝。

3. 诊断为准——医生写什么就讲什么

回答健康告知问题应该以医院给出的诊断证明或者体检报告为依据，而不是以自己主观想象的病情为依据。

三、健康告知案例分析

具体而言，在健康告知环节，我们需要注意两个问题。

1. 不用告知“想象出的疾病”

案例

王大帅长期熬夜加班，吃饭也是外卖简单应付。因为繁忙和不重视，也好多年没有去体检过了。王大帅最近频繁胃痛，他担心自己因为长期的饮食不规律得了胃癌，那么他在投保时是否需要告知自己的疑虑？

案例分析

答案：当然不用。因为胃癌只是王大帅作为非医学专业人士的主观判断，甚至只能被称为天马行空的想象，和确定的医学诊断相去千里，王大帅如果现在投保，只需要明确回答健康告知的问题即可。

具体而言，问卷中与胃病相关的问题一般包含：胃/十二指肠溃疡、反复呕吐、过去 1 年内检查结果异常（血液、超声、影像、内镜、病理检查）、过去 2 年曾住院（不包括剖宫产/顺产/鼻炎/急性肠胃炎/肺炎/上呼吸道感染住院等）等。

2. 临床医学≠核保医学

案例

李天仙想给自己投保一份重大疾病保险，在网上查阅了各种保险测评的文章之后，终于选定了一款心仪的保险，赶着在它下架的前一天投保成功了。几天后，李天仙想起自己患有乳腺结节3级和子宫肌瘤多年，总觉得有些不放心，于是来问我是否存在风险。

经询问，李天仙在投保的健康告知环节中没有告知，因为医生说那些都是小毛病，不用管，所以她也认为不重要。在查看了李天仙的体检报告之后，我建议她在犹豫期退保，之后重新为她推荐了3家公司的产品让她同时投保，结果是一家公司出具了“因乳腺相关问题导致的重大疾病责任除外”的结论，另一家公司出具了“延期1年”的结论，最后一家公司出具了“按标准体承保”的结论。最终，她选择了最后一家公司的产品完成了投保。

案例分析

据此案例，我们需要明白临床医学和核保医学是有区别的。

具体而言，临床医学的关注点在于疾病在短期内是否需要治疗，而核保医学的关注点在于疾病在未来数十年发生恶化的概率有多高。

两者一个看现在，一个看将来。因此，医生眼中的你，和核保员眼中的你，必然是两个不同的你，完全可能出现截然不同的判断结论。这并不是因为他们中的一方不专业，相反，正因为他们双方都足够专业，所以才会对“治疗”和“核保”这两个问题，采用两种眼光和两套标准，从而得出两种答案。

四、正确健康告知，勿忘六个细节

关于健康告知，需要重点关注以下六个细节。

（一）住院记录

一般来讲，小事不住院，住院无小事。毋庸置疑，住院可能对投保带来非常大的影响，具体影响时间长度因公司和产品而异。总的来说，出院后的1至5年都有可能被出具非标结论。如果对于一些特别严重的问题，比如肾切除、恶性肿瘤等，对于部分产品来讲，可能永远没有消弭影响的时限，导致终身无法投保。

另外，如果我们有长期服用药物的记录，比如说治疗“三高”的药品或者维持甲状腺分泌的药品等，比如说长期使用胰岛素等，这类情况也是会影响保险公司的核保判断的。

（二）体检结果

现在的企业越来越注重员工的健康，每一年都有常规体检，而体检报告中出现的异常情况也可能影响最终的承保结果。其中，比较多见的体检结果异常，女性主要体现在乳腺结节、卵巢囊肿或者子宫肌瘤，男性会多发在甲状腺结节，还有一些比较常见的浅表性胃炎、巧克力囊肿或者息肉等。这些结节、肌瘤、囊肿、脏器炎症等虽未严重到需要立刻住院治疗，但也属于已经确诊的重要疾病，也是需要我们密切关注并在健康告知中详细说明的内容。

（三）BMI 值

在健康告知问卷中，会要求我们填写身高和体重，其目的是计算 BMI 值。关于 BMI 值的内容，我在前面章节已有详述，此处不再重复。

（四）生活习惯

除了通常的体况异常需要告知外，重要的生活习惯也需要告知，比如抽烟和喝酒等。

1. 是否抽烟

通常情况下，许多保险产品对被保险人是否抽烟、喝酒会比较关注，并且可能根据被保险人抽烟和饮酒的程度来确定核保结果。

以某款重大疾病保险为例，健康问卷中就有这样的问题："您是否抽烟大于 400 支年（支年＝每日吸烟支数×烟龄），或被医生提出吸烟、饮酒的建议或警告？"

我们可以看到，保险公司会以支年指数作为评估吸烟者健康状况的指标之一，如果吸烟者的支年指数达到了 400，即每天抽烟 20 支，烟龄达到 20 年，那么站在保险核保的角度，会认为 TA 罹患疾病的概率会比非吸烟者高出许多。这时保险公司可能会要求补查血常规或者 CT 以获得更多信息来综合判断核保结果。

2. 是否喝酒

对于喝酒，如果只是一般意义上的喝酒，比如每天喝一两白酒，或者一瓶啤酒，我们是不用告知的。喝酒不等于酗酒，这是两个概念。一般健康问卷里会用"酒精滥用成瘾""被医生提出饮酒的建议或警告"这样的描述来定性普通饮酒和过度饮酒的区别。

（五）门诊记录

除了以上四项内容外，还有一个问题常常被关注，那就是：门诊治疗要不要告知？

答案：看情况。

我国现在的医疗体系，门诊已经可以处理很多事情了，发烧感冒打点滴可以在门诊处理，肾透析也可以在门诊处理，还有脂肪瘤切除、乳房切除术、腱膜囊肿切除、白内障手术、干细胞移植、宫颈息肉、体表良性肿瘤切除、痔疮切除等一系列手术，都是可以在门诊处理的。

那么，同样是门诊，病情的严重程度是一样的吗？

答案：当然不是。

所以，我们需要把握的原则是：如果门诊处理的只是一般头疼脑热之类的普通疾病，是不用告知的；但如果是慢性的，手术性的，或是急性疾病康复后会对未来重大疾病的触发产生影响的疾病，无论大小，我们都需要告知。

（六）社保卡外借

很多人平时往往没有在意对社保卡的管理，家里老人小孩需要看病买药，就随意用自己的社保卡去刷，殊不知这可能为自己的投保和理赔埋下隐患。

我在这里讲三种比较有代表性的情况。

1. 病历写明“代开药”

我们外借社保卡去医院买药，但医生在病历上写明了是“代开药”。这种情况，我们就很容易做健康告知了，可以向保险公司提交资料说明这是代开的情况，一般来讲都会通过。如果保险公司依然要求被保险人体检，那也可以做一个补充体检来证明自己的身体没问题。如果这个时候被保险人忘记了做健康告知，后续理赔时遇到保险公司核查的情况，毕竟有医生的病历证明在，所以一般来讲，还是比较容易被接受的。

2. 病历未写明“代开药”

我们外借社保卡去医院买药，并且开的是高血压相关的药，医生没有在病历上写明“代开药”。这时，如果我们为自己投保，并且在健康告知环节对社保卡外借买药的情况进行了说明，这时保险公司可能做出两种反馈。

(1)要求我们提交体检报告来“自证清白”，证明的确是“代开药”而非自己患病。

(2)保险公司接受此说辞，没有要求我们提交补充资料并且顺利承保。

对于第(1)种反馈，我们只有按要求照做才能避免后续的理赔隐患。而第(2)种情况，则可以说明保险公司已经“相信并接受”了我们的说辞，那么，在未来发生理赔时，保险公司也不能再以当初的“社保卡外借事件”来认定被保险人带病投保或未如实告知。

3. 忘记了社保卡外借事项

我们发生了社保卡外借的事实，但由于没有引起重视，在投保时压根就忘记了这件事情，而现在投保已经成功，说不定已经过去数年，对于这样的情况，会为保单未来的理赔带来什么样的影响呢？

不用怀疑，如果我们不加处理，那么该份保单如果在后面的岁月里发生了理赔，并且保险事故与社保卡外借的药品发生了“巧合性的重合”，那么势必会被保险公司怀疑为带病投保，为理赔造成很大的障碍。

什么叫“巧合性的重合”？简单地讲，假设我就是那位健忘的投保人，我发生的保险事故为甲状腺癌，可巧合的是，我当初把社保卡外借开药的内容里，恰恰包含了抑制甲状腺激素分泌的药，那么，保险公司当然可以据此合理怀疑我当初是故意带病投保且未如实告知。如果真到了这时，那我“跳进黄河也洗不清”了。

那么，是不是只要不发生“巧合性的重合”就一定没事呢？

答案：当然不是。

首先，在许多疾病的现实治疗过程中，有许多基础性药品并非针对某几种疾病有效，而是对许多种疾病都有效。因此，要严格区分出“药与病之间的界限”非常困难，甚至根本不可能。像我刚才用“抑制甲状腺激素分泌的药”与“甲状腺癌”进行联系，只是为了便于大家理解，在现实生活中，基本不可能如此“精准”。因此，发生“巧合性的重合”是大概率事件。准确地讲，此“巧合”非彼“巧合”，我们不能单纯从语文的角度去理解。

其次，即使历史开具的药品与等待赔付的疾病全无关联，保险公司在无法查明“是否恶意带病投保”的情况下，也很难给予爽快的赔付。因为，保险公司至少掌握了解除保单的权利，是否退回保费都不一定。而“过错在先”的我们在此时会变得非常被动，除了与保险公司友好协商或者“等待发落”，很难有别的路走。

所以，与其消极等待，我们不如“先发制人”，在回忆起社保卡外借事项后，第一时间联系保险公司将此情况进行说明，将“皮球踢给保险公司”，看它会有什么样的反馈。

这时，保险公司一般会有以下四种反馈。

(1)要求客户提交体检报告来“自证清白”，证明的确是“代开药”而非自己患病。

(2)保险公司接受此说辞，没有要求客户提交补充资料并且顺利承保。

(3)解除保险合同，并退还保费。

(4)解除保险合同，并不退还保费(极小概率，且不合理，建议申诉)。

与前面一样，我们这时可以根据保险公司的反馈来具体应对，为自己争取最优的保险权益，此处不再赘述。

五、如何进行健康告知

讲完了注意事项，最后再来讲一讲我们应该如何进行健康告知。

1. 换位思考——假如我是核保员

想象一下，如果我们自己是保险公司的核保员，我们最重要的工作职责是什么？

我们最重要的职责，就是做好一个守门员，通过识别被保险人未来罹患疾病的风险，出具与风险匹配的核保意见，来控制公司所承担的风险。

也就是说，核保和核赔这两个角色是保险公司的两大门神。核保负责进门，只接待符合承保条件的客户；核赔负责出门，只服务符合理赔条件的客户。

所以，一旦发生了理赔，保险公司也会询问这个核保员：“你当初是怎么把人放进来的？”

因此，如果我是核保员，我一定会仔细审核每一份健康问卷的内容，如果问卷里全部问题的答案都是“否”，说明被保险人比较健康，我的核保压力也会比较小。不过，在现实生活中，这样的情况非常少见，可能除了刚出生的小孩，其他的“80后”“90后”，很少有人身体各项指标能够做到完全正常。

2. 健康告知就像“写作文”

一般而言，投保人在进行异常事项告知时，往往呈现两种告知风格，而这两种风格，却可能导致截然不同的核保结论。

假如王大帅为王小帅投保，而王小帅曾在4个月时因肺炎住院一周，住院日距离投保申请日已超过1年。

第一种情况，王大帅描述："王小帅曾因小叶性肺炎住院7天。"后续就没有其他任何内容了。

第二种情况，王大帅描述："王小帅在2018年12月1日因感冒导致小叶性肺炎住院7天，输液治疗，出院后无复发。目前身体健康，后续儿保体检各项指标均正常。"

大家想一想，假设我们是这位核保员，哪一种描述会让我们更容易做出判断呢？

答案：当然是第二种。因为，第一种描述实在是过于简略，核保员一定会思考：王小帅是否完全康复？是否检查出其他疾病？儿保体检情况怎么样……

这位核保员很可能要求王大帅上传王小帅的全部病历资料，包括后续的儿保资料，说不定还会要求王小帅到指定医院重新体检，并提供最新的体检报告。

所以，一份正确的健康告知应该像"写作文"一样，虽说是短短一句话，但也应该将事情的起因、经过、结果表述完整，既便于核保员更快更准确地做出判断，也为自己减少不必要的麻烦。

3. 核保员的关注点

具体而言，核保员在审核健康问卷时，通常会留意以下四个要素。

第一是起因，为什么会造成这个既往症？

第二是发生的时间，既往症距离现在有多久了？几天前发生的状况和几年前发生的状况，对现在和未来产生的影响程度是大不一样的。

第三是治疗方式，因为住院治疗也分很多种，有输液，有手术，还有放化疗……不同的治疗手段也可以让核保员判断出当时病因病情的严重程度，比如通过手术治疗的病情就一定会比输液治疗的要严重。

第四是康复结果，就是当被保险人接受治疗之后，这个疾病是否得到了康复，后续是否再次复发，是否留下后遗症，因为核保就是通过过去看未来，所以这些都是很重要的判断因素。

六、未如实告知的补救措施

如果我们已经完成了投保，却忘记了对异常情况进行告知，还有办法补救吗？

针对此情况，可以补充告知，但核保结果可能出现以下五种情况：①标体继续承保；②延期；③加费；④除外；⑤拒保，解除合同（退费/不退费）。

就是说，当我们在保单已经生效后想要补充告知健康状况时，或者在等待期内体检发现了新的重要的异常状况时，应该向保险公司进行补充告知。但这次告知本质上是重新启动了保险公司的核保程序，保险公司会当做一份新的投保申请来对待，会根据投保人当下的情况来判断应该做出何种核保结论。所以一份原已承保的保单，可能会变成不能承保或有条件承保。

但即便如此，对于之前由于各种原因没能如实告知的投保人，我依然建议去做补充告知。道理很简单，我们买保险是买保障，不是买风险，与其战战兢兢侥幸期待保险公司在理赔时不会查到之前未告知的就诊记录，不如坦然面对，通过合理的途径为自己争取到应有的保障权益。

身体异常，怎样投保比较好

对于身体异常的投保人来说，投保如“相亲”，是门技术活儿，请一定记得善用工具和正确的方法，为自己与保险的“联姻”之路加油。

有一句俗话：“保险是一种健康人才能买的商品。”虽说这话有些绝对，但也不无道理。事实上，如果一个人在投保前，身体已经被检查出指标异常，如果是头疼脑热、感冒发烧等小毛小病还好，而如果是糖尿病、乙肝、乳腺结节、子宫肌瘤等影响核保结论的重要问题，的确可能对投保造成一定影响，至少会缩小保险产品的可选范围。

一、常见核保结论

一般来讲，保险公司常见的核保结论有以下五种。

1. 最优结论——标体承保

标体承保即正常承保，消费者可以按照标准费率购买该款保险，享受保险合同约定的全部保险责任。

标体承保可谓最优核保结论，消费者与保险公司“郎有情，妾有意”，一致达成了保险合约，这是最完美的答案。

2. 次优结论——加费承保

消费者可以购买该款保险，享受保险合同约定的全部保险责任，但因其风险高于标体申请者，因此保险公司要求增加额外的费用，一般为正常费率的10%～50%。

而加费，虽说价格会贵一点，但至少保障一样不少，就好像结婚时让对方加了一点聘礼，但是婚姻的权益是一点没变的。另外，从风险定价的角度，既然保险公司从专业角度认定被保险人的风险高于平均水平，那我们更应该加以重视，更有理由相信其发生风险的概率会大于平均水平，从而尽快加以足够的保障。

因为保险公司的商业模式就是与消费者进行“风险对赌”，赌的内容就是被保险人是否会发生合同约定的保险事故。如果发生，则保险公司在这一单上亏损；如果不发生，则保险公司在这一单上盈利，消费者损失掉风险保费。

基于这个逻辑，我们来思考一下，假设保险公司核保人员的判断是专业而准确的，那么，是完美标体的消费者更容易发生保险事故，还是已经存在异常，需要加费承保的消费者更容易发生保险事故呢？答案当然是后者。

所以，我建议大家被保险公司出具加费结论时，首先需要做的事情，是复核这个结论是否合理，最简单的方法就是对多家保险公司的产品同时投保，择最优结论留之。如果多家都出现了加费结论，说明问题已经严重到不可避免，那么建议坦然接受，并且尽量保持愉快的心情尽快投保，因为你有更大的可能"薅"到保险公司的"羊毛"。

3. 中间结论——除外承保

消费者可以按照标准费率购买该款保险，但部分保障责任除外，比如患有乳腺结节三级的消费者购买重大疾病保险时则可能被出具"责任免除"的核保结论：其因乳腺肿瘤以及由其导致或引发的任何情形，一律不在此险种的轻/中/重症疾病保险金、豁免保费责任范围之内。

除外责任的含义，就是保险公司对我们已经存在病灶的部分进行了保障责任免除，剩余部分正常承保。举例来说，就好像我们买了一部手机，厂家承诺1年内发生任何问题都可以到店免费维修或者换新，但屏幕除外，也就是说如果屏幕碎了，我们就只能自己解决。

那么，遇到这样的情况怎么办呢？

我们要么选择购买一部可以保修屏幕的手机，哪怕加一点钱（比如换一款能够标体或加费承保的产品）；要么单独加置一份碎屏险（加购一份能够承保除外部分的保险），来解决这个问题。

4. 中下结论——延期承保

保险公司认为疾病风险大小暂时无法确定，暂缓承保，待观察一段时间后（一般半年或1年），再由消费者重新提起投保申请，保险公司届时再重新审核。延期承保的结论效果类似委婉的拒保，即暂时搁置，择时再议，类似"死缓"。

那么，如果我们遇到延期结论应该怎么办呢？

一方面，我们可以依照保险公司的要求，半年至一年后再行申请，届时重新进行健康告知或提交新的体检结论；另一方面，也是更常见的做法，就是换一家公司尝试投保以争取更好的核保结论。

5. 最差结论——拒绝承保

这是最严厉的一种核保结论，即保险公司认为风险太高，消费者无法购买该款保险，类似“死刑”。

一般而言，线下投保产品的核保结论会在投保流程结束后的1～2天内出具，如果是支持线上智能核保的保险产品，在我们填报完毕健康告知书时就可以给出初步的核保结论。

但需要注意的是，一切承保结论都应该以最终的保险合同为准，而非线上给出的初步结论。因为，在极少数情况下，即使我们已经通过了线上的智能核保，在最后保险合同生成时，保险公司也可能补充出具《承保内容变更通知书》，在通知书里对核保结论进行调整。

如果遇到拒保，我们可以参考延期的处理方式，要么进行治疗获得更好的身体条件后重新投保，要么换一家公司尝试投保以争取更好的核保结论。

二、为什么同样的情况，会有显著不同的核保结论

我们需要知道，即使都是保险核保，不同公司、不同险种、不同产品的核保标准也都不同。比如说，同样是肺结核，投保A公司重大疾病保险结论是除外，投保B公司重大疾病保险结论可能是延期，投保C公司重大疾病保险结论可能是标体。再比如说，同样是2型糖尿病，投保重大疾病保险可能是拒保，投保防癌险可能是标体，而投保寿险和意外险一般都能够正常承保。

为什么同样的情况，会有显著不同的核保结论？

因为核保是一项只有“方法论”而没有唯一“结论”的工作，每款保险产品背后都有着一系列对应的风险评估逻辑和定价标准，总结起来主要为四个不同：再保险公司核保标准不同、保险公司风险偏好不同、投保险种风险尺度不同、核保人员评估风格不同。

这就好像某些果冻的包装袋上会写着“3岁以下儿童不宜食用”一样，看似是果冻厂家对3岁以下儿童“不友好”，有钱都不赚，而背后的逻辑是：果冻厂家评估了幼儿食用果冻可能导致的卡喉、窒息、吞咽困难、不宜消化等不利于健康甚至危及生命的严重后果之后，决定放弃这片市场和利润，用全部的精力专注于研发适合青中年人食用的果冻，避免幼儿食用果冻时出现风险事故导致整个企

业商誉受损，同时可能面临法律诉讼和巨额赔偿导致得不偿失，厂家用对幼儿的“不友好”换取了青中年人的“友好”，果冻生意才能持久地做下去。

保险也是同理，如果一款保险产品对每个人都同样“友好”，不设任何门槛，也不管其风险大小，人人都能按照同样的标准和价格承保，那么此款产品及背后的公司必定呈现亏损的状态，试问：我们如何能指望一家亏损的公司负担我们未来几十年乃至终身的风险保障呢？保险公司自己都不“保险”了，则更加无法为我们提供“保险”。所以，每家保险公司都会根据自己的市场战略、风险承受能力、产品定位，设计一套对客户的风险评估标准，依据这套标准来选择对部分客户“友好”，而对另外部分客户“不友好”，保险生意才能持久地做下去。

三、身体异常，怎样投保比较好

如果我们的身体指标已经检查出了异常，应该怎样投保才能尽可能找到“友好”的保险公司并得出“友好”的核保结论呢？具体有以下三个方法。

（一）选择有智能核保功能的产品

智能核保是一种线上的简便核保方式，与线下人工核保一样，都是正式的核保程序。具体而言，它的优缺点如下。

1. 智能核保的优点

智能核保有以下三个优点。

（1）方便快捷

部分线上保险产品有智能核保功能，即消费者在投保之前，智能核保系统就会询问消费者关于健康相关的主要问题，一般以选择题的形式出现，消费者只需要回答是或者否，系统很快就会得出初步的核保结论。如果消费者认为结论可以接受，则继续进行下一步即可完成投保和支付让保单生效。如果消费者认为结论不可接受，直接退出程序结束核保，消费者也不会有任何资金损失，非常方便快捷。

（2）客观准确

相对于线下“见仁见智”的人工核保，线上智能核保功能由于受标准化程序控制，得出的结论会更加客观和准确。这个道理也非常简单，核保人员虽说“身经百核”，经验丰富，且大多有医学背景，但毕竟比较主观，同一份投保申请在不同的核保人员面前有可能得出不同的核保结论，且我们在投保时无从得知具体的核保人员信息，也就更不可能有渠道去提前询问这位“神秘人”的意见。

(3)不会留下核保记录

智能核保还有一个优点，就是不会留下任何核保记录，这对于消费者(特别是身体有异常可能被出具非标结论的消费者)而言，是挺重要的一个点。

为什么呢？因为几乎每一款健康险，在投保前的健康告知环节都会出现同一个问题：“近两年是否被保险公司拒保、延期、加费或除外责任承保？”

那么，我们应该如何理解这个问题？

我认为应该这样理解：几乎每家保险公司的核保员都会参考之前其他公司核保员出具的核保结论，但这并非意味着会出现盲目跟随的情况，对核保员来讲，其他公司的结论只是提供了一种参考，TA仍然需要根据自己公司的具体规则，再结合自己的专业和经验，做出全面、客观而独立的判断。

这也就是部分消费者在清楚告知了曾被出具非标体结论的情况下，保险公司仍然出具了标体或者其他更友好的承保结论的理论根源。

当然，如果之前其他公司出具的核保结论比较严重，比如延期、拒保等，在一定情况下，的确有可能影响核保员的核保判断。

这就好像如果一个人想在银行贷款，银行必然登录中国人民银行的个人征信管理系统查询申请者的征信情况。比如，有没有在其他金融机构借款逾期未还？是否在其他金融机构有着超出个人偿还能力的高额负债？名下有几张信用卡？是否每期都按时归还……其中还有一项被关注的内容，就是查看申请人最近半年是否多次向各家金融机构申请借款或者申办信用卡。

那么，这个信息如何知晓呢？其实很简单，因为，每家金融机构在接到借款申请后，都必然会登录中国人民银行的系统进行信用查询，而每查询一次，系统就留下一笔查询记录。因此，后面的银行只要看到申请人在系统里留下了多笔信用查询记录，就可以断定申请人必然多处申请借款。那么，对于银行这样“只会锦上添花，不会雪中送炭”的金融机构而言，很可能得出这样的结论：这位申请人近期频繁、多处申请借款，信用风险过高，不宜发放贷款。

所以，保险公司的核保就类似于银行的风控，形成了阻隔风险的第一道关卡，消费者频繁多次投保且被出具拒保、延期、加费或除外结论，就类似一个人频繁多次向金融机构申请借款一样，如果被查到，在一定情况下，的确可能影响到最新的核保结论。而线上保险产品的智能核保功能则不会留下核保记录，因此对于非标体消费者而言，无疑是一件好事。

2. 智能核保的缺点

当然，凡事看两面，说了这么多智能核保的优点，那它有没有缺点或者说局限性呢？答案是肯定的，主要有以下三个方面。

(1)适用面有限

目前，只有少数线上产品提供了智能核保功能，大部分产品仍需要走普通的投保核保程序，即完整提交资料和预交保费后，等待保险公司在数个工作日内反馈核保结论，其适用面有限。

(2)标准"一刀切"

智能核保之所以可以用统一的标准和"一刀切"的方式给出核保结论，是基于一个大前提：消费者存在的问题需要是宽泛而具有普适性的，疑难杂症不在此列，并且评估标准非常严格，秉承"宁可错杀一万，不可放过一个"的原则，用统一的尺子来衡量每一个人。

智能核保全部问题的回答只有"是"和"否"两个选项，没有"人工申诉"说明具体情况的功能。所以，针对消费者拿捏不准的疑难杂症，如果想通过文字描述来帮助核保人员理解，在智能核保这里就行不通，因为智能核保程序的背后是机器，不是人工。

(3)不一定是最终结论

智能核保得出的核保结论是初步结论，不一定是最终结论。虽说在绝大多数情况下，智能核保的初步结论与保险合同的最终结论是一致的，但在极少数情况下，仍然可能出现不一致的情况。

我曾经遇到这样一个案例。

被保险人在智能核保阶段被出具了按标体承保的结论，可到最后合同出具阶段，保险公司下发了《承保内容变更通知书》，里面写道：

谢谢您于××××年××月××日申请投保本公司保险(投保单编号××××，被保险人××)，经本公司审核，非常遗憾未能按您之前的申请内容予以承保，但是，本公司愿对您所申请的保险计划的内容和保费做如下调整。

审核决定——责任免除。

因乳腺肿瘤以及由其导致或引发的任何情形，一律不在此险种的轻症疾病保险金、中症疾病保险金、重大疾病保险金、豁免保费责任范围之内。

所以，我们不要只看到智能核保得出了标体结论就欣喜不已，而忽略了后面的保险合同，我们一定要睁大眼睛，以保险合同最终约定的承保责任为准。

（二）善用智能核保小程序

部分公众号或者小程序可以提供免费或付费的智能核保服务（比如，核保呗、核保查查等），消费者只要输入自己身体异常的情况，或者从选项列表中找到符合自己情况的病症，程序即可自动匹配核保结论，并且告知哪些产品可以按照何种方式承保。当然，最终的结论依然需要如上所述，以最后出具的保险合同的约定为准。

（三）利用不同渠道多方同时投保，择最优留之

对于身体异常的投保人而言，利用不同的渠道对多种产品进行比较和判断，最终通过“多方同时投保，择最优留之”的方式，是最简便、高效和低风险的。比如，在非标体投保方面，可以借助保险经纪渠道。因为保险经纪渠道代理了多家保险公司的产品，在产品对比和择优投保方面有着天然的优势，并且也更可能站在消费者的角度考虑问题，为其争取最大的投保权益。

这也非常容易理解，经纪渠道因为合作了若干家保险公司，手上有足够多公司的产品可供消费者选择，A 公司不行换 B 公司，B 公司不行还有 C/D/E/F 公司，总有一个公司能够满足消费者的需求。

当然，消费者也可以掌握以下的投保方法，自行选择多款保险产品同时投保，最终将核保结论最优的那一款留下，将其他款在犹豫期内退保，除少量手续费之外，也不会有额外损失。

案例

王大帅今年 30 周岁，想为自己投保一份终身重大疾病保险，可今年单位体检，查出他患有胆囊息肉，直径 0.9 厘米，还没来得及做手术。此时，他可以怎样投保呢？

方法一：先建立备选产品库，然后同时投保，择最优留之

比如，王大帅选择了五款条款不错的保险产品同时投保，最后看哪个核保结论最优就留哪个。

这个方法就好像王大帅去相亲，先让七大姑八大姨帮着物色了五个姑娘（五款

产品），个个都看得过眼（条款不错），那么最终他不管被哪个姑娘看上（标体承保），都是不差的选择（可以投保）。而风险就是如果五个姑娘都没有看上他（全部出具非标结论），再把王大帅同时相亲五人的故事广而告之（留下多笔非标核保记录），王大帅想再找别的姑娘相亲可就难了（其他保险公司可能跟随出具非标结论）。

方法二：先根据自身情况框定可能承保的产品，然后同时投保，择最优留之

比如，王大帅先通过智能核保程序或者经纪渠道框定了五款可能标体承保的产品同时投保，最后选择其中条款最优的留下。

这个方法也好像王大帅去相亲，先把可能对自己有意思的五位姑娘找出来（初步核保通过），然后选择其中最漂亮（条款最优）的一位相处，而风险就是如果五个姑娘都是"歪瓜裂枣"（条款不好），那王大帅也就没有更好的选择了。

那么，对于王大帅来讲，什么情况适用方法一较好，什么情况适用方法二较好呢？

答案：王大帅需要根据自己的身体情况作出初步判断，如果其疾病按照核保标准属于较轻的情况，比如胆囊息肉的直径为0.9厘米，近半年复查B超息肉无增大，且无其他疾病，则王大帅可以按照方法一，因为多款产品都能够标体承保，那么当然可以海选产品再择优留之。

就好像王大帅条件较好，只是有几根白头发，瑕不掩瑜，当然可以事先物色几个漂亮姑娘作为备选对象，在几个姑娘当中挑选最漂亮的一个，因为王大帅没有被任何一个姑娘看上的概率很低。

而如果王大帅的疾病按照核保标准属于较重的情况，比如胆囊息肉的直径超过1厘米，发现时间不满1年或近1年息肉有增大，医生建议手术治疗等，则可以按照方法二，因为能够标体承保的产品可能很少，所以需要先框定哪些产品可能标体承保，再尝试同时投保，之后留存条款最好的产品。

就好像王大帅条件较差，有姑娘能够看上他就不错了，当然只有先框定几个可能对他有意思的姑娘再逐个试探意向，最终与最合适的姑娘结婚。如果此时王大帅去海选姑娘，很可能见一个被拉黑一次，见了几十个都没捞着一个，白白花了时间精力不说，坏消息一传十，十传百，王大帅往后的相亲之路只会愈发艰难。

综上，对于身体异常的朋友来说，投保如"相亲"，是门技术活儿，请一定记得善用工具和正确的方法，为自己与保险的"联姻"之路加油。

第七章

独门绝技：保险守富大作战

除了基础的风险保障功能之外，保险在财富管理领域也有着广泛运用。保险与遗嘱、信托组成的“三剑客”，已经成为财富传承领域的主流工具，这在全世界范围内都是如此。本章将用大量案例展示如何运用保险工具解决财富管理难题，让大家懂得如何将财富“刻上名字”，让自己真正成为财富的主人。

让保险成为一种理财方式：巧设交易结构让财富增值

保险因为具有长期复利、稳健增值的特点，当然可以实现让财富增值的功能。并且，在经过足够长时间的复利之后，它的收益会非常可观。但是，我们同时也需要深知，一切关于理财收益的评价都不能逃开“彭罗斯三角”的约束。

在人们惯常的思维里，提到保险就容易联想到两个特点：一是保障，二是保守。保障是指在我们发生疾病和意外时，保险能够起到转嫁风险的作用，把本来应该我们花的钱，转移给保险公司去承担，就像是为我们撑起了一把伞，提供了遮风挡雨的保障。保守是指大部分保险产品具有安全保本、长期稳健的特点，也正因为此，有时会显得过于保守，很难让人将它与收益联系在一起，因为即使是最激进的保险产品，只要它还具有保障的成分，其收益就不可能如股票、期货般波动。

总而言之，人们很难将保险与财富增值联系在一起，提到财富增值，人们更容易想到的一个词是投资。

那么，保险和投资有没有相似性呢？下面，我就来讲一讲这个问题。

一、保险真的能让财富增值吗

什么是理财？传统意义上的理财，就是我们把一笔钱交给市场，经过一段时间的交易增值，最后得到一笔超过本金的回报。

理财和保险有什么关系？事实上，保险也属于理财工具的一种。虽然说保险作为一种以风险转移功能为主的防守型工具，在实际操作中，常常被用于健康、意外风险的保障和资产传承等领域，以安全稳健、终身保障见长，但这一切与保险同样具备理财功能并不矛盾。我用一个简单的例子来说明这个问题。

假设王大帅是一位经验丰富的理财老手，他的理财风格是哪怕冒着本金亏损40%的风险，也要追求不低于15%的年化收益率，同时要求有一定的流动性。而张美丽是一位保守的理财新人，她认为理财的第一原则就是要安全保本，哪怕收益率只有4%，只要能实现长期复利、稳定增值就行，可以牺牲一定的流动性。

由此可见，王大帅追求的“高风险、高收益、适中流动性”与张美丽想要的“低风险、适中收益、低流动性”截然不同，这也决定了他们需要使用不同的理财工具，比如王大帅可以选择购买股票或股票型基金，而张美丽则更适合购买一份年金保险或终身寿险。这样的选择和取舍其实是基于一种逻辑，即在投资理财中，高收益、低风险、流动性三者如同不可能存在的“彭罗斯三角”（如下图所示）一般，不可同时兼得。

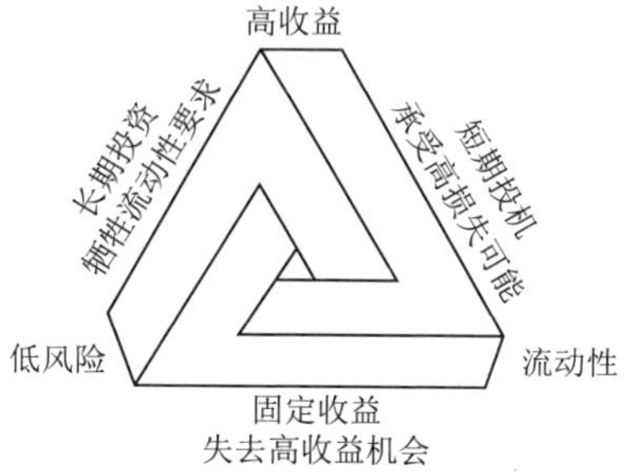

投资理财的“彭罗斯三角”

基于此，我们还可以得出三个延伸的结论：

（1）满足高收益＋低风险的产品，往往流动性很低，适合长期持有；

（2）满足高收益＋流动性的产品，往往风险性很高，可能亏损本金；

（3）满足低风险＋流动性的产品，往往收益性很低，需要放弃高收益机会。

综上所述，保险因为具有长期复利、稳健增值的特点，当然可以实现让财富增值的功能。并且，在经过足够长时间的复利之后，它的收益会非常可观，其中最典型的产品就是增额终身寿险，非常适合被作为长期型的理财工具来使用。但是，我们同时也需要深知，一切关于理财收益的评价都不能逃开“彭罗斯三角”的约束。

二、保险收益的评估指标

在这部分内容里，我将介绍一个判断保险产品收益的重要指标——IRR。

1. 什么是 IRR

IRR 又叫内含报酬率或者折现率，是指能够使未来现金净流量现值等于原始投资额现值的利率，或者说是使投资项目净现值为 0 的折现率，是根据项目的现金流量计算的项目本身的投资报酬率。

通俗来讲，一个项目的 IRR 高，说明未来现金流量（收益）高，或者相对于既定的收益，初始投入本金低（成本便宜）。

在投资领域，IRR 的应用非常广泛，在各种正式或者非正式的场合下，IRR 经常被用来评判一家基金或一只股票的业绩好坏，同样的，IRR 也能够评价一款储蓄型保险的真实收益。

简单地讲，用 IRR 来比较不同投资工具的投资价值，类似于储户存钱时对比银行利率，一旦我们知道了几款投资工具 IRR 的高低，就像面对利率不等的银行储蓄一样，可以很自然地选出哪一种工具更值得选择。

2. 如何计算一款保险的 IRR

IRR 的计算方法，从严格理论上讲比较复杂，需要用到逐步测试法、内插法等数学方法。这些我们不必掌握，我们只需要知道一款简单的工具就可以解决这个复杂的计算问题，那就是 Excel。

需要说明的是，与其他纯粹以现金流体现价值的投资工具不同，保险（特别是年金保险）的投资价值不仅体现在每年分配的生存金上，还体现在剩余的现金价值或身故金（二选一）上，所以计算方法会更为复杂。

因此，我把保险产品的 IRR 计算方法分为两种形态：一种是仅计算分配现金流的 IRR，我称之为“普通 IRR”；另一种是考虑了剩余现金价值或身故金（二选一）的经调整后的 IRR，我称之为“调整 IRR”。

在下面的内容里，我也将分别展示两种 IRR 的计算过程。

案例

王大帅今年 45 周岁，想为自己投保一份年金保险，计划每年交 10 万元，一共交 10 年，现在有 A、B 两款产品可以选择。

A 产品

(1)支出：第 1～10 年，每年支出 10 万元，合计 100 万元。

(2)领取：

第 6 年，领取 5 万元，此时现金价值 44.39 万元，身故金 60 万元；

第 7 年，领取 6 万元，此时现金价值 48.97 万元，身故金 70 万元；

第 8 年，领取 7 万元，此时现金价值 52.66 万元，身故金 80 万元；

第 9～15 年，每年领取 1.9 万元，合计领取 13.3 万元，此时现金价值 82.26 万元，身故金 100 万元；

第 16～60 年，每年领取 3.8 万元，合计领取 171 万元，此时现金价值 101.19万元，身故金 100 万元。

B 产品

(1)支出：第 1～10 年，每年支出 10 万元，合计 100 万元。

(2)领取：

第 15 年，领取 6.12 万元，此时现金价值 108.74 万元，身故金 108.74 万元；

第 16 年，领取 6.42 万元，此时现金价值 0，身故金 150.55 万元；

第 17 年，领取 6.73 万元，此时现金价值 0，身故金 144.12 万元；

第 18 年，领取 7.03 万元，此时现金价值 0，身故金 137.39 万元；

第 19 年，领取 7.34 万元，此时现金价值 0，身故金 130.35 万元；

第 20 年，领取 7.65 万元，此时现金价值 0，身故金 123.01 万元；

第 21 年，领取 7.95 万元，此时现金价值 0，身故金 115.36 万元；

第 22～60 年，每年领取 8.262 万元，合计领取 322.22 万元，现金价值及身故金均为 0。

我们可以看到，上述两款年金产品，投入方式相同，都是 10 万元交 10 年，合计投入 100 万元，回报总长度相同，都是领取终身到 105 周岁，回报现金流量不同，所对应的现金价值和身故金也有较大区别。

(1)计算“普通 IRR”

第一步：打开 Excel，计算出上述两款产品每年的现金流净额，方法是以竖排形式将数据输入表格里，注意，前期 1～10 年为投入期，符号用负号表示，中间无收益的年份就输入 0，有现金流入的年份就输入每一年收支相抵后的现金流净额，简化举例见下表。

A 产品普通 IRR 计算 单位：元

年　度	现金流出(保费)	现金流入(生存年金)	现金流净额
1	100 000	0	−100 000
2	100 000	0	−100 000
3	100 000	0	−100 000
4	100 000	0	−100 000
5	100 000	0	−100 000
6	100 000	50 000	−50 000
7	100 000	60 000	−40 000
8	100 000	70 000	−30 000
9	100 000	19 000	−81 000
10	100 000	19 000	−81 000
11	0	19 000	19 000

续上表

年　度	现金流出(保费)	现金流入(生存年金)	现金流净额
12	0	19 000	19 000
13	0	19 000	19 000
14	0	19 000	19 000
15	0	19 000	19 000
16	0	38 000	38 000
17	0	38 000	38 000
18	0	38 000	38 000
19	0	38 000	38 000
20	0	38 000	38 000

第二步：在 Excel 表格里输入“＝IRR”，即会出现引用 IRR 公式的标识，然后将之前录好的现金流净额框进公式作为计算的依据，见下表。

A 产品普通 IRR 计算

单位：元

年　度	现金流出(保费)	现金流入(生存年金)	现金流净额
1	100 000	0	－100 000
2	100 000	0	－100 000
3	100 000	0	－100 000
4	100 000	0	－100 000
5	100 000	0	－100 000
6	100 000	50 000	－50 000
7	100 000	60 000	－40 000
8	100 000	70 000	－30 000
9	100 000	19 000	－81 000
10	100 000	19 000	－81 000
11	0	19 000	19 000
12	0	19 000	19 000
13	0	19 000	19 000
14	0	19 000	19 000
15	0	19 000	19 000
16	0	38 000	38 000
17	0	38 000	38 000
18	0	38 000	38 000
19	0	38 000	38 000
20	0	38 000	38 000

注：因为该产品数据太长，不便完整列示，因此仅截取到第 20 年。在实际计算过程中，需要覆盖完整的现金流年度，如此款 A 产品，应覆盖至 105 周岁。

第三步：按下回车键，系统即可自动计算出 IRR 结果。我们按照上述的步骤，分别计算出产品 A 的 IRR 为 2.91%，产品 B 的 IRR 为 4.37%，两者相差了 1.46%。

综上所述，如果不考虑其他因素，从“普通 IRR”的角度，选择 B 产品的收益会优于选择 A 产品。

(2)计算“调整 IRR”

在前面的例子中，A、B 产品“普通 IRR”的计算参数是现金流净额，那么，没有被体现在现金流中的保单权益也就没有被纳入考虑范围，比如保单的现金价值或身故金，这样一来，通过“普通 IRR”得出的评价结论就存在了局限性，需要用“调整 IRR”来解决。

需要说明的是，我们在计算“调整 IRR”时，需要增加考虑现金价值或身故金这两个因素(见下表)，因为两者不会同时赔付，因此需要二选一。在发生身故时，选择身故金作为计算依据；发生退保或者减保取现时，选择现金价值作为计算依据。

在本例中，我们假设王大帅于 90 周岁身故，之前不存在退保或减保取现的情况，则计算过程如下。

第一步：计算“调整现金流”。在王大帅发生身故赔付之前，此时的现金流只有保费流出和生存年金流入这两项，与前述“普通 IRR”中的现金流净额无异。因此，两者的计算方法也相同。

在王大帅发生身故赔付之后，当年调整现金流金额应为该年对应的身故金金额，在本例中为 100 万元，见下表。

A 产品调整 IRR 计算　　单位：元

年　度	年　龄(周岁)	现金流出(保费)	现金流入(生存年金)	身故金	现金价值	调整现金流
1	46	100 000	0	100 000	56 771	−100 000
2	47	100 000	0	200 000	129 352	−100 000
3	48	100 000	0	300 000	207 402	−100 000
4	49	100 000	0	400 000	295 183	−100 000
5	50	100 000	0	500 000	392 738	−100 000
6	51	100 000	50 000	600 000	443 929	−50 000

续上表

年　度	年　龄（周岁）	现金流出（保费）	现金流入（生存年金）	身故金	现金价值	调整现金流
7	52	100 000	60 000	700 000	489 707	−40 000
8	53	100 000	70 000	800 000	526 640	−30 000
9	54	100 000	19 000	900 000	620 762	−81 000
10	55	100 000	19 000	1 000 000	721 459	−81 000
11	56	0	19 000	1 000 000	739 606	19 000
12	57	0	19 000	1 000 000	758 731	19 000
13	58	0	19 000	1 000 000	778 900	19 000
14	59	0	19 000	1 000 000	800 179	19 000
15	60	0	19 000	1 000 000	822 640	19 000
16	61	0	38 000	1 000 000	826 235	38 000
17	62	0	38 000	1 000 000	829 966	38 000
18	63	0	38 000	1 000 000	833 837	38 000
19	64	0	38 000	1 000 000	837 850	38 000
20	65	0	38 000	1 000 000	842 008	38 000
21	66	0	38 000	1 000 000	846 314	38 000
22	67	0	38 000	1 000 000	850 772	38 000
23	68	0	38 000	1 000 000	855 387	38 000
24	69	0	38 000	1 000 000	860 163	38 000
25	70	0	38 000	1 000 000	865 102	38 000
26	71	0	38 000	1 000 000	870 199	38 000
27	72	0	38 000	1 000 000	875 445	38 000
28	73	0	38 000	1 000 000	880 820	38 000
29	74	0	38 000	1 000 000	886 295	38 000
30	75	0	38 000	1 000 000	891 833	38 000
31	76	0	38 000	1 000 000	897 389	38 000
32	77	0	38 000	1 000 000	902 918	38 000
33	78	0	38 000	1 000 000	908 372	38 000
34	79	0	38 000	1 000 000	913 712	38 000
35	80	0	38 000	1 000 000	918 908	38 000
36	81	0	38 000	1 000 000	923 939	38 000

续上表

年　度	年　龄（周岁）	现金流出（保费）	现金流入（生存年金）	身故金	现金价值	调整现金流
37	82	0	38 000	1 000 000	928 797	38 000
38	83	0	38 000	1 000 000	933 478	38 000
39	84	0	38 000	1 000 000	937 990	38 000
40	85	0	38 000	1 000 000	942 341	38 000
41	86	0	38 000	1 000 000	946 541	38 000
42	87	0	38 000	1 000 000	950 602	38 000
43	88	0	38 000	1 000 000	954 531	38 000
44	89	0	38 000	1 000 000	958 329	38 000
45	90	0	38 000	1 000 000	961 999	1 000 000

第二步：根据前文所述的IRR计算方法，以调整现金流为依据，使用Excel公式计算“调整IRR”即可。A产品“调整IRR”的计算结果为3.67%，高于其“普通IRR”的计算结果2.91%，两者相差0.76%。B产品因为在被保险人80周岁后就不再支付身故金，因此其“调整IRR”与“普通IRR”的计算结果相同，仍然为4.37%。

综上，如果王大帅在90周岁时身故，选择B产品仍比选择A产品整体收益率高0.7%。因此，在不考虑其他因素的情况下，王大帅更应该选择B产品，而非A产品。

3. IRR是评价保险价值的唯一指标吗

看了前面的内容，我相信大家对保单IRR的计算方法已经非常清楚，那么，我们来思考一个问题：如果产品B的IRR确定高于产品A的IRR，那么我们就应该果断选择产品B吗？

答案：不一定。应该这样讲，IRR可以计算一款保险产品的理财收益，但不能评估一款保险产品的综合价值，因此，也不能直接据此得出选择结论。

为了便于大家理解，我在这里列举一种常见的情况，在这样的情况下，王大帅应该选择产品A而非产品B。

假如王大帅是一个企业主，因为上下游结算账期的问题，他经常需要用个人资产垫付企业的流动资金。于是，王大帅希望选择一款非常灵活的年金保险，不光可以领取生存金，未来还可能用到保单贷款功能，解决临时的流动资金问题。

这时，我们来看一下，A产品虽说IRR不高，但是它终身都有现金价值且逐年递增，在接近最终保障年度(105周岁)时，现金价值基本与投入本金(100万元)持平。而保单贷款额度一般为现金价值的70%～90%，申请简单，利率优惠，且还可以只归还利息，对于需要资金周转的王大帅来讲非常友好。

而产品B的现金价值到王大帅60周岁时达到峰值108.74万元，但一过60周岁则立刻降为0，到了其80周岁后，连身故金也一并降为0，这对于不定期需要资金的王大帅来讲，就会因为丧失了灵活性而变得被动。

因此，从这个角度讲，虽然A产品的IRR低于B产品，但对于企业主王大帅来讲，反而更加合适，更值得选择。而B产品则更适合普通人士购买，单纯作为自己养老金的补充。

三、保险理财的交易结构

除了保险产品本身具备的保值增值功能外，我们还可以通过巧设交易结构的"花式玩法"来进一步放大我们的保险收益，比如三账户动态平衡策略。

策略的灵感起源于沃伦·巴菲特的导师本杰明·格雷厄姆在《聪明的投资者》一书中提到的股票债券动态平衡的交易模式，具体如下。

(1)把手中50%的资金投资于A金融资产，剩下50%投资于B金融资产，即两种资产的比例各占一半。

(2)根据固定间隔时间或市场变化进行一次资产再平衡，使A和B两种资产的余额比例永远保持在初始的1∶1。

参考这个逻辑，我们基于保险产品也可以设计类似的策略，即：将"年金保险＋万能账户＋基金账户"三者做成一个投资组合，将年金保险的生存金分配作为策略初始的投资本金来源，将万能账户和基金账户的余额比例设定为1∶1，再确定一个资产再平衡的调整周期，这样就形成了一套既稳健又灵活的交易结构，如下图所示。

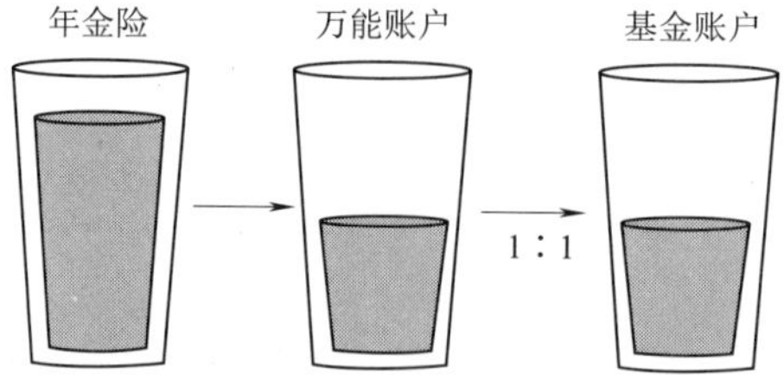

资产再平衡概念示意图

具体而言，我们可以按照下面的方法进行操作。

(1)购买一份年金保险，同时开立万能账户，将年金保险派发的生存金按照各自50%的比例分别用于存入万能账户和购买基金。

(2)一段时间后(假设6个月)，调整万能账户和基金账户的余额，将两者余额的比例恢复到初始的1∶1。

除此之外，还有一些要点需要我们注意：

(1)交易结构一旦确定就要严格遵守执行，不到万不得已不要调整，切忌盲目追涨杀跌让策略失效；

(2)交易结构各种参数可定制调整，比如万能账户与基金账户比例也可设置为2∶8或者3∶7等，投资人可以根据自己的盈利预期和风险承受能力做出灵活设定；

(3)在提取万能账户的资金余额时，需要考虑账户的提取规则，包括提取年度、手续费、提取金额限制等，具体内容参见本书讲述万能险的章节。

本节的内容到这里就讲完了。在实际操作中，我们可以根据本节的逻辑进行延伸。比如，将保险与股票、基金、债券等金融产品设定多象限组合，用其他账户博取收益，用保险账户守卫安全，演变出更多的保险理财“花样”，实现财富的保值增值。

当保险遇到婚姻，如何保护合法财产既有效又得体

在财富管理问题上，使用什么工具从来不是重点，能够切实拿走委托人的担忧才是唯一目的。而保险，只是在财富管理的各种工具中，通常可以发挥某种特别的作用而已，但仅此一点，就值得有心人去深入发掘和学习。

婚姻对于许多人来讲，就像钱钟书笔下的《围城》，城外的人想进去，城里的人想出来。的确，从新婚宴尔，你侬我侬，到子女落地，柴米油盐，百分的柔情磨到最后可能也只剩下十分。当然，这倒不是说婚姻就是没有意义的消耗，人类从远古时代就是群居动物，我们每一个人从内心深处，都会本能地渴望与外界产生交互。

而婚姻制度，则是从公序良俗的角度，为最小社会单位(家庭)制定的一系列规则，用以保护双方的人身权和财产权。

一、婚姻财产第一课——给婚前财产上把锁

婚姻是一场漫长的旅途，也是入世的修行，漫漫长路，谁都不清楚未来会遇到怎样的是非险阻，面对风雨和诱惑，五载十载，枕边人是否初心还在。如果初心不复，我们是否还能好聚好散，各自拿回属于自己的财产权呢?

(一)案例:单亲妈妈如何把握新幸福

张美丽在丈夫王大帅因病去世后，带着年幼的儿子王小帅一起生活。隔壁李大强暗恋张美丽多年，现在看到他们孤儿寡母生活不易，于是对张美丽表达了情感，并承诺未来一定对王小帅视若己出。张美丽也看中了李大强的踏实真诚，考虑与他组成家庭。张美丽现有银行短期理财 200 万元，一套房产价值 500 万元(有贷款 200 万元待归还)，另有 A 公司股票 1 万股，每股本金 10 元，近期上涨到每股 30 元。在与李大强再婚之前，张美丽隐约担心万一李大强婚后不守承诺，对王小帅不好，如果两人分开，自己的财产可能有所损失，希望提前做一些安排。

（二）财产风险分析

张美丽的资产主要分为房产和金融资产这两个部分。其中，金融资产又分为了银行短期理财和股票，具体为：房产（张美丽名下，价值 500 万元，其中贷款 200 万元）；银行短期理财 200 万元；股票 1 万股（本金 10 元/股，最近涨到 30 元/股）。

如果不经过事前规划，张美丽的资产在结婚后可能面临什么风险？

1. 房产

关于房产，我们先来看看婚姻中房产归属的 8 种情形，具体见下表。

婚姻中房产归属情形

序　号	情况描述	权利归属
1	夫妻一方婚前购买的房产（没有贷款或已还清）且登记在一方名下	属于夫妻一方的个人财产
2	夫妻一方婚前购买的房产（有贷款）且登记在一方名下，婚后用夫妻共同财产还贷	双方协议处理；协议不成的，双方婚后共同还贷支付的款项及其相应的财产增值部分，由产权登记方对另一方进行补偿
3	房产登记在夫妻双方名下	登记簿上有份额约定按约定，无约定按夫妻共同财产
4	婚后共同财产买房，登记在其中一方名下的	夫妻共同财产
5	婚后一方父母赠与的房产，产权登记在一方名下的	有明确说明赠与一方，属一方个人财产；无明确说明，属夫妻共同财产
6	婚后继承遗产所得房产，产权登记在一方名下的	法定继承：夫妻共同财产。遗嘱指定继承：一方个人财产
7	婚后个人财产全款买房或一方父母全款买房或个人/父母按揭买房但用个人财产还贷且登记在一方名下	属于夫妻一方的个人财产
8	夫妻共同财产购买一方父母参与房改的房产，且登记在一方父母名下	属于一方父母财产，出资按债权处理

按图索骥，我们可以看出张美丽名下房产属于上述情况中的第 2 种，即夫妻一方婚前购买的房产（有贷款）且登记在一方名下，婚后用夫妻共同财产还贷的情况。如果未来张美丽与李大强离婚，此套房产的归属应由双方协议处理；协议

不成的，双方婚后共同还贷支付的款项及其相应的财产增值部分，由张美丽对李大强进行补偿。

2. 银行短期理财

在婚姻财产问题上，银行短期理财基本可以等价于银行存款，是最容易发生婚后财产混同的资产。因为现金有着极强的流动性，上午买菜，花掉 200 元；中午借给表舅 1 万元应急，说下周还 1.1 万元；下午打中新股，赚了 5 000 元。可别小看买菜、借钱、炒股这样的生活琐事，就是这些频繁琐碎的资金进出，让银行账户里原来的婚前财产与婚后收益部分产生着难以区分的混同。

所以，如果张美丽的 200 万元理财不做任何处理，其婚后理财的增值部分则属于夫妻共同财产。这部分收益虽然不多，但是如果这 200 万元到期后再进行复投，这也非常常见，毕竟很少有人会把 200 万元放在活期账户上不做安排，如此资金频繁进出，最终可能个人财产与共同财产混在一起无法分清，难免出现部分甚至整个账户资金都被认定为夫妻共同财产的情况。

3. 股票

与前述 200 万元的现金资产类似，股票也是非常容易产生婚前婚后财产混同的资产。股票虽然表面上开立了专户，似乎从法律性质和账户管理的角度容易进行区分，但因为股票增值的魅力在于“炒”，恐怕除了巴菲特这样超长期持有的专业投资者之外，普通人所谓的长线持有也就是几年时间。大部分情况下，人们的股票账户都进行着频繁追涨杀跌的短线操作。而根据《民法典》的相关规定，一方的婚前财产为夫妻一方的个人财产，但夫妻在婚姻关系存续期间所得的投资收益，则属于夫妻共同财产。因此，股票类资产的投资本金如果是婚前所得，则本金部分属于婚前资产，但婚后的收益部分应属于夫妻共同财产。

在本例中，张美丽持有股票 1 万股，本金为 10 元/股，目前涨到了 30 元/股，收益为 20 万元。大家需要注意，此时的收益仅为账面收益，就是一个数字摆在那里，而股票的涨跌是随时发生的，张美丽最后真正收益多少，是赚是赔，都需要到她卖出全部股票将钱款落袋为安时才知道。

因此，如果张美丽婚前不对股票账户进行任何操作，那么迟早有一天，股票账户的钱款将难以区分哪些是婚前的本金，哪些是婚后的收益，除非她持有该笔股票一直不买卖，但这并不现实，也失去了投资的意义。

(三)如何给婚前财产上把锁

通过前面的分析，我们可以知道，如果张美丽在婚前不进行任何规划，她名下的房产、银行理财和股票都免不了被混同或部分混同为婚内共同财产的命运。如果她既不希望造成财产混同的结果，同时也非常不愿意破坏两人即将开启美好生活的夫妻感情，那有没有两全其美的办法呢？

这个问题，我们需要根据具体的资产属性来确定。

1. 房产

如果张美丽希望将这套房产全部作为婚前个人财产，应该怎么办？她需要归还该套房产的贷款200万元，这样就可以属于上述情况中的第一种，即夫妻一方婚前购买的房产（没有贷款或已还清）且登记在一方名下的情况。如果未来张美丽与李大强离婚，此套房产仍然属于张美丽的个人财产，不会纳入离婚分配。

2. 银行短期理财

如果张美丽希望将200万元的银行短期理财进行婚前财产隔离，防止婚后财产混同，那她可以怎么办？这时，她可以引入人寿保险这个工具，以助她一臂之力。

(1)人寿保险的特点

与一般的金融产品不同，人寿保险除了财产属性之外，它还具有很强的人身属性和法律属性，并且往往对应着超长期的保障期间，所以一旦确定下来，则金额清晰，法律关系明了，保障期间长久，不易发生资产混同。

具体来讲，人寿保险有着以下四个主要特性。

①合同性

人寿保险是一份特殊的合同，它以投保人和保险公司为相对人，以被保险人的寿命和身体为标的，同时涉及生存受益人（一般为投/被保险人）和死亡受益人等四方关系人的合同，所以与一般合同相比，会受到更多的法律保护。比如，健康险的赔偿在《民法典》第一千零六十三条中就被明确为夫妻一方的个人财产，是天生带着法律保护罩的财产。

②财产性

人寿保险合同存续期间的现金价值属于投保人，对投保人具有财产属性，而由于保险事故发生产生给付时，又对受益人具有财产属性，所以人寿保险合同是一份随时可能变成现金的契约，在约定四方关系人权利义务的同时，也明确了财产分配的方式和金额。

③人身性

人寿保险合同以被保险人的寿命和身体为标的，同时涉及生存受益人和死亡受益人这两位关系人，在实际操作中，生存受益人一般为投保人或者被保险人，死亡受益人一般为投保人/被保险人的直系近亲属，可能是待抚育的子女，可能是需扶养的夫妻，可能是待赡养的父母，总之一定是逝者生前非常亲近的人。因此，在保单赔付或者面临分割时，法律也会考虑到对关系人人身权益的保护，尽量朝着有益于关系人的方向，使之成为一份慰藉而非负担。

④持续性

人寿保险合同通常保障持续时间较长，一般都会持续 10 年以上甚至终身，所以与一般财产相比，保险合同的财产权益不易发生混同。

(2)具体方案

对于张美丽放在银行的短期理财 200 万元，从有效隔离婚前财产防止混同的角度，可以给出如下建议。

第一步：张美丽以自己为投保人，儿子王小帅为被保险人和生存受益人，自己为身故受益人，购买一份年金保险，分 5 年交费，每年交费 40 万元，同时为自己开立一个万能账户。

第二步：张美丽在第一年交费 40 万元之后，将剩下的 160 万元分成 40 万元＋120 万元两份，其中的 40 万元开立专户存为 1 年期定期存款或用于购买短期理财，这 40 万元将用于支付第二年的保费，剩下的 120 万元存入万能账户，用于交纳 3～5 年的保费。

注意：将第二年保费单独用存款或理财预留而不进入万能账户，原因是万能账户有初始费用(一般 5%以下)，各家公司规定都不相同，万能账户基本都有最低保证收益 1.75%～3%，少数公司预期收益可达 5%～5.5%，但此收益并非保证，所以如果存 1 年即取出，则大概率会导致本金亏损，因此建议存 2 年以上才有意义。

第三步：张美丽拟定一份公证遗嘱，说明如果自己去世了，保单的现金价值和投保人权益归儿子王小帅所有，如果届时王小帅尚未成年，相关权益归张美丽的母亲所有。或者，如果张美丽购买的年金保险有设定第二投保人的功能，则可以在投保时直接将其母亲设定为第二投保人，以防止张美丽去世后保单权益变为遗产进行分配。

(3)设计理由

这样设计有以下六个理由。

①钱放入“保险柜”

张美丽的主要目的是隔离婚前资产200万元现金在婚后的混同风险，因此在婚前将这笔钱装入一个“保险柜”加以保护就尤为关键，而发挥“保险柜”功能的最好工具就是保单。

投保人为张美丽，被保险人和生存受益人为王小帅，身故受益人为张美丽，这个方案就等于把张美丽对这200万元的财产权绑定上了第三人(张美丽夫妻之外的人)王小帅的人身权，且王小帅为未成年人，因此在保单面临分割时可以起到一定的保护作用。

在我国的实际司法判例中，也多次出现因为涉及第三人的人身权而被判不得解除的案例，再加上本案中，张美丽的保单属于婚前财产投保的情况，如果张美丽婚前没有涉及其他债务，则更加不容易遇到分割的风险。

②“资产隔离＋生活消费”两不误

年金保险的生存受益人为王小帅，则王小帅可以每年领取生存金，张美丽作为王小帅目前唯一的监护人可以支配生存金用于王小帅的正常生活，因为这笔钱归属于王小帅，不属于张美丽的婚后夫妻共同财产，所以也不存在财产混同和分割的风险。

③共同开支不用愁，夫妻双双把钱还

因为年金保险具有现金价值，而现金价值属于投保人张美丽，因此如果张美丽与李大强婚后需要大额资金，比如重新购置婚房之类，可以使用保单贷款的方式将大部分现金价值取出，而保单贷款形式上属于对保险公司所负的债务，因此也需要由夫妻双方使用共同财产进行偿还，属于一起花的钱一起还，既保证了资金的流动性，也非常公平，还不会触碰张美丽的婚前财产。

④长期稳健，永久锁利，创造与生命等长的现金流

年金保险年化稳定复利一般在3%左右，如果加上万能账户则可能更高，相

对于银行存款和短期银行理财而言，其安全性相当，但在长期收益方面又更胜一筹，能够实现最低保证收益利率的永久锁定，在国内外利率下行趋势明显的如今，这种保险独有的长久锁利功能就显得更加重要。

并且，年金保险还有一个独一无二的重要特点，就是可以创造与被保险人生命等长的现金流，让TA“活多久，领多久”。因此，如果被保险人年纪较轻，年金险的收益性还会表现得更加明显。

⑤保单签订绝对私密，对维护夫妻情感大有好处

签订保单是一件可以由张美丽独自完成的事项，既达到了锁定婚前财产的效果，又不需要与李大强一起参加婚前财产公证或签订婚前财产协议，避免了双方的尴尬，对维护夫妻感情大有好处。

⑥留有“后手”，防止投保人旁落

公证遗嘱和第二投保人的安排，可以避免张美丽身故时投保人旁落让保单面临遗产分割的风险。

3. 股票

如果张美丽希望将这1万股股票也进行婚前财产的隔离，那她最好在婚前将其全部卖出，做一个获利了结，用获得的钱款30万元比照前述200万元现金的安排方式用于购买保单。当然，在保单种类上，可以有年金保险、终身寿险、健康险等多种选择，如果设计得当，同样可以实现资产的隔离。

二、婚姻财产第二课——夫妻共同财产的婚内保护

当两个人走进了婚姻，这并不意味着可以从此高枕无忧，因为婚姻只是一段新生活的开始，意味着两人未来需要携手并肩，一起走更远的路。而人生之路，道阻且长，失意时承受风雨，得意时难免会受到诱惑。因此，只有未雨绸缪，思考长远，才能让每一步都走得万无一失。

（一）案例：企业主太太的担忧

张美丽与李大强结婚之后，成为一名全职太太，李大强有了爱情的滋润，事业也愈发做大做强，白手起家创办的大强养猪场成为当地畜牧业的龙头企业，由李大强担任董事长。几年下来，李大强夫妻积累了2 000万元存款，价值1 000万元的别墅一套，孩子读书、日常生活等开支每年花费40万元。但同时，李大强创立的独资公司也欠有经营性借款1 500万元。此时的张美丽萌生了新的担心：

如果企业有一天经营不善，无法偿还外债，或者李大强有一天像王大帅一样突然离世，他们的家庭资产是否可能被用来抵债？都说男人有钱就变坏，如果李大强的生意应酬变成了假戏真做，回来要求离婚，她和孩子的基本生活如何保证？

(二)家庭风险分析

张美丽的担忧非常有代表性，也是许多企业主太太共同的担忧。的确，创业不易，大部分成功男人的背后往往都有着一位默默付出的女人，打理家庭，相夫教子。这样的女性是伟大的，牺牲了自己，成全了家庭，但这样的女性也是脆弱的，如果没有提前做好安排，一旦丈夫在外"彩旗飘飘"或者事业陷入低谷，自己和家人的基本生活都难以为继。

所以，对于张美丽而言，需要在天晴时修好屋顶，即为自己的生活做好最坏的打算，万一丈夫的事业出现断崖式滑坡，遭遇债务纠纷；或者丈夫心系"彩旗"回来要求离婚，她和孩子也能够有一笔稳定持续的钱，满足基本的生活、医疗、养老等需求。

(三)如何给家庭撑把伞

根据上述情况，我们使用什么工具才能解决张美丽的担忧呢？

答案：仍然是保险。

下面，我来具体讲讲理由。

1. 为什么选择保险

(1)保险是带着"天然法律保护罩"的资产

关于健康险，《民法典》第一千零六十三条明确规定，一方因受到人身损害获得的赔偿或者补偿，属于夫妻一方的个人财产。因此，如果张美丽以自己和孩子作为被保险人购买了健康险，即使保费来源为夫妻共同财产，一旦发生赔付，保险赔款依然会归属于被保险人个人，属于带着"天然法律保护罩"的资产。

(2)涉及第三人的保单不易被分割

在实务中，涉及第三人(如儿子王小帅)的人寿保单往往在离婚时不会被分割，即使被主张分割，根据相关法律的规定，依然可以通过支付现金价值作为对价的方式进行保单保全，即可以花费很小的代价保住大额的资产。

法条援引

《最高人民法院关于适用〈中华人民共和国保险法〉若干问题的解释(三)》第

十七条　投保人解除保险合同，当事人以其解除合同未经被保险人或者受益人同意为由主张解除行为无效的，人民法院不予支持，但被保险人或者受益人已向投保人支付相当于保险单现金价值的款项并通知保险人的除外。

(3)保单架构可以实现财产精准分配和定向保护

我们可以利用保单的架构实现财产的精准分配和定向保护。比如，张美丽如果希望解决医疗费用问题，则可以投保健康险；如果希望解决生活开支问题，则可以投保年金险；如果希望解决家企资产隔离问题，则可以投保终身寿险；如果希望解决丈夫突然身故的债务问题，则可以投保意外险、定期寿险或者终身寿险；如果希望解决丈夫移情别恋后要求离婚分割财产的问题，则可以请求丈夫为其制订专属的保险计划，腾挪一笔钱给张美丽用于购买年金险，并且最好设计为由第三人(如王小帅)作为被保险人和生存受益人，如此增加离婚分割的难度。

2. 资产保全方案

(1)具体方案

以张美丽为投保人，儿子王小帅为被保险人和生存受益人，张美丽为死亡受益人，购买一份年金保险，年交保费 250 万元，共交 5 年，合计 1 250 万元，估算年化收益 4%。

如此，该笔保单完成后，张美丽每年可领取生存年金约 50 万元，其中：

①将 40 万元用于覆盖家人日常生活和孩子读书的费用；

②剩下 10 万元用于为家人购买足额的健康险、意外险和定期寿险，保障家人生病、意外的开支以及李大强万一突然去世产生的债务风险。

具体安排上，健康险和定期寿险同样以张美丽作为投保人，其家人作为被保险人，张美丽作为身故受益人。

(2)设计理由

张美丽的诉求其实非常简单，这就是一位缺乏安全感的普通女性，希望在婚内为自己和孩子规划一笔安全的资金，用于家人的日常生活以及未来孩子的教育，而不受丈夫公司的经营风险、个人意外或者婚变因素的干扰。因此，我们只需要锁定好一笔婚内的财产，用这笔钱来覆盖上述风险即可。

因为该笔保费来源为夫妻婚内共同财产，因此，如果不幸张美丽遭遇“被离婚”，其名下保单可能面临分割，但是，因为部分保单的被保险人涉及第三人（如王小帅）的利益，在现实生活中，大部分夫妻都不会选择分割保单。

退一万步，即使双方真走到了需要分割保单的法律程序，按照《最高人民法院关于适用〈中华人民共和国保险法〉若干问题的解释（三）》第十七条的精神，被保险人或受益人（如王小帅）也可以通过向投保人（夫妻各占 50%份额）支付现金价值作为对价的方式来留住保单。而相对于所交的全部保费以及保额而言，现金价值所占的比重通常非常低，说不定只相当于所交保费的 15%甚至更低，如此也能形成“以小博大”的效果，也等于“赚”到了保单。

如上举例，其实只是冰山一角，保险就像一个“万花筒”，所能变出的花样因客户的具体情况而异。在财富管理问题上，使用什么工具从来不是重点，能够切实拿走委托人的担忧才是唯一目的。而保险，只是在财富管理的各种工具中，通常可以发挥某种特别的作用而已，但仅此一点，就值得有心人去深入发掘和学习。

遗嘱 VS 保险，谁更能守护我们爱的人

遗嘱的意义在于每个人可以按照自己的意愿留下财富，但这并不代表能够理所当然地据此安排财富，这对于房产这种需要经过法定过户程序才能明确产权的特殊资产而言更是如此。

说到传承，大家最容易想到的方式就是遗嘱。

的确，作为财富传承的主要工具之一，遗嘱是大家最为普遍知道和易于接受的一种，并且，遗嘱似乎设立起来也非常简单。在很多人的观念里，遗嘱就是立遗嘱人在一张纸上把未来的遗产安排写得清楚明白，然后签字画押就可以了，在TA过世之后，一切财产就会顺理成章地按照遗嘱安排的方式进行传承。

但事实真的是这样吗？

一、关于遗嘱的法律规定

根据《民法典》第一千一百三十三条的规定，自然人可以立遗嘱将个人财产指定由法定继承人中的一人或者数人继承。

由此可见，遗嘱是一种遗嘱人生前按照法律规定的方式对其遗产所作处分的法律行为，该行为于遗嘱人死亡时发生效力。在法律上，继承人一旦选择了使用遗嘱形式进行继承，则意味着已经把财产定义为遗产，应当受到《民法典》相关规定的约束。

在具体形式上，根据《民法典》第六编第三章的相关规定，遗嘱的种类可以分为自书遗嘱、代书遗嘱、打印遗嘱、录音录像遗嘱、口头遗嘱和公证遗嘱这六大类，各自规则如下。

①自书遗嘱由遗嘱人亲笔书写，签名，注明年、月、日。

②代书遗嘱应当有两个见证人在场见证，由其中一人代书，并由遗嘱人、代书人和其他见证人签名，注明年、月、日。

③打印遗嘱应当有两个以上见证人在场见证。遗嘱人和见证人应当在遗嘱

每一页签名，注明年、月、日。

④以录音录像形式立的遗嘱，应当有两个以上见证人在场见证。遗嘱人和见证人应当在录音录像中记录其姓名或者肖像，以及年、月、日。

⑤遗嘱人在危急情况下，可以立口头遗嘱。口头遗嘱应当有两个以上见证人在场见证。危急情况消除后，遗嘱人能够以书面或者录音录像形式立遗嘱的，所立的口头遗嘱无效。

⑥公证遗嘱由遗嘱人经公证机构办理。

二、案例——外公的房产

我用一个朋友的故事作为案例来具体说明一下遗嘱在实际中的运用。

（一）案例描述

朋友的外公年近90周岁，希望在自己意识清醒的时候，把身后财产分配的事情安排一下。外公名下有一套房产，外婆已经去世，有四个子女均已成家立业。

外公与子女的关系非常和睦，但是外公认为，他的子女中除了大女儿（朋友的母亲）非常贤惠踏实，另外三个子女性格上都不太踏实，所以想要把房产通过遗嘱的形式让大女儿继承，由大女儿为他养老送终。在他百年之后，再由大女儿将房产变卖，将一部分房款酌情考虑分配给其他三个子女。

但是，外公同时也隐约担心这样的安排可能引起其他三个子女的不满，为继承造成阻碍，于是希望悄悄设立遗嘱，由他口述遗嘱内容，大孙女（我朋友）做笔录，大女儿在场见证，在不进行公证的情况下，就把这个事情确定下来。

（二）案例分析

情况已经介绍完毕，下面我们对这个案例进行详细分析。

1. 立遗嘱方式是否合规

按照描述，朋友外公的立遗嘱方式为代书遗嘱，遗嘱人为外公，继承人为其大女儿，大孙女为继承人的利害关系人。

根据《民法典》第一千一百三十五条的规定，代书遗嘱应当有两个见证人在场见证，由其中一人代书，并由遗嘱人、代书人和其他见证人签名，注明年、月、日。

同时，根据《民法典》第一千一百四十条的规定，继承人以及与继承人有利害关系的人，不得作为见证人。

在本案例中，朋友外公在立遗嘱时，由大孙女代书，大女儿在场见证，但根据《民法典》的相关规定，这两位分别是遗产的继承人及其利害关系人，并不符合代书遗嘱的规范，因此，该份遗嘱无效。

2. 虽有遗嘱，还要有继承公证

朋友外公想要传承的资产为一处房产，与其他资产不同，房产的继承不仅有“确定继承人”这个前提，还有“办理过户”这道手续。因此，在实际操作中，我国的房产交易中心在办理过户手续时，都会要求被继承人提供继承公证相关材料，而这个继承公证做起来就有些复杂了。

根据《办理继承公证的指导意见》的相关规定，办理继承公证不仅需要所有的法定继承人亲自（或公证委托他人）到公证处办理，还需要全部继承人一致签字同意由某位或某几位继承人继承房产，如果继承人中有放弃继承的，还应当提交其作出放弃继承表示的声明书。公证处在收集齐备相关资料后，再根据普通遗嘱继承和公证遗嘱继承相关规定对继承事项进行审查，在各个细节都确认无误后，公证处才会出具继承权证明文件。

也就是说，在整个房产继承过程中，只要有一个继承人不同意、不出席（或无效委托）、不签字，房产就只能留在去世的房主名下，任何人想要继承就只有通过诉讼的形式。

因此，朋友外公想要在其他继承人毫无察觉的情况下，将房产单独传承给大女儿，这在法律程序上存在问题。

可见，遗嘱的意义在于每个人都可以按照自己的意愿留下财富，但这并不代表能够理所当然地据此安排财富，这对于房产这种需要经过法定过户程序才能明确产权的特殊资产而言更是如此。

法条援引

《办理继承公证的指导意见》第十四条　公证机构办理遗嘱继承公证，应当按照下列方式审查确认遗嘱的效力：

（一）遗嘱为公证遗嘱的，公证机构应当对遗嘱内容是否符合法律规定进行审查，并向全体法定继承人核实，核实的内容包括询问被继承人有无其他遗嘱或者遗赠扶养协议，法定继承人中有无缺乏劳动能力又没有生活来源的人。法定继承人对公证机构的核实没有回复的，或者无法与法定继承人取得联系的，公证机构在对遗嘱进行审查后，可以确认遗嘱的效力；

（二）遗嘱为公证遗嘱以外的其他符合法定形式的遗嘱的，公证机构应当取得全体法定继承人对遗嘱内容无异议的书面确认，并经审查认为遗嘱的内容符合法律规定，可以确认遗嘱的效力；

（三）遗嘱为在境外所立的遗嘱的，公证机构应当根据法律、法规及司法部的有关规定确认遗嘱的效力。

三、常见遗嘱风险分析

与"法无禁止即可为"的一般民事行为不同，遗嘱是一种特殊的民事行为，是一种效力优先于法定继承的重要的财产安排。所以，遗嘱的自由，仅仅在于立与不立的自由以及财产处分意思表示的自由，但对于遗嘱效力的判断上，还必须经过法定的形式才能产生法定的结果。

因此，关于遗嘱，除上述案例提示的内容之外，还有三点潜在的风险需要引起重视。

1. 遗嘱的订立具有随意性

遗嘱是可以由立遗嘱人多次订立和修改的，具有一定的随意性。

对于上述案例，我们可以假设一种情况，对于遗嘱人来讲，可能今天觉得把房产给大女儿没问题，于是立下一份遗嘱，表示身故之后将房子留给大女儿，并且将该遗嘱交由大女儿保存。可过了几天，遗嘱人的主意改变了，认为房产还是留给小女儿合适，于是又重新订立了一份新遗嘱，表示身故之后把房产留给小女儿，同时将该份新遗嘱交由小女儿保存。

在这样的情况下，从法律角度，新遗嘱已经把旧遗嘱的内容全部推翻，旧遗嘱就已经失效了，应该以新遗嘱的内容为准。但是，持有旧遗嘱的大女儿可能对新遗嘱的存在一无所知，于是在继承发生时，持有新旧遗嘱的继承人同时出现，要求按照手中的遗嘱继承遗产，一场争产纠纷就难以避免了。

2. 遗嘱的真实性和有效性容易受到挑战

除公证遗嘱之外的其他遗嘱形式，有非常多的状况可能导致遗嘱的效力出现瑕疵。比如，遗嘱可能是受胁迫订立的；或者，遗嘱可能是在立遗嘱人健康状况不佳甚至精神恍惚时订立的，并非其真实意志的体现；又或者，遗嘱是被伪造或变造过相关条款的；还有一种情况，就是遗嘱表达的内容可能是模糊不清，容易有多重理解的……这些都可能成为影响遗嘱效力从而影响继承结果的因素。

而当继承人全部到位，与律师、公证人员等专业人士一起仔细研读遗嘱内容时，往往遗嘱人已经过世，这时即使大家对遗嘱内容或者效力有任何疑问，也无法让故人归来做出解释，这就为继承造成了很大的麻烦。

3. 遗嘱继承没有私密性

遗嘱继承毫无私密性可言，因为既然是遗产继承，就逃不开继承公证，而继承公证程序需要所有继承人共同前往公证处，一致签字同意遗产分配方案才能完成。请注意，这里所指的继承人是法律意义上的全部继承人，并不限于遗嘱约定的范围。因此，如果继承人中存在身份有争议的情况，比如养子女或者非婚生子女，则会让情况变得更加复杂。

总而言之，遗嘱作为一种资产传承工具，在具体操作中会存在非常多且复杂的细节问题，因为每一项被继承的财产都是以资产的形式存在，继承的本质其实是一场关于继承资产权属的转移，因此必然需要依据法律规定的转移程序。

所以，对于遗嘱人而言，即使遗嘱的订立过程毫无瑕疵，也只能解决财产分配意愿的问题，是意定的范畴，但不能解决资产转移程序的问题，这是法定的要求。

而在现实生活中，对于每一个遗嘱人而言，愿意让其继承自己遗产的人，一定都是生前与自己最为亲近的人，TA 可能是儿女，可能是伴侣，也可能是其他想要照顾的人。可是，如果这份珍贵的生命之礼，到最后却因为法律程序的问题，变成亲人之间反目的导火索，甚至演变为一场旷日持久的“战争”，试想一下，这样的结果，会是已故之人愿意看到的吗?

四、如何用保险化解继承危机

相对于遗嘱而言，保险在传承方面有着哪些优势？我认为主要有以下三个方面。

（一）保单传承有着极好的私密性

对于遗嘱继承来讲，私密性是一个不可逾越的死穴，而对于保单来讲就完全不是问题。传承人完全可以在不需要任何人同意和知晓的情况下，把现金资产用保单的形式传承给任何一个想要传承的人。特别是投保人和被保险人都是传承人本人的情况下，对受益人的指定就有着绝对的控制权。

在这样的情况下，被保险人一旦身故，保险公司立刻会把保险金赔付给受益人，不需要其他任何继承人签字同意，当然也就更谈不上会产生争产纠纷了。

为什么用保单“继承”就不需要其他继承人签字同意了呢？

因为如果我们将财产变为现金后装入保单，这笔财产的性质就不再是遗产，而是保险的身故金。如此，这笔财产当然不需要按照《民法典》的规定进行继承，而是应该依据《保险法》的规定进行传承。

（二）保单传承有着相当的灵活性

保险是一种“风筝型”的资产，不管谁受益，保单权益都被牢牢抓在投保人的手上。在传承功能上，保险可以实现定向传承、精准传承、隔代传承，如果结合信托机制，还可以实现附条件和分阶段的传承，这是遗嘱继承绝对做不到的事情。

案例

王大帅年事已高，希望把自己一生打拼来的500万元传承给唯一的儿子王小帅。可是王小帅不务正业，游手好闲，王大帅经过向专业理财顾问的咨询，决定用保险金十信托工具来传承这笔钱。

王大帅用这500万元为自己购买了一份终身寿险，自己作为投保人和被保险人，信托公司作为身故受益人。信托条款约定，在王大帅身故后，王小帅可以向信托公司申请获得王大帅的身故理赔金，但必须符合一定的条件：

王小帅必须有一份正经的工作并且年薪不得低于5万元，如果达到这个标准，保险金信托每年会给予王小帅10万元的生活补贴；

如果王小帅结婚，家庭幸福，那么在婚后第5年时，信托会给予王小帅50万元作为家庭补贴；

如果王小帅有了小孩，信托会再给王小帅50万元作为生育礼金；

如果王小帅一直无法达到上述任一条件，信托则不会给他支付1分钱，信托合同到了约定的日期，会把全部资金捐赠出去用于慈善事业。

本案例中，将保险金与信托工具结合起来，不仅可以让王大帅实现把资产定向分阶段传承给王小帅的目的，防止被其提前挥霍，还可以用信托条款来约束、激励、引导王小帅过上努力上进的积极生活，真可谓“一箭双雕”。要实现这样灵活的传承效果，全世界也只有保险和信托能够做到了。

（三）保单传承有着独有的杠杆效应

杠杆效应是保单传承中的一个非常特殊的功能。

假如我们传承的资产是房产，这套房产值多少钱是确定的，到了传承时它依然值那么多钱，它的价值不会自己变大变多。当然，可能有人会说，房价是有可能上涨的，但现实情况是不一定，部分地区的房价还有可能是下跌的。

而保单不同，根据承保时间的不同，保单有着不同程度的杠杆效应。如果这份保单承保的时间足够长，其杠杆效应会有数倍之多。甚至部分境外保险与私行合作，可以做到在产品本身杠杆的基础上，再使用保单贷款功能进一步放大杠杆，这样被保险人身故时，受益人的所得说不定可以达到本金的 15 倍之多，真可谓被保险人用生命实现了人生的“IPO”。

案例

王大帅与张美丽这对夫妻，有 1 000 万元的现金和两个子女，儿子叫王小帅，女儿叫王小美。如果王大帅夫妻的财产不做任何规划，百年之后，小帅和小美平均继承王大帅的资产，则每人分得 500 万元。假设小帅和小美每人也育有两个子女，同样不做任何规划，继承时同样平均分配，于是每人可分得 250 万元，如下图所示。

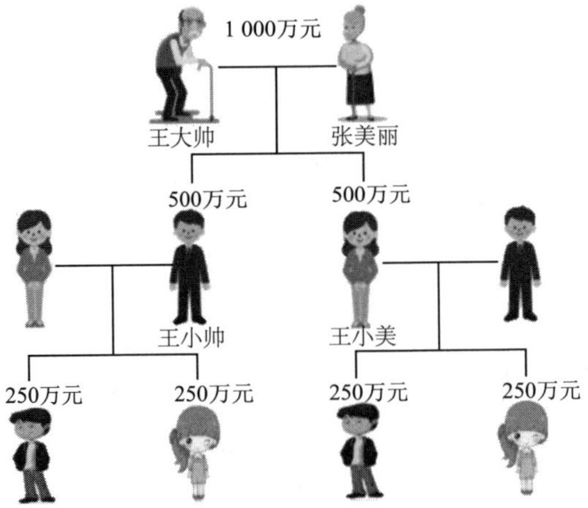

普通传承概念示意图

如此，到了王大帅第三代子女时，大家的生活远不如以前富裕，因为受通货膨胀的影响，当孙辈拿到 250 万元时，这笔钱可能只有不超过百万的购买力了。

而如果换一种操作方式（如下图所示），从最开始，王大帅夫妻就将1 000万元全买成终身寿险，那么到他们身故时，传承金额可以很容易做到1亿元，这样王小帅和王小美就可以各自分得5 000万元。等他们有了下一代时，再各自拿出1 000万元买成终身寿险，这样可以保证第三代每人也能分得5 000万元。如此，王大帅不仅可以保证自己的世世代代都不会生活困难，还能让他们的财富更多。

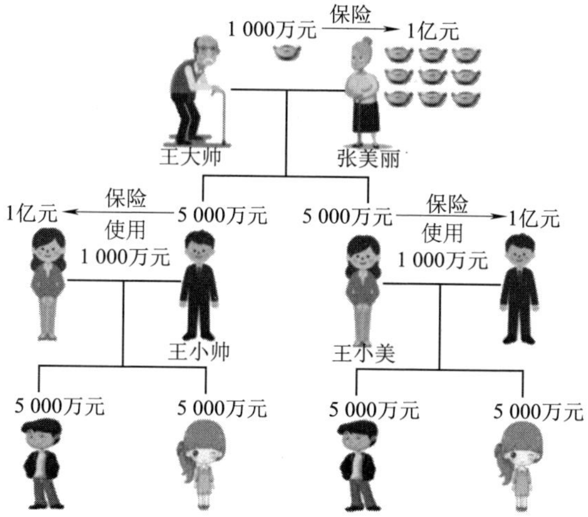

保险传承概念示意图

其实，上面这个案例，讲出了高净值人群平均会把30%的钱都放在寿险保单里的原因。对他们而言，因为疾病、意外导致的经济风险已经无关紧要，他们之所以选择大额保单，看重的就是保单的“隐秘功能”——用保险杠杆实现放大倍数的资产传承。

五、实例解析——用保险解决房产继承问题

回到本节开始，关于案例中的房产继承问题，我认为最优方案如下。

外公把房产变卖买成保单，将全部房款指定传承给他的大女儿，或者按一定比例在大女儿与其他子女之间做一个合理的分配，让大女儿受益大部分，其他子女受益小部分。

至于外公后续的居住问题，有两个方案可供选择。

方案一：向买家要求售后返租，即卖房不离家，作为对价，可以在房产出售的价款上做出一定让步。

方案二：住在大女儿家里，在自己最亲近的家人身边得到最后的照顾。

六、跳出保险谈保险

我们来思考一下，当我们纠结传承工具是选用遗嘱还是保险时，我们真的是需要这两个工具本身吗？不是的，我们需要的是让我们的财产按照意愿进行传承，同时不给身后人带来太多困扰。

不管是遗嘱还是保险，都只是我们用来实现幸福生活的工具，而不同的工具有不同的特点和功能，就好像切菜需要菜刀，而拖地需要拖把，菜刀不能拖地，拖把也不能切菜一样。

就以菜刀为例，往深了讲，我们来思考一下，我们为什么要买这一把菜刀？

问：你买菜刀的目的，仅仅是切菜吗？

答：不是的，我是为了做一顿美食。

问：那你为什么想要做一顿美食呢？

答：我想给老公/妻子，给老人，给孩子一个惊喜。

问：你为什么想给他们一个惊喜呢？

答：我想打造一个温暖的家庭，想让父母、伴侣和孩子生活在幸福之中，想让孩子心中永远都有家的记忆。

问：那你买的还是一把普通的菜刀吗？

答：不是的，它更像是一把幸福的钥匙，让我们觉得人间值得。

明白了这个道理之后，如果你是那位被继承人，会如何选择呢？

第八章

理赔锦囊：理赔并没有想象中那么难

知道保险如何买只是起点，知道保险如何赔才是终点。本章将为大家详细讲述保险理赔的步骤和注意事项，以及发生理赔争议时的救济措施，让大家能够逢事不慌，遇事不怂。

理赔三步走，保险金到手

对于每一家保险公司而言，理赔都是一件无比正常的业务，是每天都在发生的稀松平常的事情。因此，只要掌握了正确的理赔方法，每个人都可以轻松快速地拿到保险金。

我们在买保险之前，最应该关心的问题就是理赔。

虽说保险本质上是一份期权，并且大部分人都不希望行权，但是，如果无法切实保证行权的权利，这份保单也就失去了购买的意义。

同时，保险又是一种缺乏体验感的商品，没有人知道风险会以什么形式出现，又会对被保险人造成什么样的后果。因此，再优秀的业务员也无法在客户面前把理赔的真实过程"表演"一遍。此外，站在公序良俗的角度，人们对疾病、意外等话题多少会有些忌讳，于是，"如何理赔"这样一个无比重要的事情，反而成为一个比较"隐秘"的话题。

其实，对于每个保险公司而言，理赔都是一件无比正常的业务，是每天都在发生的稀松平常的事情，也都有清晰的申报和审核流程。因此，只要掌握了正确的理赔方法，每个人都可以轻松快速地拿到保险金。

具体来讲，理赔可以分为三个步骤：申请报案；准备材料；赔付审核。

一、申请报案

申请报案是理赔事项的第一步，关于这个问题，又可以分为以下三个方面。

（一）怎么赔法

在申请报案之前，我们需要对赔付事项有一个基本的判断，即：我们购买的是什么险种？有哪些保障范围？我们的事故对应着怎样的保险责任？保险金是一次性给付还是凭发票报销？保险金应该赔付给谁？具体见下表。

四大险种赔付方式一览表

险　种	保障范围	怎么赔	保多久	赔给谁	备　注
重大疾病保险	重大疾病	一次性给付	定期/终身	被保人	保障范围并非每个险种产品的必然范围。比如，重大疾病保险可能不带身故责任，寿险可能不带生存责任等，应根据合同条款具体确定
	身故	一次性给付	定期/终身	受益人	
医疗险	疾病及意外医疗	报销型	1年	被保人	
意外险	意外伤残	一次性给付	1年	被保人	
	意外身故/全残	一次性给付	1年/定期	受益人	
	意外医疗	报销型	1年	被保人	
寿险	生存	每年给付	生存期	投保人或被保人，一般默认被保人	
	身故/全残	一次性给付	定期/终身	受益人	

（二）谁去报案

报案人并非人人都可以担任，而是必须与保单有直接的利益关系。比如，投保人、被保险人、受益人或其他有权领取保险金的人。保险公司如此要求，其实是基于一种考虑，即报案人对事故的陈述会被作为判断案件性质的重要证据，甚至可能影响理赔结果。因此，不便让非利益相关人代理。在保险实务中，如果是电话报案，一般都会被录音。

案例

王大帅的儿子王小帅刚上小学，与隔壁李大强的儿子李小强是同班同学。一天，两人在教室追打，王小帅一不小心导致小手指骨折。班主任老师知晓此事后，赶紧通知王大帅送儿子去医院，治疗总共花费了 3 000 元。事后，班主任老师将此事认定为两人打架造成的受伤事件，对两人及双方家长进行了批评教育。而王大帅回家向儿子仔细询问了事情经过后，才知道两人只是在疯玩而非打架，王小帅只是在奔跑过程中一不小心被门夹住了手指才受伤，是一个纯粹的意外事件。

这时，我们来思考一下，假设王大帅曾为王小帅购买了一份含意外医疗责任的意外险，可以报销这笔 3 000 元的治疗费用。同时，保险公司允许非利益关系人作为报案人。那么，在本案例中，如果报案人是班主任，那么事实就可能被陈述为“王小帅与同学打架导致受伤”，那么，他还能得到保险公司的赔付吗？

答案：不能。因为意外险的承保范围为外来的、突发的、非本意的、非疾病的伤害事故，而王小帅如果有打架斗殴的行为，则应明知可能存在身体受伤的情况，就不属于非本意的行为，因此不予理赔。

而如果报案人是王大帅，事故经过就会被陈述为“王小帅在玩耍过程中意外受伤”，则完全符合该意外险的理赔条件，一定可以得到理赔。

（三）何时报案

一般而言，保险合同都会明确写出报案时间，一般为保险事故发生后的10天内。如果报案人未在约定时间内报案，也并非意味着不能理赔，但对于那些需要对事故进行现场鉴定、取证、勘察、检验后才能得出核赔结论的案件，延迟报案可能会增加保险公司事后核赔的难度。

另外，按照惯例，如果因为延迟报案导致保险事故的性质、原因、伤害程度等难以确定，保险公司对于难以确定的部分可以不承担赔付责任。当然，因为不可抗力导致延迟报案的情况除外。

具体而言，某款重大疾病保险合同关于报案时效的规定如下。

第十二条　保险事故通知

您或受益人知道保险事故后应当在10日内通知我们。

如果您或受益人故意或者因重大过失未及时通知，致使保险事故的性质、原因、损失程度等难以确定的，我们对无法确定的部分，不承担给付保险金的责任，但我们通过其他途径已经及时知道或者应当及时知道保险事故发生或者虽未及时通知但不影响我们确定保险事故的性质、原因、损失程度的除外。

二、准备材料

在报案完成之后，我们需要根据保险合同约定准备对应的理赔资料。一般来讲，不同险种的资料清单见下表。

不同险种的资料清单

事故类型	基础资料	补充资料		
		代申请资料	保险金为遗产	监护人代领取
重大疾病	保险合同，理赔申请书，身份证明文件，银行卡账号，所能提供的与确认保险事故的性质、原因等有关的其他证明和资料，医院出具的附有被保险人病理、血液及其他科学方法检验报告等诊断证明文件	保险金受益人的授权委托书，受托人有效身份证件等证明文件	可证明合法继承权的相关权利文件	受益人或继承人为未成年人或无民事行为能力人的证明，监护人具有合法监护权的证明

续上表

事故类型	基础资料	补充资料		
		代申请资料	保险金为遗产	监护人代领取
医疗	保险合同，理赔申请书，身份证明文件，银行卡账号，所能提供的与确认保险事故的性质、原因等有关的其他证明和资料，医院病历，医疗费用发票，医疗费用明细	保险金受益人的授权委托书，受托人有效身份证件等证明文件	可证明合法继承权的相关权利文件	受益人或继承人为未成年人或无民事行为能力人的证明，监护人具有合法监护权的证明
身故	保险合同，理赔申请书，身份证明文件，银行卡账号，所能提供的与确认保险事故的性质、原因等有关的其他证明和资料，国务院卫生行政部门规定的医疗机构、公安机关或其他相关机构出具的被保险人的死亡证明			
伤残	保险合同，理赔申请书，身份证明文件，银行卡账号，所能提供的与确认保险事故的性质、原因等有关的其他证明和资料，伤残鉴定书			

除上述资料之外，在实际操作中，如果涉及需要司法鉴定或者被保险人失踪等特殊情况，我们还需要根据合同要求提供司法鉴定报告、法院判决书（宣告死亡）等补充资料。

比如，某款重大疾病保险合同关于司法鉴定和失踪的规定具体如下。

第十六条　司法鉴定

如果被保险人身故，我们有权要求司法鉴定机构对保险事故进行鉴定。

第十七条　失踪处理

在本合同保险期间内且本合同有效，如果被保险人失踪，且经法院宣告死亡，申请人可以向我们申请身故保险金，我们以法院判决宣告被保险人死亡之日为被保险人死亡的日期，并且按本合同中与身故有关的约定处理。如果被保险人被宣告死亡之日在保险期间之外，但有证据证明下落不明之日在本合同有效期内，我们仍承担与身故有关的保险责任，并按合同终止日计算保险金的金额。

三、赔付审核

核保和核赔相当于保险公司的两道大门，核保是前门，把无法承接的客人挡在门外；核赔是后门，确保每笔赔款都符合理赔条件。

1. 赔付时效

保险的赔付时效可以分为基本时效和特殊垫付两种情况，具体如下。

（1）基本时效

一般而言，保险公司在收齐相关资料后，会在5个工作日内出具核定结论，情形复杂的，会在30日内出具核定结论。对于保险公司认为不属于其保险责任的情况，一般会在作出核定之日起3日内向受益人发出拒绝给付保险金通知书并说明理由。对属于其保险责任的，保险公司会在与受益人达成给付协议后的10日内给付保险金。

不过，如果出现了需要采取鉴定、勘察等补充核赔措施的复杂情况，或者因为报案人延迟报案而导致事故性质及损失金额难以查明的，保险公司一般会在收到报案申请及全部资料之日起60日内，先行支付根据已有证明和资料可以确定的部分金额，剩余不能确定的部分，会在最终确定后补足差额。

所以，我们可以看到，对于每一个报案申请，保险公司的结论不管是正常理赔，还是要求补充资料，还是继续勘察，还是拒绝赔付，每个阶段都有明确的时间规定，并且会白纸黑字写进保险合同。

法条援引

《保险法》第二十三条　理赔

保险人收到被保险人或者受益人的赔偿或者给付保险金的请求后，应当及时作出核定；情形复杂的，应当在三十日内作出核定，但合同另有约定的除外。保险人应当将核定结果通知被保险人或者受益人；对属于保险责任的，在与被保险人或者受益人达成赔偿或者给付保险金的协议后十日内，履行赔偿或者给付保险金义务。保险合同对赔偿或者给付保险金的期限有约定的，保险人应当按照约定履行赔偿或者给付保险金义务。

保险人未及时履行前款规定义务的，除支付保险金外，应当赔偿被保险人或者受益人因此受到的损失。

任何单位和个人不得非法干预保险人履行赔偿或者给付保险金的义务，也不得限制被保险人或者受益人取得保险金的权利。

《保险法》第二十四条　拒绝赔付通知

保险人依照本法第二十三条的规定作出核定后，对不属于保险责任的，应当自作出核定之日起三日内向被保险人或者受益人发出拒绝赔偿或者拒绝给付保险金通知书，并说明理由。

《保险法》第二十五条　先行赔付

保险人自收到赔偿或者给付保险金的请求和有关证明、资料之日起六十日内，对其赔偿或者给付保险金的数额不能确定的，应当根据已有证明和资料可以确定的数额先予支付；保险人最终确定赔偿或者给付保险金的数额后，应当支付相应的差额。

（2）特殊垫付

医疗险是报销型保险，按照正常情况，被保险人需要在出院后拿到费用发票和清单之后才能申请赔付，但在实际操作中，医院在准许患者入院的第一天就会要求预存住院押金用于抵扣治疗费用。所以，如果被保险人的医疗险只能事后报销，那就意味着被保险人在住院期间需要自己先行垫付全部的治疗费用，如果金额较大，势必造成很大的经济压力。而一些支持住院垫付的医疗险，被保险人可以在住院之前先行申请垫付住院押金，出院后再走正常理赔流程。并且一般而言，被保险人申请住院垫付押金的手续相对简单，审核速度往往也非常快，常见上午刚申请，下午押金就到账的案例，非常便捷。

因此，对于这一类医疗险，被保险人通常需要“理赔”两次，第一次为申请住院垫付押金，第二次为申请真正的理赔金。

2. 赔付结论

经过了前面的步骤，理赔的最后一个环节是出具赔付结论。一般而言，保险公司的赔付结论无外乎以下三种。

（1）正常赔付

这种情况最为简单，即保险公司认为保险事故符合合同约定，属于其应当承担的保险责任，没有任何争议，那么，保险公司就会在约定的时间范围内将理赔款支付给受益人。

（2）协商赔付

这种方式最为灵活，即保险公司认为该事故不完全符合保险合同的约定，处于赔与不赔的中间地带。通常情况下，保险公司的理赔人员会与报案人直接取得联系，以“非正式”的形式进行初步沟通，以争取协商出一个双方都能够接受的理赔方案。

在这里，“非正式”三个字之所以要打上引号，是因为这样沟通的形式可能是生活化的，灵活的，比如双方可能在 QQ、私人微信上聊天，沟通的内容也非常轻松和有同理心。但事实上，大家一定要高度重视这样的对话，不要放松思想，不要随意说一些不利于理赔的话，因为这些“非正式”的聊天随时都可能变成“正式”的证据，甚至成为理赔的阻碍。

(3)拒绝赔付

最糟糕的核赔结论就是拒绝赔付。一般而言，拒赔理由包括：不在保险责任范围、未如实告知、在合同等待期内出险、未及时报案超过理赔时效、已过保障期限等。这部分内容，我会在下一节详细展开，此处暂不赘述。

3. 特殊情况之理赔金返还

理赔金返还是指保险公司在已经赔付了保险金之后，找到最新证据证明之前准予理赔的判断有误，该笔保险金本不应该支付，从而要求相关人返还保险金的情况。

这种情况常见于含身故保障责任的产品中，比如寿险。我们在前文提到，被保险人失踪且被人民法院宣告死亡后，受益人可以依据法院判断要求保险公司给付保险金。可如果我们做一个美好的假设——有一天，曾经消失的马航 MH370 重新出现了，并且全体机组人员安然无恙，此时，根据我国的法律，保险公司是否可以要求受益人返还理赔金呢？

答案是肯定的，在这样的情况下，保险公司有权要求受益人在知情后 30 日内返还已得到的保险金。

理赔有争议，你需要知道的五大权益

维权本身不是目的，对于保险公司和消费者而言，一方决定供给，一方创造需求，任何一方过于强势都不是好事，双方都互相理解，遵纪守法，客观公正处理问题才是和谐发展之计。

在保险理赔过程中，最糟糕的情况莫过于双方对事实或责任的认知不一，出现理赔争议。这意味着，保险公司理赔年度报告上那97%以上的“秒赔率”与自己无缘，我们需要走很多的弯路才能到达终点。

一、常见的争议情形

一般来讲，保险理赔过程中的争议事项主要分为以下七种情况。

（一）不在保险合同约定的责任范围

此情况简单地说，就是保险事故与合同责任张冠李戴——明明是踢球扭伤了脚踝却去申请理赔重大疾病保险，这显然是不行的。

再比如，意外险合同的免责条款写明了投保后2年内自杀不赔，却有人实在想不通，偏偏在1年零364天时跳河死亡，这时保险公司一定也是不赔的。

（二）违背了保险理赔的近因原则

保险理赔遵循的是近因原则，只有保险事故与损失有直接的因果关系时，保险公司才会理赔，反之则不赔。

案例

王大帅在为自己购买意外险后，外出游玩摔伤，在等待救援过程中中暑猝死，这时保险公司是否应该赔偿？

答案：应该赔偿。虽说王大帅的死亡是因为猝死（疾病），但却是摔伤事故的合理延续，因此属于意外险的责任范围，而非健康险。

（三）双方对保险责任或免责条款的理解不一

此情况即消费者与保险公司对合同条款理解发生分歧，出现了消费者认为该赔，保险公司却认为不该赔的情况。这时就需要具体分析，使用后述的五大权益来解决问题。

（四）违反如实告知义务

此情况多见于健康险，被保险人因故意或重大过失在健康告知环节错误回答了相关问题，比如隐瞒病情等，导致保险公司做出了错误的承保结论，比如将延期变成了标体，被保险公司在理赔核查时发现，因此拒绝赔付。

（五）未及时报案且已超过索赔时效

1. 关于索赔时效的规定

《保险法》对保险的诉讼时效（相当于索赔时效）有明确的规定，即《保险法》第二十六条规定，人寿保险以外的其他保险的被保险人或者受益人，向保险人请求赔偿或者给付保险金的诉讼时效期间为 2 年，自其知道或者应当知道保险事故发生之日起计算。人寿保险的被保险人或者受益人向保险人请求给付保险金的诉讼时效期间为 5 年，自其知道或者应当知道保险事故发生之日起计算。

这意味着，如果我们延迟报案的时间太长，以至于超出了 2 年和 5 年这两个关键时间节点，就等于直接放弃了索赔的权利和理赔的机会。当然，保险公司仍然愿意给付的情况除外。

2. 容易超过时效索赔的情况

据统计，现实生活中能够做到定期记录保单信息并发给家人留底备忘的保单持有人不到 1%，这也意味着超过 99%的保单持有人身边都没有第二个人清楚了解 TA 的保单情况。

那么，如果保单持有人因突发疾病或遭遇意外而失去意识，或者发生失踪甚至身故等情况，由于其家人并不清楚保单的具体信息，甚至可能都不知道保单的存在，因此十分容易出现超过索赔时效的情况。

3. 如何让家人知道我们的保单信息

为了解决“隐形”保单的问题，我们可以通过以下三个方法让家人知道保单信息。

(1)双向交代保单信息

我们可以将自己的保单信息整理成文档发给家人备份，并且把保险业务员的联系方式一并留给家人。在发生保险事故时，由家人直接联系保险顾问协助理赔。同时，还可以将家人或者紧急联系人的联系方式留给保险业务员，方便双方在紧急必要时取得联系。

这样的"双向交代"非常有用，因为当人们发生重大事故时，首先得知消息的一定是家人，而这时由家人联系保险顾问查询保单和协助理赔，一定会比自己操作更高效。

(2)善用公众号——中国保险万事通

中国保险万事通是中保协运营的微信公众号平台，在我们实名注册后，除了少数未联网保险公司或早期未电子化的保单信息之外，我们可以通过该平台查到与自己相关的全部保单。因此，我们可以实名注册后将查询密码告知家人，这样他们就能够在必要时查到我们名下的保单信息了。

(3)将邮箱变成"保险箱"

一般情况下，在我们购买了保险后，保险公司都会给发一封电子邮件表示感谢。如果是线上投保或者申领了电子保单的情况下，保险公司也会将电子保单发送到我们的邮箱，所以，我们可以将常用邮箱的地址和密码告诉家人，在需要时，他们不妨去邮箱中查看一下邮件，说不定会有意外的收获。

(六)超出保险保障期

超出保险保障期主要分为以下三种情况。

(1)在合同等待期内出险，且不属于合同约定的赔偿范围。

(2)因未交费导致保险责任中止或终止，在此期间发生保险事故。

(3)超出合同约定的保障期间。

前两种情况在前面的内容里都有涉及，此处主要介绍第三种。

什么叫作超出合同约定的保障期间？

这里的保障期间，不仅是指 20 年定期重大疾病保险保障的 20 年，终身寿险保障的终身，而且指某款产品条款里更加细分的保障期限。

比如，意外险中的医疗责任往往只能理赔意外发生后 180 天内的医疗费用；普通短期医疗险只有 1 年的保障时间，到期后如果治疗还未结束，保障可以延续 30 天、60 天、90 天不等，再以后发生的费用，则不在保险合同的赔付范围。

针对这样的情况，如果可以，我们不妨耍一点小"花招"：与医生友好协商，请 TA 适度提前治疗或者把未来的医药费用提前开出来，以便获得理赔。或者，我们也可以开门见山地与保险公司沟通，看能否把后面的医疗费用也算在保险责任里。

（七）保险合同非本人签字

一份保险合同会涉及两个人签字，即投保人和被保险人，两人可以为同一人。所以，保险合同非本人签字的情况也要分为两种，一是非投保人本人签字，二是非被保险人本人签字。

1. 非投保人本人签字

对于“保险合同非投保人本人签字，该份合同是否有效”这个问题，在实际操作中存在争议，但在大部分情况下，法律会认为该合同是有效的，原因如下。

（1）保单成立的前提之一是投保人支付保费，因此，投保人不可能对投保行为不知情。

（2）在日常操作中，保险公司的电话回访人员会与投保人进行通话并录音，以确认其知晓保单权益且业务员在销售中不存在违规行为，这样的通话也可以确认投保人对投保行为知情。

因此，在法律上，上述行为可以构成投保人对其投保行为的追认。即使投保时非投保人本人签字，因为双重追认的存在，合同也很可能被认为是有效的。

2. 非被保险人本人签字

与投保人可以被追认有效不同，《保险法》第三十四条明确规定，以死亡为给付保险金条件的合同，未经被保险人同意并认可保险金额的，合同无效。

法律这样规定，也是为了保护被保险人的生命权。轰动一时的“泰国杀妻骗保案”就属此例，犯罪嫌疑人通过伪造妻子签字，在其不知情的情况下，以自己为投保人和身故受益人，妻子为被保险人，购买了高额人寿保险，然后精心策划了一场丧尽天良的杀妻事件。所幸的是，保险公司及时查明了其伪造签名的事实，认定合同无效，让犯罪嫌疑人的骗保行为没有得逞。

上述情况比较极端，在日常生活中，常见的是被保险人偷懒或者不方便操作，投保人为了省事，于是自己代劳签字了。如果已经发生了这样的情况，投保人应当及时与保险公司取得联系，履行被保险人补签字或签名变更的手续，以恢复合同的效力。

二、遇到理赔争议的五大权益

正确的投保过程可以帮我们规避掉 99%的理赔问题，但万一遇到了那 1%，也不用过分担心。因为，我们还有以下五大权益。

（一）友好协商

中国人讲究“以和为贵”，遇事有了分歧，双方平心静气坐下聊一聊，也许事情就解决了。在保险理赔中也是如此，双方友好协商一定是放在第一位的，毕竟这是最节约时间和精力，也是成本最低的处理方式。

在正常情况下，保险公司都不会故意拒赔，因为即使从“保险生意”的角度，故意拒赔造成的声誉风险以及未来业务的损失，也会远远超过赔款本身，相反，顺利理赔带来的良好口碑，也是最好的公司宣传，这本“大账”，每个保险公司都会算。

所以，当我们遇到理赔争议时，首先需要确定双方的分歧点，在准备充分的情况下，再据理力争。在实际操作中，已经有无数案例表明，如果风险事故刚好处于保险合同责任模糊的范围，通过协商完全可能获得一个不错的理赔结果。

（二）第三方调解

如果协商无法解决问题，我们可以考虑让具有相关资质的专业第三方，比如地方保险行业协会下辖的调解委员会（简称调保委）参与进来充当“主持人”的角色，组织双方进行举证、质证和辩论，从而进行调解。

需要说明的是，这样的第三方通常属于非营利性社会团体，调解结果也不具有法律强制效力。但对于保额不高或情况并不复杂的案例，调解依然可以提高解决问题的效率。下面举一个形象的案例进行说明。

案例

在一个山村，村民王大帅和李大强之间发生了争吵，因为前者的狗咬死了后者的鸡，于是，后者要求前者赔偿两只鸡，理由是被咬死的鸡不是一只普通鸡，而是一只每天下蛋的“战斗鸡”，而王大帅只同意赔一只普通鸡，理由是这只鸡经常骚扰自己的狗，被咬死了自己也有责任。两人争执不下，谁都不让步，于是请出德高望重的村主任来主持公道。村主任组织其他几位受人尊敬的村民，召开了一场小范围的“听证会”，让王大帅和李大强分别讲述自己的狗和鸡的委屈，互相举证和辩论，村主任和其他村民一起评说到底是狗的错还是鸡的错，还是狗和鸡的主人的错。

最后，长辈们一致决定：请王大帅赔偿李大强一只普通鸡再加 10 个鸡蛋，结束这件事情，如果双方不同意，就只有自己去县或者市里申请仲裁或者诉讼。两人想了想，觉得这个事情说起来也不是很大，申请仲裁或诉讼太过折腾，于是双方均表示接受，皆大欢喜。

（三）仲裁

如果协商和调解都无法解决问题，我们可以采取仲裁的方式来维护权益。相对于前述调保委，仲裁委员会（简称仲裁委）的人员配置则更加“豪华”——仲裁委从各保险公司聘请了一批懂保险的仲裁员来处理保险纠纷，使纠纷能得到公正合理的解决。

仲裁有以下三个特点。

1. 程序简单

仲裁程序相对简单，许多纠纷当天就能结案，并且有着“一裁定音”的特点，没有上诉申诉环节，从而节省了当事人的时间。

2. 必须提前有协议约定

仲裁机构和法院不同，法院行使国家赋予的审判权，向法院起诉不需要双方当事人在诉讼前达成协议，只要一方当事人向有审判管辖权的法院起诉，经法院受理后，另一方必须应诉。而仲裁机构通常是民间团体的性质，其受理案件的管辖权来自双方协议，没有协议约定就无权受理。

3. 仲裁结果无强制执行力

仲裁具有准司法性质，仲裁机构作出的仲裁判决具有法律效力，双方当事人应当履行。但是，仲裁机构没有采取强制措施的权利。如果仲裁裁决后，保险公司拒不履行裁决，消费者可以向保险公司所在地的人民法院申请强制执行。

（四）法院诉讼

在解决保险争议的全部方法中，诉讼是最为激烈、费力、耗时的一种方法，不到万不得已不会使用。

并且，许多人潜意识里都有着一种观念：认为自己一旦走到了和保险公司在法庭上对峙的境地，一定没什么胜算，即使再成功的个人，在财大气粗的保险公司面前，都会变得如蚂蚁一般渺小。但事实真的是这样吗？

其实，如果我们多查阅一些法院判决的资料，就可以知道这样的担心大可不必。国家法官学院编纂出版的《中国法院年度案例》系列丛书，就收录了许多有代表性的保险纠纷诉讼案件及判决结果，我们可以通过真实案例看到各地法院在处理保险纠纷时，往往倾向于保护消费者的利益，而非保护保险公司。

同时，根据《民法典》第四百九十八条的规定，可以知道，合同双方当事人对合同格式条款的理解发生争议时，如果格式条款有两种以上解释，应当作出不利于提供格式条款合同一方（保险公司）的解释，这也是在保护格式合同接受者（消费者）的权益。

并且，在实际操作中，保险公司常常迫于舆论压力，在诉讼时反而表现比较“怂”，通融赔付也时有发生，这显然不是因为保险公司实力不敌个人，而是保险公司在“算大账”后认为口碑的价值远远高于理赔。从这个角度讲，保险公司才更像是“胆小怕事”的“弱势群体”。

（五）监管投诉

我们都知道购买的商品出现质量问题可以向 12315 投诉，却很少有人知道在保险界也有一个同样权威的投诉热线——12378。

12378 是中国银保监会建立的统一维权服务专线，专门处理保险消费者的投诉和维权问题。因此，12378 对保险公司的威慑力是巨大的。不仅如此，中国银保监会还制定了针对投诉问题的快速处理机制，要求各保险公司安排专人负责投诉件的接收和跟踪反馈。

12378 处理投诉的每个环节都有时间要求，比如，12378 会在热线接收之日起 15 日内告知来电人是否受理，自受理之日起 60 日内，投诉事项必须办结。情况复杂的，经批准后可以适当延长办理期限，但最多不得超过 30 日，同时书面告知来电人延期理由。

这样一来，保险公司必须认真对待每一个投诉人的诉求，没有办法敷衍塞责、议而不决、拖延时间。

到这里，关于理赔争议的维权方式已经介绍完毕。其实，维权本身不是目的，对于保险公司和消费者而言，一方决定供给，一方创造需求，任何一方过于强势都不是好事，双方都互相理解，遵纪守法，客观公正处理问题才是和谐发展之计。

一个靠谱的业务员，理赔时可以为你做什么

一个专业靠谱的保险业务员，是能够且应该在整个保险方案的生命周期里发挥作用的，而非投保完成即“过期”的“一次性产品”。

在保险的售后服务工作中，有一项工作非常重要却往往被忽视，这就是协助理赔。

为什么说容易被忽视呢？因为在许多人心里，投保一旦成功，就意味着整个保险咨询工作结束，如果短期内没有新增保额的计划，这个事情就可以告一段落了，至于何时理赔，谁都无法预测，当然不会立刻放在心上。

这也导致了现实生活中，很少有客户会把业务员的联系方式认真存进手机，更多情况是，经过时间稍长一些，连对方的微信、电话都找不到了，这时如果发生了保险事故需要理赔，常常会陷入手忙脚乱的境地，因为操作失误导致无法理赔的事件也时有发生。

一、“过期”的保险业务员

平时，我经常被人问到关于保单的问题。比如，帮我看看这个保险保了哪些内容？这个意外险有医疗责任吗？这个重大疾病保险是不是如果没有得重疾，就1分钱都没有了……

每次听到这样的问题，我都会好奇地问：“这些问题你为什么不去问之前的业务员呢?”

大家清一色的回答都是：“以前的业务员已经联系不上了。”

可以看出，许多客户和业务员都没有保持长期持续的沟通关系，以至于客户后面有疑问了，连人都找不到。当然，在大部分情况下，我猜想是客户不愿被过多打扰，所以平时刻意与业务员保持距离，但矛盾的是，客户内心又渴望有人能够在需要时提供帮助。

可以明确的是，一个专业靠谱的保险业务员，是能够且应该在整个保险方案

的生命周期里发挥作用的，而非投保完成即“过期”的“一次性产品”。

客观地讲，由于客户本身不是保险专业人士，即使自学了一些保险知识，大多也很零碎，与每日“浸泡”在保险中的业务员相比，还是有很大差距的。所以，客户在遇到问题时直接询问业务员，一定会比自己去学习保险知识更高效。

此外，在这个信息过剩的互联网时代，客户有太多途径接触到各种“知识”，各种声音杂糅在一起，如果没有及时梳理和纠偏，很容易因“消化不良”陷入越学越迷糊的怪圈。

因此，客户非常有必要与业务员保持长期良好的沟通，让业务员在必要时协助自己处理保险相关的大小问题，回答日常咨询都是小事。如果真到了需要理赔时，有专业顾问贴身指导、避免失误，还是自己一个人孤军奋战、赤膊上阵，可能面临截然不同的理赔结果。

二、有协助 VS 无协助，理赔结果会有差异吗

讲到这里，大家可能会想：“保险不都是按照条款理赔的，为什么有协助和没协助的理赔结果会有差异？”

保险的确是按照条款理赔的，但是，客户在报案时的陈述以及递交资料的细节，也会对理赔结果产生非常重要的影响。

为了理解这个问题，我们来模拟一下发生保险事故时的场景。

1. 报案场景模拟——事故当下，当事人是什么状态

我们来思考一下，在人们遭遇突发重大事件的当下，比如说被车撞伤时，摔跤骨折不能动弹时，刚刚拿到恶性肿瘤的病理确诊报告时，他们会呈现一种怎样的状态？

事实上，从无数例证来看，几乎所有人当时的情绪都是焦虑、紧张甚至崩溃的，思考能力也大大下降。这时，如果没有专业人士的指导，而是让状态糟糕的当事人直接去报案申请理赔，因为报错案（买了意外险却按照疾病报案）、写错病历（把疑似症状写成确定病史）等失误，导致理赔时效低下甚至被拒绝赔付的情况就不足为奇了。

2. 保险报案时，第一个联系的人应该是谁

对于当事人来讲，发生保险事故时，第一个联系的人应该是谁？

这时一定有人会说：“这还用问？被车撞了找警察，生病了找医院，要理赔找

保险公司啊。”

是的，这些回答当然都没错。警察、医院、保险公司都是我们必然要找的部门，但在这之前，我更建议当事人首先联系自己的保险业务员。

此话怎讲？道理很简单，前面讲过了，在一个人刚好遭遇重大突发事件的时点上，TA 的情绪状况和思考水平并不适合直接与各部门沟通，而此时，TA 的说话内容以及病历记录等全部资料，都会以文字或者录音的形式被记录下来，形成未来保险报案的基础事实，因此，如果存在事故事实被错误表达的情况，就有可能影响理赔。

虽说保险报案必须尊重基础事实，不能故意歪曲，可即便是陈述事实，它也是有非常重要的陈述技巧的。

案例

一位客户意外感染了真菌性角膜炎，最后严重到单眼失明。但事实上，人的角膜是不会轻易被真菌感染的，如果被感染了，大概率是角膜处曾经发生过外伤。而这位客户完全不记得自己曾经受过外伤，在医生的反复追问下，他才依稀想起有次走路似乎被树枝划了一下眼睛，当时没有任何不适，所以没有引起重视。

现在，我们试想一下，如果自己是这位当事人，应该怎么保险报案呢？

对于这个案例，按照疾病或意外报案在保险理赔上的结果是显著不同的，具体见下表。

不同报案方式下的理赔结果对比

已有保险	报案方式	理赔结果
医疗险	疾病或意外	医疗险额度内免赔额以上部分报销
意外险	意外	意外医疗责任额度内免赔额以上部分报销，同时按照 7 级伤残标准理赔 40%保额
	疾病	无法理赔

通过上表我们可以看到，报案陈述的事故原因决定了匹配的保险类型，如果客户买了意外险却按照疾病来报案，显然无法得到理赔。如果客户后面想要修改说辞，一定会让保险公司严重怀疑客户的动机，除非客户能够提供确凿证据证明该疾病只能由意外引发，为自己争取重新核赔的机会，但在现实生活中，这样

的关联性在医学上很难得到证明。

像这样的情况，如果客户能够在报案前寻求保险业务员的帮助，业务员就会根据专业经验和客户已有的保障情况为其提供建议，避免发生“该赔却不能赔”的误会。

三、伯乐难寻千里马，如何找到专业靠谱的保险业务员

在销售领域里有这样一句话：保险是世界上最难卖的一种商品。

为什么？因为保险是一份对未来的保障，是投保人与保险公司的契约，除了一本密密麻麻、晦涩难懂的保险合同，别的什么都没有，并且合同的履行可能要数年甚至数十年以后。

所以，对于投保人而言，买的这份保单是否有效、配置是否科学、是否符合自身需求、后续理赔是否顺利等，一切都是未知数。

但是，保险买得好不好，理赔时才知道，好赔、快赔、足额赔的保险才是好保险。那什么时候才赔呢？这可就没个定数了，况且谁也不想自己的保险哪一天被用上，从主观上，人们对保险的理赔都是抗拒的。

所以，如果一个业务员对客户说：“先生，请买我家保险吧，多快好赔，不信您赔一个试试？”我相信 TA 一定是会被客户赶出去的，虽然 TA 说的是真话。

（一）如何挑选专业靠谱的保险业务员

那么，我们有没有什么简单的方法来识别保险业务员是否专业靠谱呢？可以从以下三个方面来判断。

1. 回答异议问题时的出发点

我们在购买保险之前，免不了向业务员提出异议问题。比如，这个公司没听过，到底安不安全？这个产品相对于同类产品优势在哪里？这个公司我听说好像被接管了，保单权益会有问题吗？这个产品为什么比其他同类产品贵？多次赔付分组和不分组的区别在哪里……

这时，如果业务员秉着诚挚谦逊的态度，从原理、法条、实际案例的角度进行解释，目的是让我们真正懂得选择保险的方法之后自己做出价值判断，这样的业务员，我认为就是专业靠谱的。

如果相反，业务员并不直接正面回答问题，而是大讲其公司的实力、文化、品牌、荣誉，试图通过塑造高大上的企业和个人形象，让人产生敬意和放松警惕，或

者试图用主观的语言代替我们做出价值判断，让我们放弃对问题本源的追寻，这样的业务员，要么是不专业，要么是不靠谱。

也就是说，我们可以通过判断业务员回答问题的出发点是拨云见日、答疑解惑，先让客户懂，再让客户选，还是话术连篇、混淆视听，希望客户放弃提问，直接在囫囵吞枣、半梦半醒中完成销售，就可以知道眼前业务员到底是“天使”还是“俗人”。

2. 进取心和学习力

财会行业是公认的需要终身学习的行业，需要考取的证书非常多，从会计从业资格一路考到注册会计师，一路升级打怪下来，头发都所剩无几。同样的，保险行业需要学习的内容也非常多，一点都不亚于频出“考证狂魔”的财会人。举例来说，像核保医学、金融、法律、理财规划等内容，都是一个合格保险人知识库里的标配。所以，一个优秀的保险业务员一定具有超强的学习力和不断向上的进取心，不是学霸就是在通往学霸的路上。

3. 保险是一份终身事业还是兼职外快

保险是一个需要终身学习的行业，背后的知识既有深度，也有广度，如非全力以赴，业务员很难做到“优秀”二字，如此，兼职业务员给客户带来的服务质量一定会大打折扣。

并且，兼职业务员随时可能离开这个行业，一定无法做到为客户提供终身服务。而保险是一个超级延迟体验的产品，试想一下，我们在数年甚至数十年之后发生了保险事故需要理赔，这时我们的业务员早已经离开这个行业，TA 还能尽心尽力地为我们提供服务吗？或者，那时的 TA 还有能力和专业度来提供服务吗？

因此，我们在挑选业务员时，观察对方是把保险作为终身事业在认真耕耘，还是只想兼职赚外快也非常重要。

（二）客户难找靠谱的业务员？双方各打五十大板

讲到这里，可能有人会说：“你说得很有道理，可我挑选不到专业靠谱的业务员怎么办？”

这是一个很好的问题，反映了我国保险业的一大现状：一边是海量的业务员找不到客户，以至于为了生计另谋出路；另一边是有需求的客户寻遍周围找不到靠谱的业务员，不得不自己开始研究保险，甚至干脆转行做起了保险。

对于这样的现象，我认为一个巴掌拍不响，业务员和客户应该各打五十大板。

1. 第一个五十大板——打业务员

必须承认，保险业务员“重卖不重赔”的价值取向是客观存在的。对业务员来讲，只有“卖出保单”才会产生佣金，“协助理赔”并不会产生收益，没有收益就没有动力。

而在保险公司内部，理赔也是一个与销售分离的独立部门，在客户提出理赔申请时，有专门的理赔人员进行后续跟进，所以保险公司对于业务员的定位就是销售前端，是获取保单的人，而非处理理赔的人。

让不同部门各司其职，保险公司如此操作无可厚非，但会客观导致一种现象——客户日常接触的业务员不懂理赔，而理赔人员又需要等到保险事故发生后才会出现，这必然造成双方之间信息的空白。

2. 第二个五十大板——打客户

在现实生活中，许多客户不重视业务员的价值，在他们心里，认为“买到对的保险”是唯一重要的事情，至于业务员是不是“对的人”，根本无关紧要。因此，这样的客户往往非常追求“性价比”，常常向业务员要求返佣，哪个业务员返佣高就找谁买（这里强调一下，返佣是法律禁止的错误行为）。

其实，这样的客户是非常短视的，并且从长远看只会给自己挖坑，理由主要有以下两点。

（1）保险买得好不算好，要赔得好才算好

保险不像一件衣服，付钱了马上就能穿在身上，好不好看，材质和做工如何一目了然。保险是一个超长延迟体验的金融产品，买得好不好，对不对，够不够，需要理赔时才知道。因此，保险买得好不算好，要赔得好才算好。如果业务员没有在健康告知和理赔环节给客户提供专业意见，都会为理赔埋下隐患。

（2）想要业务员终身服务？对不起，返佣的业务员早饿死了

经济是一切情怀的基础，对于任何一个人而言，能够赚到钱，同时得到认可和尊重，是 TA 能够在一个行业长久生存的前提，保险业务员也不例外。

因此，对于全职的保险业务员而言，佣金就是全部的收入来源。试想一下，

如果一个业务员为了业绩可以不要佣金或者少要佣金，TA又能够在这个行业生存多久？如果TA因为难以生存而离开了这个行业，到了客户需要理赔或者咨询时，又由谁来提供专业支持？更何况返佣本身就是违法行为，甚至可能导致保单失效，对客户来讲，如果为了一点好处，让保单随时有失效的风险，这才是得不偿失。

所以，一个聪明的客户，一定会愿意并且支持让业务员赚到应得的钱，同时自己也能享受更优质而长久的服务，就好像聪明的牧场主会给奶牛按摩和听音乐一样，看似成本增加了，但因为愉悦的奶牛挤出的奶的品质也会更好，反而可以卖更高的价钱。

（三）就是没有靠谱的业务员，怎么办

看到这里，有人可能会说："你说的都很有道理，但是，我身边就是没有靠谱的保险业务员，怎么办？"

如果你觉得上面的路都行不通或者不放心，那求人不如求己，你也可以认真阅读本书，自学成为一名半路出家的保险专家。在本书的前后章节，已经详细讲述了各款主要保险的功能与意义，以及核保理赔环节需要注意的大小事项，一定可以让你脱离保险"小白"的行列，能够轻松处理投保及理赔的基本问题。

四、保险事故发生时，牢牢记住三件事

回到主题，我们来总结一下，一个专业靠谱的保险业务员，是能够在整个保险方案生命周期里发挥重要作用的，其中就包括理赔。

同时，大家需要记住，在发生保险事故时，有三件事情最为重要。

(1)尽最大可能保护好自己和家人的安全，降低人财物的损失。

(2)向专业人士咨询如何保留当时的证据和事实材料，便于后续明确责任和理赔，这里所指的"专业人士"之中，就包括了保险业务员。

(3)及时报案，向警察、医院等第三方寻求帮助。

最后，祝福大家都不要遇到理赔，也祝福大家都可以正确处理理赔。

后 记

到了 2021 年，我已经迈进了 36 周岁的大关。

虽说我自认心态仍十分年轻，但生活上，我早已深知绝不熬夜、清淡饮食、规律运动等“中老年保养事项”的重要性，谈论起药食同源、按摩养生等话题，还颇有一些心得。

总之，不管愿不愿意，我都必须承认自己已经过了可以“随便折腾”的年纪，如果想要“人体机器”正常运转得久一点，就必须对健康心怀敬畏，在生活中保留几分小心翼翼。这样的“惜命感”，在我给自己和家人配齐了各类保险之后体现得更加突出。一方面，这是因为科普保险的过程其实对自己的生活观也是一次彻底的洗礼；另一方面，如果不能活得足够久，我又怎么有机会“薅”到保险公司的“羊毛”呢？

前段时间，我喜欢的一个公众号发表了一篇文章，里面对十位不同年龄和背景的人进行采访，问了同一个问题：“你是因为什么事情想要买保险的？”

受访者中，有人说是因为孩子出生了，想要给她一点保护；有人说是因为周围人生病了，担心自己如果生病了没钱医治；也有人说本来没想过买保险，磨不开亲戚的面子勉强给孩子买了一份，没想到居然理赔了，突然觉得买得真对，于是给全家人都配上了保险……

虽说受访者的回答各不相同，但有一点却很近似：大家都是因为一件特别的事儿触动了内心，突然意识到自己和家人需要一份保护。

回想我自己，开始关注保险大概基于两个原因。

第一个原因，我发现健康问题越来越“贵”了。

在物质生活相对丰裕的今天，人们不再满足于解决最基本的衣食住行、吃饱穿暖等问题，对自己的健康也提出了更高的要求。如果留心观察，我们不难发现，不管是电视节目、各大知识付费平台，还是各种线下中高端沙龙，“教大家如何养生”都是非常热门的话题，与之结合的康养概念的养老社区，也特别受中老年群体的关注。这意味着，健康问题在人们心中的价值变得更“贵”了。

但是，这样的“贵”也会带来另一个新问题，那就是不管是世界上的任何一个国家，当然也包括我国在内，医疗和康养资源都是相对稀缺的，再加上我国是老龄化现象日益凸显的人口大国，因此，人们对医疗康养的需求旺盛，但社会有效供给不足的现象十分明显，这也必然导致医疗资源的价格水涨船高。

在这样的情况下，如果没有一种能够为人们转移相关费用压力的机制，那么很多人的健康和养老问题就可能成为一种沉重的负担。

第二个原因，我发现买保险越来越“难”了。

保险知识谈不上艰深，但也绝不简单，读懂“天书”一般的保险合同，就是消费者需要攻克的第一个难关。而保险这个行业很奇怪，我们找一个卖保险的人容易，可要找一个真正懂保险且愿意无套路地给消费者讲明白的人却并不容易。而且，在互联网上，虽说关于保险知识科普的分享众多，但因为信息量大且杂，内容背后也存在各种利益拉扯，难免让小白消费者的自学之路困难重重，造成了保险知识本身不难，但找到正确的知识库却很难的现象。

换句话讲，造成保险“难”买的重要原因，很可能只是因为消费者没有遇到一本靠谱的“教材”，而这个寻找“教材”的难度，可能比学懂保险本身的难度还要大。

上述种种现象，都不难让人发现，不管是消费者的保险意识、康养的保障需求，还是从业者的整体素养，都预示着我国的保险业还有很大的发展空间。

另外，从行业数据看，2017 年，我国的保险深度（保费收入/GDP 总额，衡量市场发展程度和潜力）为 4.42%，比全球平均水平低了 1.56%。我国的保险密度（保费收入/人口总量，代表人均保费）为 384 美元，比全球平均水平低了 40.92%。此外，我国保险公司数量不足百家，也处于世界主要国家中的低水平。

也就是说，我国的保险业不管是需求端还是供给端，都存在着“产能不足”的问题：一边是市场日益膨胀的保险需求亟待满足；另一边是保险选择的多样性和服务质量亟待提高。

在认清了保险的上述全部“真相”之后，我想了一下，自己作为一位在金融行业浸泡了13年的从业者，对行业有着深度的关注和热爱。同时，我也作为“半个”医药世家的后人，对病者的遭遇也有着更深的悲悯。那么，有什么事情是我可以做的呢？

我想，我可以用文字，试着将保险的智慧和美好传递给更多需要的人。虽然我深知，我努力还原的关于保险的一切，并不及它在真正挽救病人生命和生活时的意义的十分之一。

谨以此书，献给渴望学习保险真知的朋友和正往行业塔尖勤勉攀登的从业者，也欢迎大家添加我的微信（SummerCQDC）一起交流，让我们成为成长路上的朋友。

愿我们每一个人，既有命运的偏爱，也有保险的庇佑，就像幸运的孩子，天黑有灯，雨天有伞，永远都有属于自己的安全感。

刘舒楣